大留村志

李健民 ◎主编

《大留村志》编委会 ◎编

海峡出版发行集团 THE STRAITS PUBLISHING & DISTRIBUTING GROUP | 福建人民出版社 FUJIAN PEOPLE'S PUBLISHING HOUSE

图书在版编目（CIP）数据

大留村志 / 李健民主编. — 福州：福建人民出版社，2020.11
ISBN 978-7-211-08547-7

Ⅰ. ①大… Ⅱ. ①李… Ⅲ. ①村史-福安 Ⅳ. ①K295.75

中国版本图书馆 CIP 数据核字（2020）第 219891 号

大留村志
DALIU CUNZHI

主　　编： 李健民
责任编辑： 林　顶
美术编辑： 林　玲
扉页题签： 郑　伟
出版发行： 福建人民出版社　　**电　　话：** 0591-87533169（发行部）
网　　址： http://www.fjpph.com　　**电子邮箱：** fjpph7211@126.com
地　　址： 福州市东水路 76 号　　**邮政编码：** 350001
经　　销： 福建新华发行（集团）有限责任公司
印　　刷： 福州力人彩印有限公司
地　　址： 福州市晋安区新店镇健康村西庄 580 号 9 栋一、二层
开　　本： 889 毫米 × 1194 毫米　1/16
印　　张： 19.25
字　　数： 371 千字
版　　次： 2020 年 11 月第 1 版
印　　次： 2020 年 11 月第 1 次印刷
书　　号： ISBN 978-7-211-08547-7
定　　价： 128.00 元

《大留村志》编纂委员会和编审人员

编纂委员会

顾　问：林　霁　孙乐声　黄　霄

主　任：张雪景

副主任：连松贵

委　员：（按姓氏笔画顺序）

刘耀华　连凤玉　连松贵　张石富　张玉兰　张玉堂
张奶希　张成昌　张成增　张坛灼　张利锋　张绍华
张雪景　张瑞平　林光亮

编撰组

主　编：李健民

编　撰：（按姓氏笔画顺序）

王瑞凌　刘石尧　刘昌荣　刘建荣　阮坛福　李健民
张坛灼　张雪景　陈国栋　薛为河

审查验收组

组　长：陈小鲸

成　员：（按姓氏笔画顺序）

万里翔　卢　达　占茂贵　张玉文　张雪景　陈瑞锦

序　一

张　炯

以史为鉴，可以知兴替，明得失，识贤奸，判善恶，以故我中华历代，盛世必修史。以示不忘前人，以励子孙发扬蹈励先辈之光华，开拓创造美好生活之新境！村志作为地方志，乃史志之一类。雄廓九州，小村虽如沧海之一粟，然一叶能识巨木，一斑可窥全豹。村志自有其独特价值与意义在。但乡村能修村志者鲜，盖年代久远，时过境迁，人事沧桑，文物多淹没无存，修志弥难！今宁德所属福安之大留村撰修村志，即将出版，实堪祝贺！大留为千年之古村，人口数千，田畴丰饶，房舍连云，鳞次栉比，西倚莺歌山之麓，草青木翠，东濒大赛江之滨，帆往樯来。全村盛产稻、茶、蔗、竹，向重文、教、礼、义。自隋唐五代以降，诸姓繁衍，以张、阮为大族，继有孙、李、杨、王、郑、刘诸氏，蔚成大村！其间，弦歌不绝，人才辈出，既有进士举人，亦现草莽豪杰。宋代朱熹曾过此赴福安，授徒讲学，泽及闽东全境。元朝傅贵卿于大留村起义，旌旗威震，转战远近七载。近代大留人张如翰参与康梁“公车上书”及“戊戌变法”，在乡倡建新学，为福安著名之教育家，桃李遍布，名闻遐迩。20世纪三十年代，闽东苏维埃政府成立，大留红旗飘展，村中共产党书记张燕生抗击白军，壮烈牺牲，气贯长虹。《大留村志》记载本村千年沧桑巨变，纪及先辈之筚路蓝缕，开榛拓莽，围海垦田，战天斗地，克服灾异，度过多次瘟疫与战乱；新中国成立后，始迎来脱贫共富之社会主义大道，尤其改革开放以来，村庄走向城镇化，各项建设日新月异，村民生计蒸蒸日上，村庄面貌焕然一新。全书既有概说，又对历代政治、经济、文化、生态之历史演变均有分述，包括民风、民俗、礼仪、宗教，还附录前人留下之诗歌、描述大留村之游记等文献，使读者对村庄更具立体感受，实属一部内容丰富，深具学术价值之志书。作为读者，获益良多，十分感谢此书主编和各位作者，查阅大量历史典籍与资料，稽考钩沉，施墨傅彩，终竟其功！

余祖籍廉首村，距大留村甚近，张姓同宗清河郡，虽居京华已六十五载，乡梓之情不敢忘怀。《大留村志》成，嘱余为序，唯因年近九旬，难著长章，撰此短作，聊表莘莘之意焉！

2020 年 7 月 7 日于北京

序　二

陈庆元

四月间，《徐兴公年谱》脱稿，遂动堪踏徐兴公闽东行迹之念，于是约上苗健青博士，驱车北行。泰昌元年（1620）闽县（今福州）徐𤊹（字兴公）往福安修志，至今恰好四百周年。到了福安，与蓝炯熹、李健民、郑健雄三先生会合，三先生都是老闽东，熟悉山川地理、历史掌故。健民先生提供徐兴公泰昌改元仲冬十月初七日与知县张蔚然等游狮岩的石刻照片，证明《年谱》系兴公游狮岩诸诗作于泰昌元年十月之不误，而且进一步具体到十月初七日，感谢健民先生的分享。

健青博士说，李健民先生从宁德市民族中学退休之后，一直留心福安地方文史的研究，颇多发明。同行仅一日，听健民先生指点古寺残碑，健青所言并不夸大。崇祯十三年（1640），福安刘中藻成进士，隆武二年（1646）唐王朝亡，中藻抗清不屈，兵败殉节。天启元年（1621），刘中藻辟九潭之胜，读书其间，作《九潭记》。我咨询过很多人，竟无人知晓九潭其地，本已不抱希望，没想到健民先生发来刘中藻九潭题刻的照片，令人刮目相看。健青博士又说李健民先生主编一部村志，能不能为之作序，我爽快应承。由一位热心乡邦文献、熟悉地方掌故的先生主持当地志书的编写，质量大致是可以放心的。

李健民主编的志书名《大留村志》。大留村位于福建省福安市赛江西岸，是罗江街道管辖的一个行政村。中国的行政机构，省、地市、县、乡镇（街道），共四级，村（行政村）是基层的群众性自治单位。古人修志书，有省志、府郡志、县志，乡镇志较少见，村志更少见，较出名的村志有《杏花村志》等。改革开放以来，各地成立方志机构，村一级的志书也陆续有人撰著，数量还不太多。可以肯定，《大留村志》是福安市较早的一部村志。所谓较早，就是说它有开创性，开风气之先，如果做得好，将起示范作用，带动一个城市村志的修纂，意义自不待言。

这部村志共七卷，即基本村情、村域经济、社会事业、风土民情、古村风貌、艺文著述、乡村人物。每卷之下还分数“目”，层级清晰。书前有编写《凡例》。志书的撰写，必须先定凡例；凡例一经订好，编写便有例可依。我个人认为，这部志书的凡例还是订得好的。

志书的撰写原则，必须尊重历史、尊重现实，务必做到实录。大留村是一个有千年历史的村庄。为什么说有千年历史？因为古代志书有记载，族谱有载述，残碑可考证，古人诗文有线索可追寻。我个人感觉，这部志书文献资料的发掘是做得比较好的，叙述多有根有据。特别需要指出的是，这部志书还有意存留了不少古代及近世的文献，例如族谱片段，例如诗文碑碣资料，还有大量可靠的数据。好的志书是会流传的，中国的修志传统，后出的志书，必定要参考早出之书。一部严谨的志书，必然不间断地为后世所引用。相信具有开创意义的《大留村志》必定可以流传，并对后人有所启示。

这部书是村志，记载地理沿革、族姓迁徙繁衍、历史人物和史迹，让读者了解一个村庄历史的变迁固然是非常必要的，但是它毕竟不是村史。因此这部志书载史较略，记今更详，或者说近数十年的载述更详。数十年或数百年之后，后人从这部志书可以了解到21世纪前后大留村的自然状况，以及行政、政治、经济、文化、教育、建筑、医疗卫生，以至于民风民俗、宗教信仰的方方面面。

《大留村志》在篇章和纲目的设计方面也有创新之处。本书附录《族谱文献》编者花了不少工夫，下分五大目：大留族谱、历史构造、宗族建设、社会秩序、乡土艺文；大目下面还有细目。基层政权如何管理、或者说如何处理好当地的宗族事务，如何发挥宗族在政权建设、经济建设、文化建设、社会治安的作用，也是一门学问。村志不是教科书，没有阐述这方面理论的义务，但是本书关注到一个村庄宗族建设、宗族事务、宗庙祭祀、宗族训诫等具体问题，是有见地的。人物志方面，为“插队知识青年”特立一小目，也有创见。知识青年上山下乡，是特殊时期的一个特殊举措，谁也不曾料到，五十多年之后，有一村志竟然记下前来这个村庄的知青姓名。这批知青，离开农村都已数十年了，善良的大留村民没有忘记他们啊！

我的一个金门籍博士生，刚刚写完一部金门县金宁乡《埔后村史》，2016—2017 年我执教于金门大学，金大所在地就在埔后村。这位学生是埔后人，埔后人写埔后村史，写我生活过的地方村史，非常亲切。我刚刚到过福安，虽然没有机会亲近大留村，但是读《大留村志》，文情并茂，不也是卧游大留村了吗！留下期盼，亲游赛江西岸大留村日子也许不会太远了。

四百年前徐兴公往福安修志，四百年后的今天为寻找修志者的踪迹，我来到福安，没有想到在福安却碰到当今一位修志者李健民先生而且还有幸为此志书作序，不知是无意巧合，还是天公有意安排？李健民先生以及诸位执笔者，不辞辛苦完成此志的撰著，虽仅成一书，而功则在千秋！祝贺《大留村志》的出版！是为序。

2020 年 8 月 21 日于福州藤山华庐

序　三

林　霁

罗江街道位于赛江西岸，是“三江竞渡，百舸争流”之地，赛江之水养育了一方勤劳踏实、刚直勇敢、充满智慧的人民群众。我的中学时代就在地处罗江的福安二中度过，如今年过不惑，思及自己与这片土地的缘分，怀想万千，感慨颇深。2019 年 7 月，我回罗江工作，怀着了解群众之所需，多为群众做实事、谋福祉的想法，对街道辖区内的各村进行专访调研。初到大留，村里老党员张坛灼同志提出，许多村民希望能够为大留编修一部村志。“民之所望，政之所向。”这次走访促成这本《大留村志》编撰工作的启动。

习近平总书记多次提到“文化是一个国家、一个民族的灵魂”。大留村无疑是一个文化底蕴深厚的福地，千年回眸，一脉相承。村里保有许多古迹遗址、老屋祠堂，出过许多名人乡贤、革命烈士；有佛教、道教、天主教以及诸多民间信仰，多种文化融合共荣；居住着张、阮、刘等数十个姓氏人家，各姓宗族和谐互助。除了这些可见的宝藏，大留村的文化之魂还在于传承千年的“风雅”，就是“慎读书、敦孝悌、勤本业、睦宗族”，是“人游霁月光风表，家在廉泉让水间”，更是凝聚于这本村志点点滴滴的记述。

本书主编李健民老师对福安包括赛江两岸的历史文化和人情风貌有深刻、独到的了解。我曾经拜读过他的《品读福安》《闽海赛江》等著作，深知李老师学识广博，《大留村志》能够由李老师担任主编，可谓幸甚至哉，不枉它作为福安市第一本正式出版的村志，意义深远。

2019 年至今，我走访大留上百次，与这个村结下了深厚的情谊。行走在历史的街巷、古井、老祠、寺庙间，依稀可见大留旧时繁华盛景，正如大留先贤张如翰诗中所述：“世情变幻多殊态，人事推移总夙因。”去年，大留村荣获第一批省级“千年古村落”的称号，回想那个秋夜与大留村干部、乡贤们在街道会议室里“夜话大留”，讨论大留村文化振兴的蓝图，至今历历在目。

2020 年是一个不平凡的年份。我们共同经历了新冠肺炎疫情带来的严峻考验，各项工作稳步发展，尤其是去年秋季启动的大留村“一书一馆”文化建设工程，成果喜人。眼下又到一年一度的中秋，皓月与明灯依旧，“大留记忆馆”终于建成，为罗江街道增添了一处亮丽的文化风景。《大留村志》编撰组成员更是克服了书山字海的费心劳神，追寻先人光辉的足迹，记述当今乡村的各个方面。这本村志不久也将面世，作为村志编撰工作的参与者、见证者，我发自内心地向李健民老师，以及夙兴夜寐协助编撰本书的热心干群表示感谢，谢谢他们的辛勤付出。

“凤鸟飞腾兮，继之以日夜”。以文化音符谱写乡村振兴的乐章，我们永远都在路上。《大留村志》是这段路程中来之不易的成果，以“志”为载体，承载了大留村千年的文化记忆，也承载这一代大留人以文化促乡村振兴的美好愿景。我由衷地祝福大留村，希望大留村能在这个好时代走出别具一格的文化振兴之路，将耕读传家的薪火再传承一个新的千年。同时也期望罗江街道其他村都能铭记根本、推陈出新，积极主动地挖掘本地优秀特色文化，真正打响罗江街道文化振兴的独特品牌，奏出罗江街道各项事业百花齐放、人民群众幸福安康的动人乐章！

成书之际，应大留村张雪景、连松贵两位同志的多次诚邀，勉为其难，乐为助力。是为序。

写于 2020 年国庆、中秋前夕

凡　例

一、本志记述福建省福安市罗江街道大留村的各个主要方面，上溯事物的发端，下迄现今。所采纳的资料原则上截至2019年12月。

二、志书中所称“大留”，除特指大留自然村外，一般指旧时的大留地方、1966年11月至1984年8月之大留大队，以及1984年9月至今之大留村（行政村），包括大留村所辖的大留、东山两个自然村。

三、本志采用纲目体的结构形式，发挥传统志书分类醒目、纲举目张、设置灵活、查阅方便的优势，同时吸收章节体层次清晰、结构严密的长处进行记述。

四、本志编写原则：纪事为主，依事分类，横排纵述，详异略同，据实直书，述而不论；不求面面俱到，重视突出特点。旨在尽量客观地反映历史变迁和地方特点，起到存史、资政、育人之作用。

五、本志正文分7卷26目，以类为纲设卷，卷下设目，目下分子目，子目下视情再分条目；卷首专文为全书总述，另有“大事记”和“附录”弥补纲目体叙事之不足。

六、本志资料来源：历代史志、民间文献、馆藏档案、考古资料、统计数据、学者著述，以及官方工作记录、口碑和回忆资料、编写人员田野调查所获等。对同一事象的不同说法，认真辨析，审慎对待，去伪存真，择善而从；或视情并存异说，力避臆断和盲从。

七、本志采用现代规范语体文，用第三人称进行记述，在数字书写、计量单位、标点符号和时间表述等方面均按国家标准进行。

八、本志所涉及到的各级行政区划和单位名称，一律按记事当时的实际情况行文。

目　录

卷二　村域经济

卷三　社会事业

卷四　风土民情

卷五　古村风貌

卷六　艺文著述

卷七　乡村人物

附录　族谱文献

千古遺風夢回
大留

福安大留鄉詠付梓
留念 庚子冬 劉躍

千年古村　风雅大留

福安市罗江街道大留村全景

大留村位于福建省福安市南部美丽的赛江西岸。

这是福安市罗江街道管辖的一个行政村，面积4.85平方千米，包括大留、东山2个自然村19个村民小组746户3000多人丁。农用地6072亩（404.8公顷），其中耕地713亩（47.5公顷）、园地983亩（65.5公顷）、林地3770亩（251.3公顷），其他用地606亩（40.5公顷）。

在漫长的发展过程中，大留先民创造了富有特色的乡村文化，创下了令人赞叹的鸿基伟业，走出了许多文化名人，成就了诸多历史感动，为绚丽多姿的长溪文化（福安地域文化）增添了耀眼的光彩。2019年被评为福建省第一批千年古村落。

一

大留的历史可以追溯到三千多年前的新石器时期。这可以从考古资料得到富有说服力的佐证。

20 世纪 80 年代，福建省文物普查和考古单位在大留岭尾宫崎头山等地发现并发掘了多处新石器时代的文化遗址。[①] 考古工作者从崎头山遗址采集到石锛、石镞、石戈和夹砂灰陶片、黑彩红陶片、灰硬陶片、釉陶片，陶片纹饰有席纹、方格纹、黑彩条纹、斜条纹、圆弧纹，可辨器形有罐、尊、豆、釜等。证实早在三千多年前的商周时期就有先民在这一带生息。

长溪中下游两岸的早期居民是闽越人。“闽越”是春秋战国时期入闽的“越”人与福建土著的“闽”人融合的产物。由于年代久远、史料匮乏，我们对这一时期的情况知之甚少。

隋唐五代的四百年，八闽大地进入了一个新的开发和发展阶段，是福建历史的重要时期，更多的北方移民入迁长溪流域。

福安市博物馆收藏的出土文物（陶片和石器）

有族谱资料证实的大留历史始于公元 6 世纪后半叶。隋开皇年间（581—600 年）黄姓先祖黄翕自建宁府城东迁到长溪县之大留地方，居数年，转迁穆阳狮子岩前，最后定居藻廛（后改称黄坂，即今苏堤）。[②] 黄族初迁大留地方距今 1400 多年。今大留村北有地名“黄城岬”，是对这一段历史的印迹记忆。

此后三百多年，大留的历史迄今未见到相关文字资料，情况不明。

到公元 10 世纪的五代时期，有张姓和阮姓移居大留，并且延续至今。

据《大留张氏族谱》记载，唐末张氏先祖张演（字怀谅）兄弟从王潮、王审知入闽，居福州乌石山、南台两处，于五代初的后梁开平二年（908 年）迁到今福安市下邳

① 大留岭尾宫崎头山遗址发掘于 1987 年。20 世纪 80 年代省文物普查和考古单位在赛江两岸还发现并发掘了赛岐镇狮子头村金龙岗、南安村后山，甘棠镇牛柏洋村上东庵山，湾坞镇湾坞村大头岗等新石器时代遗址。

② 苏堤《藻廛黄氏宗谱》，清光绪九年（1883 年）重修本。

村。不久张演长子定生（一说三子释生）再迁大留，但具体时间未详。估计当在908—914年之间。据宋《淳熙三山志》载，长溪县沿江里禅寂尼院（今玉池寺）置于后梁乾化四年（914年）[①]；大约二百年后大留张氏君诏、君谟兄弟再建该寺，今玉池寺有宋政和元年（1111年）残碑为证。张演家族素有建寺传统，下邳张谱载，张演曾“舍建资福、青云、下宝林三寺为功德寺，捐置田亩为常住香灯年奉”[②]。且无史料显示后梁乾化年间（911—914年）有其他族姓迁居大留，禅寂尼院当为大留张族先祖创建。

据《大留阮氏族谱》，阮氏先祖阮能（字仲仁）于乾宁初（894年）随王潮入闽，三子希畋授千总户职驻泉南御寇。时四方骚动，草寇蜂起，为避乱希畋沿山越海，卜迁大留。虽“能公至文子公世远莫考”[③]，但可推知希畋于五代入大留，具体年份不明。

从隋唐到五代，闽东地区尚未充分开发，许多地方还是一片荒莽。《三山志》这样描述当时的福建东北部地区：“始州（福州）户籍衰少，耘锄所至，甫迩城邑；穷林巨涧，茂木深翳，少离人迹，皆虎豹猿猱之墟。”[④] 张、阮等姓先民在这里找到了新的生存空间。他们在这里披荆斩棘，叩石垦壤，“筚路蓝缕，以启山林”，聚族而居，繁衍生息，使大留成为先民“温恭朝夕，念兹在兹”的家园。

二

宋代长溪流域因远离北方的多事之域，是一个世外桃源。中原百姓主要为逃避兵灾，不断辗转移民长溪两岸，大留周边和赛江两岸也陆续出现了一些村落。12世纪中叶，大留住户增加了孙、李、杨、王等族姓。丁口增加使拓广耕地成为必然和可能，大留的社会经济进入第一个发展高峰期。

长溪下游最早的大规模围海造田始于北宋元丰三年（1080年）。经60余年的艰苦努力，绍兴十年（1140年）三塘（官塘、外塘、南塘）工程告竣，筑堤10.16公里，围成海田大片，形成今之“甘棠洋”的雏形。“先因筑海成田，后遂即其地而居焉。三塘之名始于此”。[⑤] 此后围垦仍在继续，昔日的滔滔白浪和濯濯泥滩不断变成沃野良田。受生产力水平的制约，围垦工程必须调动整个宗族的力量进行，甚至还要联合几个相邻的宗族，同心协力，才有可能达到预期之功。大留平野的千亩农田大部分是围垦的产物，其中浸透了大留先民辛勤的汗水。

东山王厝井边有一水槽，槽缘刻字中有“淳熙九年”字样。可知东山村至少在淳

① 宋·梁克家《淳熙三山志》卷三十五《寺观类三·僧寺·长溪县》。

② 《福安下邳张氏族谱·张氏下邳源始世系图》，见光绪三十二年重修本。

③ 明·阮九棘：崇祯十年重修谱序。载《大留阮氏宗谱》2003年本。

④ 宋·梁克家《淳熙三山志》卷三十三《寺观类一·僧寺》。

⑤ 清·林机先《甘棠迁城立堡记》，见陈一夔主纂《甘棠堡琐志》卷上。

熙九年（1182 年）就已存在，迄今八百多年。

南迁入闽的中原世族普遍具有向学的传统和情结，儒家文化在他们身上有着深刻的烙印。从 10 世纪初叶算起，经过约十代人的努力，到 12 世纪中叶，不少人通过科举考试步入庙堂，跻身社会上流，成为传统社会的精英。从而有了氏族谱牒中的众多“红名”，成为宗族的荣耀和后人津津乐道的话题。

据官修史志载，宋代大留籍进士共 6 名：张观，宋乾道五年（1169 年）；阮文子，宋嘉泰二年（1202 年）；阮宾，宋嘉定四年（1211 年）；阮国宾，宋宝庆二年（1226 年）；张翊，宋绍定五年（1232 年）；张全，宋宝佑四年（1256 年）。[①] 还有奏名 4 名：文举特奏名阮大用、张滨子，武举正奏名阮瑀、孙巨源，赐武举及第阮国威。[②] 这些“学而优则仕”的读书人中不乏封建皇朝大厦的栋梁之材；其家族在乡里形成士绅阶层，对重大事件拥有话语权，维系着宗法社会的稳定，并对地方的社会、经济、宗教、文化诸方面发生影响。

长溪中下游流域本是古长溪县的西北乡地，地域辽阔，山水连绵。宋室南迁以后，随着社会经济的迅速发展，单独设县已成为历史的必然。宋嘉定十年（1217 年）地方人士郑子化等人正式向监司提出分县之请，五年后部文下达福州府，请宁德、长溪两县派员对分县之请进行考察。由于多种原因，分县之议多次被耽搁。淳祐四年（1244 年）初，太学生大留人张过再提分县之请，并请求在未正式分县之前先将长溪西尉移驻西乡，同时在西乡置司巡检以安民息盗。五月尚书省公文下达，提及“太学生张过等乞分县系民情，愿输基地、木石、钱粮，分认架造”。九月，帅司派员至韩阳实地踏勘县治。淳祐五年（1245 年）正月后，建县工作紧锣密鼓，“吏部差官，礼部定名，户部定税，工部铸印，兵部送将作监……正拟‘福安’为县名。四月奉旨。县之立始于此。”[③] 从此长溪中下游流域以一个独立的县级行政区的身份活跃在中国历史的大舞台上，这中间有大留先贤的一份功劳。

早期移民把宗教观念带到新的生存空间，首先是佛教。佛教传入大留始于五代时期，基本信众就是早期入迁大留的先民。禅寂尼寺，今名玉池寺，据《淳熙三山志》载，置于后梁乾化四年（914 年），与张姓入迁大留差不多同时。宋代是福建佛教的极盛时期，大留有两座禅寺始建于宋代。留峤庵，又名水尾庵，今名龙兴寺，始建于北

---

① 参见明万历二十五年《福安县志》、清乾隆二十七年《福宁府志》、清光绪十年《福安县志》、1999 年《福安市志》的进士名录。据明清地方志记载，还有杨复，杨岙人，居大留，宋宁宗朝（1195—1224 年）敕正奏状元。由于此类功名不同于科甲正途，历代史志均不列入进士总数中进行统计。

② 明万历二十五年《福安县志》第五卷《选举志・奏名》。宋代科举制度规定：考进士多次不中者，另造册上奏，经许可附试，特赐本科出身，叫“特奏名”。特奏名与正奏名一样取得科举出身的资格，获得入仕机会。阮国威武举及第，见清乾隆《福宁府志・选举志・武举》。

③ 明・陆以载《福安县志》第九卷《杂纪志・拾遗・宋置县始末》。

宋神宗朝（1069—1085 年）；洙溪庵，又名慧林寺，具体始建时间不详，但南宋时已经存在，相传朱熹流寓福安时曾在此讲学授徒。[1] 以上禅寺旧县志均有记述。[2] 大留禅宗佛教的影响因此不断扩大，并与儒、道文化逐渐糅合，到了明代成为社会生活中的重要内容。

三

南宋时朱熹在闽北开宗立派，随后闽东理学传习蔚然成风，对地方教育影响深远。清光绪《福安县志》：“㕿（福安别称）为朱子讲学之地，圣贤所过则化，故士多知读书求道。弦诵之声不独朱门也，即白屋绳枢，亦往往不绝。”[3]

大留村牌楼门正面

朱熹在今福安、蕉城（宁德）、霞浦、福鼎四个县级行政区共有九名高足，大留一村占去其二。清康熙《福建通志》：“（朱）熹于庆元间复以禁伪学避地于闽，至长溪主黄幹、杨楫家，皆有遗墨，从学甚众。而黄幹（今福安人）、杨楫（今福鼎人）、杨复（今福安人）、林湜（今霞浦人）、高松（今福鼎人）、陈骏、郑师孟、龚郯（俱今蕉城人）、张泳（今福安人）其最著也。”[4] 其中黄幹系福安县四都察洋（今阳头）人；杨复本二十八都杨岙人，居大留；张泳为二十九都大留人。

杨复不热衷功名，但得理学真传，主讲三山郡学贵德堂，人称信斋先生。著有《祭礼》《仪礼图》《家礼杂说附注》《大学中庸口义》《论语问答》《诗经杂说》。志载

① 陈一夔主纂《甘棠堡琐志》下卷《宫庙・附庵堂、古迹》：“洙溪庵，离堡北门四里。宋朱子讲学于此。授徒杨复得成理学。庵废基址仍在。”民国 12 年陈海梅所撰《张如翰墓志铭》将洙溪庵写作“朱栖庵”。

② 清・张景祁《福安县志》卷之三十二《古迹・寺观》。

③ 清・张景祁《福安县志》卷之十五《风俗・士风》。

④ 清・金鋐《福建通志》卷之五十二《迁寓》。

杨复曾陪侍朱熹在上东庵、龟山寺等地讲学。[①] 后人在上东庵设有考亭书院。

张泳系张观嫡孙，深得理学真谛。“庆元中，严禁伪学”，朱熹及其弟子均被斥逐。但是张泳在科举考场上依然坚持朱子之说，“有司读其文，大奇之，叹为冠场而不敢录。”（清光绪《福安县志·人物》）有文集传世，人称墨庄先生。所撰理学名篇《正学论》提出“功名非学”“学重而功名轻”观点，批评“恋浮云之富贵而忘不朽之事功”的风气为“曲学”“伪学”“异学”，不仅在当时是难能可贵的，即便在今天，这种轻富贵重事功的人生态度和治学精神依然发人深省。

这里所谓“正学”，即朱熹理学，也称为“闽学”。朱熹理学以儒家的伦理学说为核心，糅合佛、道及诸子学说，囊括自然、社会、人生的各个方面，可谓博大精深。该学说在政治集团的斗争中曾一度被诬为“伪学”，到南宋末年才确定了正统地位，并作为官方哲学支配中国思想界长达六七百年。其积极方面，如重视道德教育和品格培养、重视从人心的治理出发从根本上解决社会问题的思想，对维护社会的安定有积极意义。

朱熹的思想和学说是封建专制时代的产物。朱熹“特别强调心、性、情，强调宗教内心修养中忏悔、禁欲、反省和自责的思想感悟训练”。[②] 于是总结出一个经典命题：“圣人千言万语，只是教人存天理、灭人欲。”（《朱子语类》卷十一）这也成为他的理学核心。按朱熹的观点，自然、健康、正当的生活和追求是天之常理；而奢侈淫逸、非份的巧取豪夺则是人之贪欲。“饮食，天理也；山珍海味，人欲也。夫妻，天理也；三妻四妾，人欲也。”（《朱子语类》卷十三）可见朱熹理学首先是针对权贵与富豪的，难怪他的学说起初不受官方欢迎。后来统治者发现朱熹理学可以利用，于是大加宣扬，“三纲五常”和“存天理、灭人欲”变成巩固专制等级统治的法宝和维护封建宗法礼教的“软刀子”，积极参与封建子民心态的打造，制约了人文思想的健康成长。在理学氛围的浸润和无形约束下，元明清三朝，福安一邑就有千余名妇女被礼教剥夺了青春甚至生命，作为“贞孝节烈”的殉葬品，受到官府旌表，还成为封建专制时代的“先进模范”和“优秀典型”。[③] 这里有诸如“三世苦节”“金石齐贞”“未婚殉夫”“完节保孤”“割体奉姑”的辛酸，也有“投环”“赴水”“自刎”“仰药”“绝粒”的惊心动魄。

福安市南部沿海民间有关于宋少帝航海入闽集师百辟岩勤王的传说，《福宁府志》

---

① 明万历《福安县志·寺观》：“龟山寺，半属宁德。唐开成三年创……雍〔淳〕熙朱晦翁、杨信斋寓僧舍讲学月余。”（笔者按：龟山寺位于今宁德市蕉城区赤溪镇龟山院前村。）清康熙《福建通志》卷之六十二《古迹》：“龟山寺，在福安县二十八都闽坑岭，半属宁德……朱晦翁、杨信斋寓僧舍讲学。”清光绪《福安县志·寺观》：“上东庵，在二十八都。唐咸通年建。宋朱晦庵讲学于此，授徒杨复得成理学。”

② 任继愈《四书集注·前言》，岳麓书社 1988 年版，第 6 页。

③ 清·张景祁《福安县志》卷之二十七、二十八《列女》。

和《福安县志》都持此说法。[①] 可能由于百辟岩的位置（甘棠镇观里村境）距大留村不远，而且《大留族谱》和《福安县志》都收录文天祥《长溪道中和张自山韵》诗[②]，认为诗题的“张自山”即大留进士张观（字自山），许多大留乡亲深以为然。

学界对此说有不同看法。认为宋少帝航海入闽集师的百辟岩不在福安甘棠的观里，而是霞浦县的北壁乡。百度百科：“北壁乡古称百辟岩，属沿海丘陵，一面临山，三面环海。北壁乡地处海防前哨，东冲口扼三沙湾咽喉，为闽东地区海道唯一通口，宋末民族英雄文天祥南渡入闽勤王，曾经此地，作《长溪道中》诗二首。清雍、乾时期，东冲口列为海防重镇，派有千总把守。光绪年间，设海关总口。”[③]

还认为文天祥和诗的对象不是大留的张观，而是另有其人。文天祥诗集《指南录》在《长溪道中和张自山韵》之后还录有一首《和自山》，诗序云：“去年予陷北，自山自京寄诗。时予已南归不及领。今明成诵，追和作彼时语。”诗中有“春晚伤为客，月明思见君。我方慕苏武，谁复从田文”句，表达尽忠报国之志。[④] 可见这个“自山”当时还在世。而大留张观是乾道五年（1169 年）进士，文天祥是宝佑四年（1256）进士，两人不可能有时空上的交集。罗承晋认为：“对谱牒应一分为二，张自山并非生于宋高宗绍兴年间、死于 68 年前的宋宁宗嘉定元年（1208 年）的张观……（文天祥）并未‘在福安驻足，准备集师勤王’。”[⑤]

南宋末年的血雨腥风给黎民百姓造成极大的苦难。大留村地处交通要冲，感受更为深切。《大留阮氏宗谱》：“宋祚将终，元兵四发。吾祖以大留地居孔道，为往来必经之冲，有兵旅蹂躏之患，复谋迁于漳江（漳港，今作樟港）。”[⑥]

福安在元时是蒙古贵族的分地。虽说元初也曾通过政策的调整使被战争破坏的社会经济得到一定程度的恢复甚至有所发展，但是元朝的残暴是史无前例的，元后期社会矛盾进一步激化。14 世纪中叶农民起义从中原地区爆发，很快波及全国，其中规模最大的是红巾军，历时之久、参与之广都是空前的。至正十二年（1352 年）红巾军陈友亮部进攻闽北，直取政和、松溪等县。北方农民起义军势如破竹的攻势对福宁州造成巨大的军事威慑，同时大大地鼓舞了闽东百姓反元抗暴的斗志。此时福安县正闹饥

---

① 清·李拔《福宁府志》（乾隆二十七年编修）卷之三十六《古迹·福安县》：“百辟岩，在曾板。名载《广舆记》。宋少帝航海，集勤王师于此。”清·张景祁《福安县志》（光绪十年编修）卷之三十一《古迹》：“百辟岩，学志：相传宋少帝航海集勤王师于此。”

② 清光绪十年《福安县志·艺文》收录文天祥《长溪道中和张自山韵》二首。其一：潮声连地吼，江雨带天流。宫殿扃春仗，衣冠锁月游。伤心今北府，遗恨古东洲。王气如春至，龙兴海上州。其二：夜静吴歌咽，春深蜀血流。向来苏武节，今日子长游。海角云为岸，江心石作舟。丈夫竟何壮，底用泣神州。

③ https：//baike. baidu. com/item/% E5% 8C% 97% E5% A3% 81% E4% B9% A1/4876855？fr = aladdin。

④ 见《文天祥全集·指南录》，北京市中国书店 1985 年版，第 345 页。

⑤ 罗承晋《也谈文天祥〈长溪道中〉》，载《闽东日报》第 3 版，2001 年 12 月 15 日。

⑥ 明·阮九棘《旧序》，崇祯十年（1637 年）。载《大留阮氏宗谱》2003 年本。

荒，外塘人陈长鼻率众沿乡强籴，后发展到行劫济贫。穆阳人康二前往政和与红巾军取得联系，准备带领红巾军夺取福安县城。八月，红巾军王善部三百人进攻福安县城；九月，城陷，不久又主动撤出。① 在此情势下，福宁州尹王伯颜着手组织地方豪强武装以自保，闽东各地随之办起团练，组织社兵。至正十三年，福宁州规模最大的豪强武装柘洋太安社和七莆安宁社组建。

这一年秋后，闽东各县瘟疫流行，此后又连年饥荒，以至“死者以泽量”，到至正十五年甚至发展到“人相食”的地步。② 地方豪强和官府勾结，趁火打劫，大肆侵吞田土，穷苦百姓走投无路。大留百姓也深受其害，引发较大规模外迁。张氏族谱如是记述：“迨及元季，中原鼎沸，太河倒提，因而豺狼当道，徭役繁兴，兵燹日盛，民不堪命，贤隐愚奔；正人君子俱各流离播迁，吾族尤甚。所以远去则迁江南，徙温州；近奔则逃西隐，移保（宝）洋，潜施洋、穆水等地，笔难枚举。爰是而祖父所遗谱书荡然无存。凡二百余年无人倡及斯议。”③

元朝的大留，最重要的事件是傅贵卿起义。至正十六年（1356 年），大留东山人傅贵卿发动农民起义。这支独树一帜的义军很快就发展到万余人，建起“东寨”（在东山）和“青寨”（在青阳）两个营寨。势力发展到白沙、水田，直逼县城，引起官府和豪强的恐慌。至正十八年七月“福建行省檄州讨傅贵卿”，八月州同知袁天禄率大军讨伐。水军战船 60 余艘在黄崎港被义军打败；步军深入义军根据地无获，焚寨而还。第二年福建行省参政观音奴又带兵攻打，结果“州师败于官塘，二社（太安社和安宁社）赴援复败，泉州路治中袁安文阵亡”。④

傅贵卿义军坚持了七年之久，最后在官军和豪强武装的联合镇压下失败。但是这场起义沉重打击了元朝在闽东的统治，在大留和闽东的历史上留下浓重的一笔。

四

元末骤风暴雨式的大动荡过后，中国历史进入明朝。明统治者吸取前朝灭亡的历史教训，实行一些宽松政策，整治吏治，使社会经济得到恢复和发展。大留和许多地方一样，循着历史的轨迹继续向前。

明朝中叶（15 世纪中期至 16 世纪中期），大留的社会经济再次进入发展的高峰期。倚山面田滨江的地理优势，使大留以耕织经济为主要特征的农业文明超过了以往任何

① 明·陆以载《福安县志》第九卷《杂纪志》。

② 清·李拔《福宁府志》卷之四十三《艺文志·祥异》。

③ 明·张辕《张氏宗谱续修叙》，明永乐九年（1411 年），载园里房《大留张氏宗谱》，清同治七年（1868 年）本。

④ 清·张景祁《福安县志》卷之三十七《祥异》。

时期。

农作物品种的丰富是农业进步的一个重要标志。宋代传入的双季稻早已在福安普及，万历《福安县志》引用宋人谢邦彦诗句“嘉谷传来喜两获，薄田不负四时耕”来描述双季稻[①]。山区梯田普遍种植占城稻。这个原产越南中南部的早籼稻品种具有耐旱、适应性强的特点，而且生长期短，深受农人青睐。南宋以后随着北方移民的增多，福安开始种植小麦，后来成为闽东重要的产麦区。明万历二十一年（1593 年）甘薯传入福建后，福安各地普遍种植。由于甘薯耐旱高产，从此“山田硗确，不任菑畲者，悉种薯蓣以佐粒食，贫民尤利赖焉”。[②] 以上这些粮食作物基本上解决了人们的吃饭问题，居功至伟。明中叶以后，还从海外传入花生、烟草和玉米。以上情形，福安如此，大留也是如此。

早在宋代，品饮茶叶的方式发生了改变，出现了点茶法。即将茶团、茶饼捣碎碾末后，直接放到茶盏里，注入沸水，环回击拂，然后饮用。万历县志有福安亦行“点茶”之俗的记述。[③] 为了保证点茶用水的品质，大留人还专门挖凿了“茶井”[④]。入明以后，茶叶种植更为普遍，茶与糖、蜜、靛、苎、麻、棉花等同列为土产货类，[⑤] 成为重要的经济作物。苎麻和蓝靛（菁）的种植，本是为平民百姓解决自身的穿衣问题。明朝闽浙的纺织业带动了作为原料的苎麻和作为染料的蓝靛种植业的发展，种苎和种菁之利倍于种粮，各地乡民均热衷此业。

为了保卫和巩固先辈围海造田的成果，历代大留人都积极参与水利工程建设。他们引山溪水灌以养淡，筑堤塘以捍洪潮，将滩涂咸地变成良田。明万历《福宁州志》载，福安下半县共有水利设施 57 处，其中沿江里（今赛岐、罗江、甘棠大部）15 处，上二十九都有破塘圩、和尚洋圩 2 处。[⑥] 上二十九都包括北起南安，南迄大留、东山、加招，西至坑源里（坑门里）的十多个沿江、近江村落。

水利工程建设可体现相关区域的人口规模。从相关族谱资料可知，南宋后期和元明时期又有郑、吴、尤、倪、刘、陈等族姓移迁大留，使住户族姓达到十多个。太平时期人口快速增殖，在土地平等继承的原则下，祖上的遗业越分越小，为了收获的最大化，精耕细作成为不二选择。一家一户的小农生产，使诸如兴修水利、架屋掘井、兴建祠庙路桥等较大的工程都必须联合几家几户，甚至动用宗族的力量才能进行。

水碓是稻作文化的代表技术之一。天顺年间（1457—1464 年）福安知县孟充有

① 明·陆以载《福安县志》第一卷《舆地志·土产》。
② 清·张景祁《福安县志》卷之七《物产》。
③ 明·陆以载《福安县志·节序》：“七夕，乞巧。是日俗以桃仁、米糕点茶。”
④ 元·张灿士《大留张氏源流》，载园里房《大留张氏宗谱》民国 33 年重修本。
⑤ 明·陆以载《福安县志》第一卷《舆地志·土产》。
⑥ 明·殷之辂《福宁州志》卷二《舆地志下·水利》。

“水碓月中转，山田火后耘”诗句，是一幅静好的农耕图画。水碓是通过立式水轮引水带动木石制成的器具自动舂米的机械，有水流之处利用水碓可日夜加工粮食，我国汉代就已发明。明人宋应星《天工开物·攻稻》：“凡水碓，山国之人居河滨者之所为也。”虽然现在已经不再使用水碓，但是大留的“流碓”“碓坑”地名①为我们保留了农耕稻作的美好记忆。

在发展农耕的同时，文教方面也可圈可点。据县志记载，15 世纪前期大留出了 3 名举人：张辕（永乐六年，1408 年），王熊（永乐十二年，1414 年），郑儒（正统六年，1441 年）；此外还有 1 名贡选，即洪武年间的张观，后为王府伴读。② 以上占明朝福安县上下二十九都 15 个村镇举人总数的三分之一。

明朝中叶以后，明政府厉行海禁，海防松弛，倭患日益严重。从嘉靖到万历，福安县志上有记载的倭害就有六次之多。倭寇“以金帛为志”，所到之处烧杀掳掠，使社会动荡，田园荒芜，社会经济遭到极大破坏。民间对嘉靖年间倭寇的恶行保有深刻的记忆，福安下半县沿海百姓称他们“乌（倭）贼”。

大留及周边村落的族谱文献不乏倭患记述。《大留张氏宗谱》：“前则邻村（东山）傅寇（傅贵卿）受踞，后则倭乱盘虐扰攘，公遭其难。”③ “正（德）嘉（靖）时倭寇侵扰，族姓被其蹂躏，逃亡者不可胜数，因之散处各乡。其得还定安集故土，只有銮图公一派三房子孙。”④ 附近的外塘村“房屋尽被焚烧，人民害死十分之四……连遭倭害五年，室庐莫不灰烬，田园俱皆荒芜，父母妻子岁多离散，兄弟叔伯年罕相逢，失业失居，无衣无食，民之憔悴困苦莫有甚于此时也”。⑤ “三塘之地，概为瓦砾；男妇掳杀，奚啻千万！”⑥

嘉靖四十四年（1565 年），横行数十年的倭患终于基本肃清，大留和赛江两岸的社会经济逐渐得以恢复和发展。

清顺治二年（1645 年）清军攻占南京，南明福王政权灭亡。第二年清军分三路从仙霞岭、杉关、福宁南下长驱入闽，以屠杀立威。从福宁入闽的清军受到福安刘中藻抗清义军的顽强抵抗。清顺治六年（1649 年）正月，清军总督陈锦率十万大军围困福安城达四个多月之久。刘中藻粮尽援绝，知守城无望。为避免屠城惨剧在福安重演，

① 园里房《大留张氏宗谱·族产·附洋租地界》：“长地洋界：尤厝门首、碑后、小桥仔、蕉门池、林塘、园里、流碓，直至凤尾山等处。”又福安市档案馆藏民国 34 年《福安县双留乡分段图》：大留北向有碓后、坪岗尾、流碓。

② 清·张景祁《福安县志》卷之二十《选举·明·举人、贡选》。《明史·选举志一》：“八年从祭酒倪元璐言，以贡选为正流，援纳为闰流。”贡选身份与准举人相当。

③ 清·刘万概《清河张氏重修家谱序》，载园里房《大留张氏宗谱》清同治七年（1868 年）重修本。

④ 张如翰《大留张氏重修族谱序》，载园里房《大留张氏宗谱》民国 2 年重修本。

⑤ 霞浦县沙江镇大坪村《大坪苏氏谱·分居外塘家谱序》。霞浦沙江大坪苏氏系明朝崇祯年间由福安外塘迁入。

⑥ 陈一夔主纂《甘棠堡琐志》卷上《倭贼》。

刘中藻举册籍并家资致书陈锦，为民请命，然后壮烈殉明。清军入城后将刘部已降将士近万人全部斩杀[①]。在“留头不留发”的血腥逼迫中，福安的男人们终于被迫薙发留辫，臣服满清。刘中藻的老家苏洋（阳）就在赛江东岸，他的民族气节和抗清复明意志在赛江两岸激起强烈的共鸣和同情。大留阮氏谱载：“邑进士浙江巡抚苏江刘公讳中藻慨然有志复明。据一州数郡，借饷于富户。阮族九棘公家资饶裕，素有义肝，助饷千余金。厥后刘公力竭势穷，一死重于泰山。”[②]

清顺治十八年，清政府为了封锁占据台湾的郑成功，实行海禁、截界、迁界，强迫沿海居民内迁30里，造成大面积耕地抛荒。据康熙二十二年（1683年）统计，福安沿海田亩抛荒484顷，几占明末该县耕地总面积的四分之一。[③] 截界初期，赛江西岸自小留岭至宁德闽坑一带以东以南地区，均在界外，其中包括大留、东山。[④]

“迁界”政策把沿海的富庶之地、文教名区几乎都截到界外，在给黎民百姓造成巨大痛苦的同时也给清政府的财税带来重大损失。因此在全面复界前，福安沿海局部地方已于康熙九年（1670年）开始复界。康熙十三年三月，靖南王耿精忠于福建举兵响应吴三桂叛清，数月内“分陷延平、邵武、福宁、建宁、汀州诸府”。[⑤] 在此情势之下，康熙十七年十一月清政府决定对部分已展复之地再次实行迁界。直到康熙二十二年清军“平定台湾，郑克塽归顺，海氛始靖，下诏开界，民归故土”。[⑥]

民间文献对这一段痛史保有深刻的记忆。“明末海氛未靖，室庐废弃，人去其井，坟冢倾塌，典籍无存；更加耿乱两迁，村地荒丘。”[⑦]“迨皇清定鼎以来，剃发留辫……当是时，山常伏莽，海日扬波。至顺治十三年（1656年）郑寇扰据，沿海骚动，攻陷甘棠城，虔刘我封疆，焚毁我宫室，流离失所之状至今父老尚有言者。十八年移徙界内，辛苦就食者十余年。幸康熙神圣继作，教养有方，民安无事。奈本省静（靖）南王耿恃贵戚之亲，负一方之雄，觊觎神器。遂于（康熙）十三年抗不奉历，只以甲寅为编年年号……两载中兵燹蹂躏，以民屋为兵舍，竭露积以输军赋，竭铸钱号曰裕民，荼毒生灵莫此为甚；盛族之受累者，亦不少也……穷黎扶老携幼尽作他乡之客。”[⑧]

---

① 靖南将军陈泰等题为收复福建福宁等府县事本，见陈支平主编《台湾文献汇刊》第一辑第六册《清初郑成功家族满文档案译编（1）》，九州出版社、厦门大学出版社2005年版，第3页。

② 《大留阮氏宗谱·灾异》2003年本。《灾异》一文作者不详，据文本内容推测当撰于乾隆初期（18世纪三四十年代）。

③ 朱维幹《福建史稿》下册，福建教育出版社2008年版，第342页。明末福安县耕地面积约1221顷，见清·李拔《福宁府志》卷之十《食货志·田赋》。

④ 卢美松主编《福建省历史地图集》，福建省地图出版社2004年版，第76—77页。

⑤ 赵尔巽主编《清史稿》卷四七四“列传”二百六十一，卷二六〇“列传”四十七。

⑥ 清·李拔《福宁府志》卷之四十三《艺文志·祥异》。

⑦ 清·刘万概《清河张氏重修家谱序》（雍正二年，1724年），载园里房《大留张氏宗谱》清同治七年（1868年）重修本。

⑧ 清·佚名《灾异》，载《大留阮氏宗谱》2003年本。

清初的迁界复界（展界）对社会和百姓的影响是空前的。清政府采取了一系列野蛮的措施保证迁界政策的实施。截界30华里，编篱为限，严禁人民越界；将良田化为焦土，将民居夷为平地。“越界数步，即行枭首。田庐荒废，鱼盐失利，百姓流离，惨不可言”，还在厄塞建寨置兵把守。①

复界之初，沿海村镇“远迁者乏费莫归，附近者尽回梓里，搭茅开垦，重新筑堤”，“较原迁之数，十无回三，断炊有七”。清政府为鼓励开界复垦，规定“开垦田土，随垦随报，三年之外升科输银”。② 优惠的政策和大片的荒地吸引了一部分内陆山民和外乡失地平民也加入到复界垦荒的行列。大留村也加入了更多的族姓，包括林、连、丁、高等，部分阮姓族人也由樟港迁回大留。

复界以后大留的社会生产得到复苏。此后到道光初年，福建省安靖了170年。雍正时期开始实行“摊丁入亩”，废除人头税，减轻了无地、少地农民的经济负担，劳动者有了较大的人生自由，促进了人口增长和社会经济的发展。在这样一个历史氛围中，大留村的社会经济在原有的基础上进入第三次发展高峰。到20世纪初期（清后期），大留已有“同井二三百家”③，若以一家五口估算，已是千余丁众的大村落。“大留一乡……安居乐业；无浇漓之行，无奢华之习；诵诗读书，亦不忝人”。④ 此非虚言。有清一代，大留有生员19名，人数在沿江里上下二十九都中仅次于甘棠、南安。⑤ 其中张如翰于光绪二年（1876年）乡试中举，成为同榜福安四举人之一。⑥

五

中国近代史可以分为两个阶段，总共110年：从1840年到1911年的晚清时期，共72年；从1912年到1949年的民国时期，共38年。近代中国是传统封建专制社会向新兴民主共和制度的转型时期，在此过程中，大留人的表现可圈可点。

历史上的大留人崇文重教，在近代乡村新式教育的变革中也走在闽东前列。

这里出了一位闽东杰出的教育家张如翰。光绪八年（1882年）他与同乡周之翰、范宗正、陈鸿镳等人在甘棠南门外创办仰山书院；并以举人资格主持书院教务，延师

① 清·李拔《福宁府志》卷之四十三《艺文志·祥异》。

② 陈一夔主纂《甘棠堡琐志》卷上《官塘围筑土堡先后事由》。

③ 清·余念祖《大留张氏（井头房）族谱重修序》，光绪三十年（1904年）。

④ 清·李春芳《重修张氏族谱序》（同治六年），园里房《大留张氏宗谱》民国33年重修本。

⑤ 甘棠镇志编委会《甘棠镇志》厦门大学出版社1992年版，第420—421页。大留19名生员中有1名例贡。明清指经本省各级考试入府、州、县学者，通名生员，俗称秀才，亦称诸生。清代生员经选拔升读国子监的称监生，其余为贡生。贡生中拔贡、恩贡、副贡、岁贡、优贡通称“五贡”，为正途资格出身；另有通过纳捐取得的贡生，称例贡、增贡、附贡、廪贡。

⑥ 清·张景祁《福安县志》卷之二十一《选举·国朝·举人》。

授课，还亲执教鞭，诲人不倦。光绪三十四年（1908 年）仰山书院改制为仰山初等小学，成为福安下半县第一所新式学校，传播新思想，培育新人才。民国 26 年（1937 年）学校更名福安第四中心小学，是今福安市甘棠中心小学的前身。

张如翰是一个有思想的爱国者、辛亥革命时期闽东杰出的教育家。[①] 光绪二十一年（1895 年）他赴京会试，参加著名的“公车上书”[②]。光绪二十四年他参加康梁发动的戊戌变法，撰写条陈，主张各州县设立农官、培养农业人才。光绪二十七年，清政府推行新政，令各省城书院改成大学堂，府改设中学堂，县改设小学堂。张如翰编撰《地球三字经详注》作为小学堂课本刊行。宣统二年（1910 年）出任闽东第一所官办福宁府中学堂[③]监督（校长）。民国初年，他在福宁中学任上还兼福安自治联合会和福安教育会会长，鼓吹共和，改革旧制。在他的带动下，新式教育和民主共和思想在大留逐渐深入人心，始创于南宋的墨庄书塾也改制为新式学堂；《地球三字经详注》随学堂学生走进千家万户，开阔人们视野，让许多人第一次知道海外还有一个如此广阔而且精彩的文明世界。

在新式教育的推动下，民国时期大留和福安许多地方一样，社会生活发生了深刻的变化。男人不再薙发留辫，女孩子开始天足；“先生”的称呼替代了往日的“老爷”“大人”，短衫洋服和褂裙逐渐流行；跪拜礼被废弃，鞠躬礼和脱帽礼逐渐流行，社会交往开始以握手表达礼貌和友好……

称谓、服饰和礼仪改变的逻辑在于平等意识逐渐取代尊卑等级观念，人格的平等代替身份的不平等；天足使女性逐渐摆脱封建纲常的迫害，是妇女解放、提倡女权的先声，为进而逐渐革除根深蒂固的封建恶习，改变旧的落后观念准备条件。这许多看似“表面”的变化，在当时都具有“时代”的意义，相对于传统的封建专制统治而言，标志着生活方式开始走向近代化。

民国时期，大留的民生经济主要靠稻、薯、茶、蔗。稻薯供乡民一日三餐裹腹之需；茶蔗是经济作物，一年的咸腥针线、学童束修主要赖它。山上和地里还有其它物产，如油茶、竹木等主要是自产自用，很少用来换钱。民初福安县实行禁烟，原来种植罂粟的土地就改种茶、蔗，以求尽可能多一些收益。蔗（糖蔗）用来加工红糖，大留山溪水力不足，就使用畜力榨汁熬糖。直到 20 世纪 70 年代，大留村仍有 2 处牛车寮。民国前期（1937 年以前），福安茶业风头遒劲，大留西南面的几百亩红壤山地成为

① 李健民《辛亥革命时期闽东教育家张如翰》，载福建省文史馆《福建文史》2001 年第 2 期。

② 1895 年《马关条约》签订的消息传到北京，康有为、梁启超联合在京举子 1200 多人上书清廷，反对同日本议和，主张变法，史称“公车上书”。“公车上书”没有成功，但揭开了维新变法运动的序幕。公车：汉代负责接待臣民上书和征召的官署名，后也代指举人进京应试。

③ 福宁府中学堂创办于光绪二十八年（1902 年），是闽东第一所官办中学，民国后改称福宁中学。

福安下半县的茶区之一。[①] 大留生产的毛茶主要为甘棠茶庄（前期）和赛岐茶厂（后期）所收购。

但是就社会整体而言，直至中华人民共和国建立之前，中国依旧是一个传统的农业社会。民国时期的大部分时间，社会动荡，战乱频仍，灾害时至；加上政治腐败，黑恶横行，民生多艰。大留和中国其他地方一样，社会经济陷入愈来愈深的衰败，乡村社会濒临溃败的边缘。

20 世纪 30 年代中期，福安是闽东北地区苏维埃（“苏维埃”是俄文 совет 的音译，意为代表会议）革命的中心。1932 年（民国 21 年）11 月，中共福安中心县委成立，肩负起领导整个闽东革命的重任。1933 年中共甘棠中心支部成立，甘棠各乡村也先后建立起党组织；1934 年 2 月 4 日中共安德县屏藩区委成立，下辖的基层组织有樟港、大留、小留等支部。中共安德县屏藩区大留支部成立于 1933—1934 年之间，张燕生任支部书记。[②] 大留党支部成立以后，担负起大留村苏维埃政权的建立、建设和保卫的历史责任。

1934 年 2 月，在中共福安中心县委的领导下，于溪柄柏柱洋召开闽东各县工农兵第一次代表大会，选举产生闽东苏维埃临时政府。紧接着中共闽东临时特别委员会和中国工农红军闽东独立师相继成立，闽东革命进入高潮时期，创立了 11000 平方千米、人口 100 多万的革命根据地，其中包括大留及其周边地区。

1934 年 2 月，安德县屏藩区苏维埃政府在樟港村成立，后迁大留村，谢应坤任主席，大留人张燕生任副主席。屏藩区苏维埃政府下辖信义、同义、洪义 3 个乡共 9 个村苏维埃政府[③]，其中信义乡苏维埃管辖大留、东山、岭尾、北山、林洋、坑门里 6 个村苏维埃政府。

1934 年冬，国民党军队大举进攻苏区。安德县屏藩区苏维埃政府成员转移到山上坚持斗争，张燕生在对敌斗争中英勇牺牲。安德县屏藩区苏维埃政权最后坚持到 1935 年 4 月解体。[④]

安德县屏藩区苏维埃政府虽然仅存续一年零五个月，但是革命前辈英勇斗争、不畏牺牲的精神是可歌可泣的。大留、东山有许多乡亲为革命事业做出贡献，其中张燕生、杨荣弟等 21 人（大留 17 人、东山 4 人）被评为革命烈士。

1937 年 8 月 13 日淞沪战役爆发后，沿海局势空前紧张。1938 年福安县奉令成立国民兵义勇壮丁常备大队，全县 87 名爱国青年自动请求入伍，其中有大留的张顺兴、刘

---

① 福建省政府建设厅《福建茶产之研究》第二章第二节《产茶区域之分布》，民国 25 年。

② 甘棠镇志编委会《甘棠镇志》厦门大学出版社 1992 年版，第 249—250 页。

③ 中共福安市委组织部、党史研究室，福安市档案馆《中国共产党福建省福安县组织史资料（1929 年夏至 1987 年 12 月）》，鹭江出版社 1995 年版，第 38 页。

④ 同上注。

振城 2 人。[①] 在伟大的抗日战争中，大留还有张国团、张奶生、阮奶宝、张德品、阮承庆等先后加入新四军和其他抗日队伍，英勇作战，不怕牺牲，并为中华人民共和国的建立做出贡献。

六

大留村牌楼门背面

中华人民共和国成立以后，在中国共产党的领导下大留和中国大陆各地农村一样，社会各领域全方位发生了翻天覆地的变化。其中最重要的是农村生产关系先后经历了多次重大变革。

土地改革是中国共产党领导的铲除封建土地制度的一场深刻的社会革命。1950 年 1 月 6 日，福安县委书记郭林致信各土改工作组，"就贯彻放手发动群众，开展土改工作，避免走和平分田道路问题作出指示"。[②] 旋即全县农村开展"二五减租"（将原租额减去百分之二十五）运动，在全县 123 个保（当时全县共 146 保）成立农会组织，发动和组织农民群众，为土改运动做准备。1950 年 6 月，中央人民政府颁布《中华人民共和国土地改革法》，废除地主阶级封建剥削的土地制度，实行农民的土地所有制，实现耕者有其田。当年 12 月底，双留乡（原大留保）土改运动全面展开。土改工作组贯彻"依靠贫雇农，团结中农，中立富农，打倒地主"的方针，全面彻底推翻村里的旧秩序，确立贫雇农在农会和农村政权中的领导地位，培养、吸收大批积极分子参加农会工作，同时建立青年团、妇联会、民兵组织。土改运动中，根据《土地改革法》对没收的土地、房产进行分配，使广大贫苦农民实现了"耕者有其田"的梦想，农民生产积极性空前高涨。大留、东山出现具有互助性质的伴工队，为军烈属代耕，对病灾户进行帮工。1952 年伴工队发展为互助组。同年 11 月双留乡党支部建立，全面领导乡村工作。

1953 年 3 月，中共福安县委和福安县人民政府引导农民由互助组向初级农业合作社发展，走合作化道路。1954 年在全县农村开展合作化运动，大留、东山成立初级农

① 福安市档案馆藏民国 27 年（1938 年）《福安县国民兵义勇壮丁常备大队已拨送之自动请求入伍壮丁名册》。

② 中共福安市委党史研究室《中国共产党福安市历史大事记（1919—1978 年）》，2014 年编印，第 103 页。

业合作社。刚刚建立起来的初级社尚未巩固，1955 年秋季，就急忙向高级社发展，全县掀起办高级社的热潮。1956 年大留、东山所在的双江乡成立联星高级农业合作社。第二年，联星高级社分为大留、东山 2 个高级社，接着开展整风整社运动，巩固合作化成果，完成社会主义改造。

1958 年初，福安县提出“苦干三年提早实现全国农业发展纲要”；6 月，全面贯彻“鼓足干劲，力争上游，多快好省地建设社会主义”的社会主义建设总路线，开展大跃进运动。[①] 农业生产合作社开始向人民公社过渡。8 月，大留、东山高级社分别改为甘棠公社的一个生产大队。1966 年合并为一个大留生产大队。

人民公社实行“政社合一”体制，工农商学兵五位一体。取消社员自留地，土地进一步公有，其他生产资料也无代价归公。人民公社化初期，生产上实行组织军事化，劳力统一调配，搞“大兵团作战”；搞水稻“密植”，将半成熟的水稻移植并丘；生活上推行伙食供给制，办大食堂，“放开肚子吃饱饭”；同时开展轰轰烈烈的全民“大炼钢铁”运动与“放粮食生产卫星”竞赛。一首新民歌表达了当时的豪情：“高举大红旗，远抛卫星王；粮食攻破万斤关，钢铁出产千三吨；机械化加电气化，技术文化红又专……同心协力，把福安变成红安！”[②] 1960 年开始纠正“共产风”，调整人民公社规模，允许社员适当经营个人自留地。1962 年后，实行以生产队为基本核算单位，使生产单位和分配单位统一起来。这种体制一直延续到 1982 年。

人民公社化以后，大留、东山和中国大陆其他农村一样，经历了“三年国民经济困难时期”（1959—1961 年），“四清运动”（又称“城乡社会主义教育运动”，1964—1966 年），“农业学大寨运动”（20 世纪 60—70 年代）和“无产阶级文化大革命运动”（1966 年 5 月至 1976 年 10 月）等，老年人对这些都有深刻的记忆。

七

1978 年 12 月中共十一届三中全会后，中国大陆全面开启拨乱反正、改革开放的历史进程。1982 年，大留和福安全县同步全面推行家庭联产承包责任制，实现农村土地所有权与使用权（经营权）的分离：土地所有权仍归村集体所有，但使用权归承包农户。1984 年，废除人民公社体制，大留大队变成大留村（行政村）。

在改革开放的大背景下，家庭联产承包责任制使国家和农民的关系由身份依附过渡到经济契约阶段，极大地解放了生产力。“保证国家的，留足集体的，剩下都是自己的”。大留人焕发出前所未有的劳动热情，很快就解决了温饱问题，并开始摆脱贫困，

① 中共福安市委党史研究室《中国共产党福安市历史大事记（1919—1978 年）》，2014 年编印，第 129 页。

② 中共福安市委宣传部主办《新福安报》，1958 年 8 月 14 日第 2 版。

直奔小康。

家庭联产承包责任制在实践中不断完善。大留村依法依规建立健全农村土地管理制度、土地资源保护制度，以及村级合作经济组织的组织机构，发育和建立各种专业合作经济组织。经过数十年的努力，大留村的经济、政治、文化、社会、生态的文明建设都取得长足的进步。实现多种经营、全面发展。在现有的6000多亩农用地上，除了传统的粮食作物，主要还种植葡萄、茶叶等，经济作物的收益比重在第一产业中占大头。引进数十家工厂企业落户大留，一部分富余劳动力得以再就业，并且带动第三产业的快速发展；村里还形成多支专业队伍，如高压电线作业、土木建筑、水电安装、室内装修等，亦工亦农，灵活就业。第二、第三产业的发展，为村民普遍增收提供了切实保障。在此过程中，村集体经济也不断增长。2003年开始，在上级的支持下，村里加大社会主义新农村建设力度，增加资金投入，民生工程和社会事业各方面都有很大的发展，村容村貌的优化、美化也今非昔比。

传统的大留村是一个典型的乡土社会。所谓“乡土社会”，一方面包含在社会生产即生产关系与生产力的框架中，同时也存在于人们的相互关系和精神生活中。人们日出而作，日落而息；生于斯，死于斯。人与人的关系着重血缘和伦理，以血缘结成关系，以“礼”（伦理、等级差序）维持秩序。诚如费孝通所说，“生活上被土地所囿住的乡民，他们平素所接触的是生而与俱的人物，正像我们的父母兄弟一般，并不是由于我们选择得来的关系，而是无须选择，甚至先我而在的一个生活环境。”“乡土社会秩序的维持，有很多方面和现代社会秩序的维持是不相同的……‘无法’并不影响这社会的秩序，因为乡土社会是‘礼治’的社会……礼是社会公认合式的行为规范。合于礼的就是说这些行为是做得对的。”①

随着现代化进程的加剧，农村人口的社会流动日益频繁，与现代文化之间的交流日益深入，社会生产和精神生活的诸方面都发生了巨大的变化，传统的乡土社会不可避免地也要发生变化。大留人针对地理和区位的特点，规划“多种经营”，发展特色农业；寻找新的发展空间，尽可能就地就近转移富余劳动力，尽可能避免村落的“空心化”。虽然传统意义上的小农经济被市场经济生产方式冲击得支离破碎，昔日的田园牧歌也已经不再，但是村民的工资收入以更大的比重加入到家庭经济中，这是往日单纯的“锄头去锄头归”式的农耕生活所无法想象的。青年一代受教育程度普遍提升，自改革开放迄今，大留村获大专以上学历者已超过村民总人数的12%。互联网使人们彻底告别了往昔的封闭状态，多元文化的碰撞和在海量信息中自由遨游成为可能；智慧型移动通讯工具的普及使信息的获取和人们的交流空前便捷；交通设施和交通工具的

① 费孝通《乡土中国》（大家小书第4辑），北京出版社2005年版，第7、69—71页。

现代化使人们可以按照自己的意愿自由地出行；人们的思想和视野空前开阔，科学的思维方式、民主与法制的观念日益深入人心。

大留人有兴养立教的优良传统，重视对优秀传统文化的挖掘、保护和传承，对敬祖睦族、孝悌忠信、礼义廉耻、耕读传家、修身齐家、勤俭立业等中华美德情有独钟，并且在社会主义新农村建设中持续发挥重要的作用。2015—2016 年，大留村先后获评福安市新农村建设重点示范村和宁德市文明村镇。作为福安市罗江街道新时代文明实践工作示范村，大留先行先试，发展社会经济，做好生态保护，传承优秀文化。2018 年被评为福建省文明村镇，2019 年被评为福建省第一批千年古村落。

千年古村，风雅大留。在改革开放的新时代，在中国共产党的领导下，在实施乡村振兴战略的征程中，大留人正努力把自己的家园建设成富有新时代中国特色的社会主义新农村。

（原载《闽学研究》2020 年第 2 期）

大留村近年所获荣誉

大 事 记

先秦至五代

◎商周时期，有闽越族先民生活在今大留地方，并创造了早期的新石器文化。1987 年大留岭尾宫崎头山文化遗址的发掘证实了这一点。

◎隋开皇年间（581—600 年），黄翕自建宁府城东迁到今大留地方，居数年，转迁穆阳狮子岩前，最后定居藻廛（后改称黄坂，即今苏堤）。

◎五代后梁开平二年至乾化四年（908—914 年），大留张氏先祖从今福安市下邳村迁大留。

◎后梁乾化四年（914 年），禅寂尼院（今玉池寺）置创建。

◎后晋天福三年（938 年），孙氏先祖从前浦迁大留北山。

◎五代时，阮希畋从泉南迁大留。具体年份未详。

宋

◎神宗时期（1068—1085 年），水尾庵（今名龙兴寺）始建。

◎元丰三年（1080 年），三塘（官塘、外塘、南塘）围垦工程始。大留先民参与其事，大留洋开始形成。

◎政和元年（1111 年），禅寂尼寺再建。

◎建炎二年（1128 年），王氏先祖从霞浦赤岸迁加招，后分迁大留，时间未详。

◎绍兴中（1131—1162 年），张观入太学，率太学生 72 人上书主战。

◎绍兴十年（1140 年），围垦工程告竣，围成海田大片，形成今“甘棠洋”之雏形，大留洋田包括其中。

◎绍兴二十年（1150 年），杨氏先祖由杨岙迁大留。

◎隆兴元年（1163 年），阮瑀武举正奏名，任邵武巡检。

◎乾道五年（1169 年），张观进士及第，后任新城县令。

阮国威赐武举及第，知封州。

◎绍熙元年（1190 年），阮大用文举特奏名，任同安主簿。

◎庆元间（1195—1201 年），杨复陪侍朱熹在甘棠上东庵等地讲学。后宋宁宗敕为正奏状元，主持三山郡学。

◎嘉泰二年（1202 年），阮文子进士及第，学录博士，判肇庆府。

◎嘉定四年（1211 年），阮宾进士及第，任建宁令。

◎宝庆二年（1226 年），阮国宾进士及第，任吴江尉。

孙巨源武举正奏名，任职建宁分司。

◎绍定五年（1232 年），张翊进士及第，录宗学博士，任太常丞。

张滨子，特奏名赐本科，任国子助教。

◎嘉熙二年（1238 年），理学大家张泳卒，祀于福州养正书院。曾作《正学论》。

◎淳祐四年（1244 年）初，太学生张过再提分县之请，并请求在正式分县之前先将长溪西尉移驻西乡，同时在西乡置司巡检以安民息盗。为福安建县立一大功。

◎宝佑四年（1256 年），张全进士及第，任职不详。

元

◎至正十六年（1356 年），东山人傅贵卿发动反元抗暴起义。

◎至正十七年（1357 年），傅贵卿起义军发展到万余人，在东山村建“东寨”，在青阳村建“青寨”，势力扩大到白沙、水田一带。

◎至正十八年（1358 年）七月，福建行省令福宁州出兵讨伐傅贵卿。

八月，傅贵卿义军在黄崎港大败福宁州同知袁天禄率领的六十余艘水军战船。

◎至正十九年（1359 年）二月，福建行省参政观音奴率军攻打傅贵卿部，反在官塘被击败；“泰安”“安宁”二社往援，也被打败，泉州路治中袁安文战死。

◎至正二十三年（1363 年）十月，傅贵卿在巡营中被福安豪强武装廉村社卓仲溪设计擒获，解往太安社。十一月被袁天禄烹杀于柘洋溪坪。

◎元末，社会动乱，徭役繁兴，大留张族流离播迁。远的迁往江南、温州，近的逃到西隐、宝洋、施洋、穆阳等地。

明

◎洪武年间（1368—1398 年），张观贡选及第，任王府伴读。

◎永乐六年（1408 年），张辕举人及第，任应天府教授。

◎永乐十二年（1414 年），王熊举人及第，任浙江平阳训导。

◎正统六年（1441 年），郑儒举人及第。

◎正德初（1506 年），张景真领道会赴京，“以符箓灵验留京”，拜为真人。建宫于流沙河以居，四方师之者众。

◎嘉靖年间（1522—1565 年），倭寇多次侵扰赛江两岸，在大留“盘虐扰攘”，百姓“被其蹂躏，逃亡者不可胜数”。

尤氏先祖伯安自罗源鉴江迁福安大留。

◎嘉靖四十四年（1565 年），横行数十年的倭患终于基本肃清，大留和赛江两岸的社会经济逐渐得以恢复和发展。

◎隆庆元年（1567 年），倪姓从倪下迁甘棠，再分迁大留。

◎万历九年（1581 年）七月初九日，福安县暴发特大水灾，赛江两岸百姓也深受其害。

◎万历二十年（1592 年），福水宫（岭尾宫，光绪《福安县志》为岭柄宫）始建，祀临水夫人。清嘉庆十年（1805 年）重修。

◎万历年间番薯（甘薯）传入大留，由于耐瘠、耐旱、高产，深得农人欢迎，成为仅次于水稻的粮食作物。

清

◎顺治十一年（1654 年）七月中旬，福安下半县“骤雨滂沱”，赛江“水势汹涌丈余”，大留东山傅厝后暴发泥石流灾害，“路经三塘洋，推陷塘墘，潮水冲入，全洋绝收”。

◎顺治十三年（1656 年）八月，郑成功率部北征。十月，进入白马港，沿赛江深入福安腹地筹粮，并在大留及周边村镇屯驻半年之久。

◎顺治十八年（1661 年），清政府为封锁据台抗清的郑成功，实行迁界政策，大留、东山皆在被迁之列。迁界给百姓带来巨大苦难，“室庐废弃，人去其井，坟冢倾塌，典籍无存；更加耿乱两迁，村地荒丘。”

◎康熙年间（1662—1722 年），林丕麒从长汀（今属坂中乡）迁居大留。

◎康熙二十二年（1683 年），清军平定台湾，下诏开界，民归故土。复界以后大留的社会经济得到复苏。

◎康熙二十四年（1685 年），刘姓从甘棠迁东山、大留。

◎嘉庆、道光间（1810—1835 年），陈永家从宁德赤溪龟山迁大留。

◎道光年间（1821—1850 年），傀儡戏传入大留村，并在民国初年达到鼎盛。

◎道光九年（1829 年），钟姓从宁德斑竹迁居大留。

◎道光十三年（1833 年），重修昭应宫（始建时间不详），祀彭、郑二神。

◎光绪二年（1876 年），张如翰举人及第，成为同榜福安四举人之一。

◎光绪六年（1880 年），临水宫（又称奶娘宫）始建，祀临水夫人（陈靖姑）。

◎光绪八年（1882 年），大留人张如翰与周之翰、范宗正、陈鸿镳等人筹募资金，在甘棠南门外创办仰山书院，并以举人资格主持教务。

◎光绪二十一年（1895 年）春，张如翰赴京会试，和十八省一千三百多名举人联名参加康有为发动的“公车上书”，向光绪帝提出“拒和、迁都、变法”主张。

◎光绪二十四年（1898 年）张如翰参加“戊戌变法”，撰写“各州县设立农官”条陈。

溪潭吉坑中医林俊德在大留开设“羡德堂”国药店，同时坐堂行医。

◎光绪二十七年（1901 年），清政府推行新政，令各省城书院改成大学堂，府改设中学堂，县改设小学堂。张如翰编撰《地球三字经详注》作为小学堂课本刊行。

◎光绪三十年（1904 年），大留村已有“同井二三百家”，若按一家五口估算，已是千余丁众的大村落。

◎光绪三十三年（1907 年），张蔚棠福建省教育会讲习所毕业，又法政研究所毕业，聘作法政学堂教员。

◎光绪三十四年（1908 年），仰山书院改制为仰山初等小学，成为福安下半县第一所新式学校。

◎宣统二年（1910 年）四月，张如翰受福宁府丞智太尊聘为福宁府中学堂监督（校长）。福宁府中学堂创办于光绪二十八年（1902 年），是闽东第一所官办中学。

墨庄书斋（书塾）改制为墨庄初等小学。

中华民国

◎民国元年（1912 年），张如翰兼任福安自治联合会和福安教育会会长。

◎民国 6 年（1917 年），张如翰从福宁中学退休，返梓任仰山初等小学校长。

◎民国 9 年（1920 年），张蔚棠被选为福建省参议员。

◎民国 11 年（1922 年）9 月 29 日，赛江两岸暴发特大洪灾，谱载“全村庐舍均被水，栋宇崩塌垣墉无一存者……人畜漂没，田园推流，指不胜屈”。

民国大总统黎元洪为张如翰题赠“乐育功深”匾额，内务部颁发红紫绶银质奖章，褒扬他对教育事业的贡献。

◎民国12年（1923年），张蔚檀于国立北京工业专门学校毕业。后继续研修，成为福建省早期电信专门人才。

◎民国21年（1932年），张厝里遭火灾，连烧5座，损失惨重。

◎民国22年（1933年）11月，张燕生担任安德县屏潘区苏维埃政府副主席；12月，兼任中共大留村支部书记。

◎民国23年（1934年）4月，中共屏潘区委、屏潘区苏维埃政府机关于从樟港村迁入大留村。

10月，张燕生在对敌斗争中牺牲。

◎民国24年（1935年）4月，安德县屏藩区苏维埃及所属村苏维埃政权结束。

◎民国25年（1936年），福建省政府建设厅编印的《福建茶产之研究》一书将大留列为福安下半县的茶区之一。

大留设办公立一年制短期小学，学校设在园里房张氏祠堂。

◎民国26年（1937年），大留短期小学升格为公立简易小学，扩大招生，结束大留私塾的历史。

◎民国27年（1938年）2月，张国团参加新四军六团北上抗日。

9月，张顺兴、刘振城自动请求入伍，参军抗日。

◎民国32—34年（1943—1945年），阮奶宝、张奶生、张德品先后加入新四军。

◎民国33年（1944年），大留简易小学改为大留保国民小学。

张蔚檀出任福安县立初级中学校长。

大留张族与其他族姓村民为避免纠纷、促进诸姓和睦相处，将大留洋分为两界，各归各管，并立约为凭。

◎民国37年（1948年），大留保（含东山）317户1313人。

中华人民共和国

◎1949年12月14日，刘佑生参加福安县第一届各界人民代表会议。

◎1950年初，大留保有234户890人，其中大留189户720人，东山45户170人。

4月，大留保改为双留乡。

12月底，土改运动在双留乡全面展开。

是年，大留、东山村成立农民协会、妇女联合会、青年团支部、民兵组织。

张荣纯、刘荣宋主管乡村事务。

◎1951年春，土改运动初步结束，7月颁发《土地房产所有证》。大留、东山广大贫苦农民实现了“耕者有其田”的梦想。

◎1952 年春，大留、东山成立互助组。

11 月，双留乡党支部组建，全面领导乡村工作。张荣纯任党支部书记。

◎1953 年 12 月，刘则（作）奇接任党支部书记。

◎1954 年，农业合作化运动在全县农村开展，大留、东山成立初级农业合作社。

大留村业余闽剧团成立。

杨奶康接任党支部书记，刘积波主管乡村事务。

◎1955 年，经过对私营医药业的社会主义改造，大留联合诊所成立。

◎1956 年，大留、东山所在的双江乡成立联星高级农业合作社。

政府取消个体商贩，农村商业全部归供销社经营和管理。

东山设办小学教学点，招收一二年级学生。

◎1957 年，联星高级社分为大留、东山 2 个高级社。

张奶弟接任党支部书记，林贵龙任大队长。

◎1958 年秋季，大留、东山高级社分别为甘棠八一人民公社的生产大队。

大留初级小学升格为完全小学。大留小学始设幼儿班。

大留联合诊所改为“甘棠人民公社保健院双江片保健站”。

10 月开始，大留、东山大队，开展“大炼钢铁”运动；学校停课 2 个月，组织师生参加洗铁沙、烧木炭劳动，为“钢铁元帅升帐”服务。开办大食堂，推行伙食供给制，“放开肚子吃饱饭”。

◎1959—1961 年，大留、东山大队社员克服困难，共度“国民经济困难时期”。

◎1960 年，大留、东山 2 个生产大队合并为大留 1 个大队。

◎1961 年，大留生产大队又分为大留、东山 2 个大队，属甘棠区双江公社（小公社）。

张庶弟接任党支部书记，张石富接任大队长。

◎1964 年 2—8 月，工作队进驻大留、东山，进行“四清运动”（又称“社会主义教育运动”），开展“农村两条道路斗争”。

冬季，“农业学大寨”运动开始。

◎1965 年 8 月 20 日，赛江两岸发生特大水灾，防洪堤被冲毁 10 处，房屋倒塌多处，大留、东山也深受其害。

冬季，大留、东山社员参加甘棠洋塘堤修建工程“大会战”。

◎1966 年 6 月，“文化大革命”运动开始。

大留大队开展破“四旧”（指“旧思想、旧文化、旧风俗、旧习惯”），许多古迹遗址、祠庙古建、神佛塑像等被破坏，族谱、古籍、匾额被焚烧。

11 月，大留、东山合并为一个大留生产大队，隶属甘棠人民公社。

是年，张石富接任党支部书记，张庶弟接任大队长。

◎1967 年 6 月 22 日至 9 月 2 日，福安县发生特大旱灾，长达 73 天。

◎1970 年 5 月，大留保健站改为“大留大队合作医疗站”。

◎1972 年，大留大队向茜安水利管理处申请用电获批，从此大留开始进入“电”的时代。

大留大队和各生产小队开始开垦集体茶园，种茶面积逐年扩大，到 1976 年成为大队集体茶场。

◎1973 年，林贵龙接任党支部书记，张奶弟接任大队长。

1973—1976 年，先后计有 8 名初高中毕业的城镇知识青年（6 男 2 女）响应国家号召，到大留上山下乡，插队劳动。

◎1976 年 9 月，上级决定在大留小学附设初中班。大留大队茶场成立。

10 月，大留会场建。

◎1979 年，计划生育工作开始。按照“一对夫妇只生一个孩子”的政策，严格控制两胎，坚决杜绝多胎。

冬季，大留村开始实行联户承包责任制。

是年，张奶希接任村党支部书记。

◎1980 年，大留村青壮年脱盲率达 85% 以上，成为福安县第一批基本无文盲村。

◎1982 年，第三次全国人口普查，大留村 1979 人，其中男 1062 人，女 917 人，男女在总人口中的比例分别为 53. 66% 和 46. 34% 。

张成增任村委会主任。

◎1984 年 9 月，人民公社体制撤销。大留大队改为大留村（行政村，包括大留、东山 2 个自然村），成立村民委员会管理村务迄今。

是年，大留村开始批准村民建房用地，首次批建 55 宗，每宗 220 平方米。

大留大队合作医疗站改为“大留村卫生所”。

◎1985 年，园里房张祠、井头房张祠、阮氏宗祠理事会先后成立。

◎1986 年春季，大留小学附设初中班停办；大留小学新校舍奠基动工。

◎1988 年 8 月 29 日和 9 月 5 日，受暴雨袭击，赛江两岸泛滥成灾，大留低洼地带，首当其冲。

是年，福建省经济和信息化委员会在大留兴建 220 千伏变电站。

张振春接任村委会主任。

◎1989 年 9 月，大留小学从张氏祠堂迁到村北新校园。

◎1990 年，第四次全国人口普查大留村 2310 人，其中男 1212 人，女 1098 人，男女在总人口中的比例分别为 52. 47% 和 47. 53% 。

◎1991 年，大留村批准村民建房用地 50 宗，每宗 143 平方米。这是大留村第二次批地建房。

◎1992 年，大留村开通程控电话。

张成增接任党支部书记。

◎1993 年 5 月，大留行政村划归闽东赛岐经济开发区村街工作处代管。

◎1994 年，大留小学教师宿舍建成。

村有线电视站建成，全村开通有线电视。

张坛灼接任村委会主任。

◎1995 年，张瑞平接任党支部书记。

大留管乐队成立。

◎1997 年，大留村计划生育协会成立。村计生协会通过会员小组建立会员联系户，把计划生育工作落实到户、服务到人。

大留村第一条水泥路即中心路建成。

张成昌接任村委会主任。

◎1999 年，林氏宗祠理事会成立。

◎2000 年，大留村批准村民建房用地 45 宗，每宗 90 平方米。这是大留村第三次批地建房。大留村三次共批村民建房用地 150 宗，合计 23300 平方米（35 亩）。

大留村党群活动服务中心建成。

第五次全国人口普查，大留村户籍人口 2619 人。

张成昌接任党支部书记，刘耀华接任村委会主任。

◎2003 年开始，在上级的支持下，村里加大社会主义新农村建设力度，增加资金投入，民生工程和社会事业各方面都有很大的发展。

开启大留工业园区建设，多家工业企业先后入驻大留。

张雪景接任党支部书记。

◎2004 年，张如翰墓由福安市人民政府公布为第三批市级文物保护单位。

◎2005 年，建设东山新村安置房，完成大留东山的安居工程。

大留村牌楼门落成，省人大常委会副主任张家坤题写村名。牌楼门雄伟壮观，成为村标志性建筑。

◎2006 年，完成自来水管网布设，完善用水工程设施，使全村用上清洁自来水。

大留和全国农村同步免除农业税，从此不再交“公粮”。

◎2007 年 8 月，村里成立女子健身队，广场舞开始在大留村流行。

是年，大留村成立“福安市挺奇茶叶专业合作社”，实现“一村一品一特色”，发展茶业生产，带动村民致富。

大留村实行新型农村合作医疗（“新农合”）。

◎2008 年，张公井由福安市人民政府公布为第四批市级文物保护单位。

◎2009 年，由政府资助建成篮球场 1 个，配套设建健身体育器材活动点。

张俊华接任村委会主任。

◎2010 年，大留村实施新型农村社会养老保险（“新农保”）。

村自来水厂 200 吨水塔建成。

第六次全国人口普查，大留村常住人口 2950 人、户籍人口 2890 人。

◎2011 年，大留民办“博乐幼儿园”设办。第二年又设办民办“爱心树幼儿园”，大留小学不再附设幼儿班和学前班。

沿国道 104 线建起 17 座钢混结构的联建房，东山新村建成。

12 月，新被征地农民养老金首发仪式在大留举行。

大留环村路建成。

◎2012 年，大留村改属新成立的福安市人民政府罗江街道办事处。

大留小学综合楼落成。

张绍斌接任村委会主任。

◎2013 年，村钢构厂房建成，每年租金可增加村财收入 7 万元。

刘俊八墓由福安市人民政府公布为第五批市级文物保护单位。

◎2014 年 5 月，大留小学作为福安市的代表学校之一，通过国家“县域义务教育发展基本均衡”的督导检查。

是年，大留村卫生所新楼建成。

大留村共 779 户 3041 人，其中男 1574 人，女 1467 人；男女在总人口中的比例分别为 51. 76% 和 48. 24% 。

◎2015 年，完成和谐公园人行道铺设，种植行道树桂花苗木，添种公园花草成为村民休闲好场所。

◎2016 年，大留村开始建立精准扶贫工作机制，对弱势村民实施精准扶贫。

重建低洼地带住房，解决村内低洼地带内涝问题。

刘氏宗祠理事会成立。

◎2017 年，建成 27 千伏分布式光伏发电站，每年可增加村财收入 2. 5 万元。

美化进村大道人行道。

大留村精准扶贫对象 7 户 23 人全部按国家标准脱贫。

◎2018 年，连松贵接任村委会主任。

◎2019 年 6 月，大留村被福建省民政厅、发改委、住建厅、文旅厅、省委党史研究和地方志编纂办公室联合评为“福建省地名文化遗产 · 千年古村落”。

9 月 12 日，罗江街道党工委和办事处决定在大留村启动“一书一馆”文化建设项目。所谓“一书”就是编纂一部《大留村志》，“一馆”就是建设一个“乡村记忆馆”，两个项目同步进行。

是年，龙潭漈森林公园登山步道建成。

大留村共 746 户 3001 人（男 1563 人、女 1438 人），男女在总人口中的比例分别为 52.08% 和 47.92%。

张家坤（曾任海峡两岸茶业交流协会会长）题“大留村”

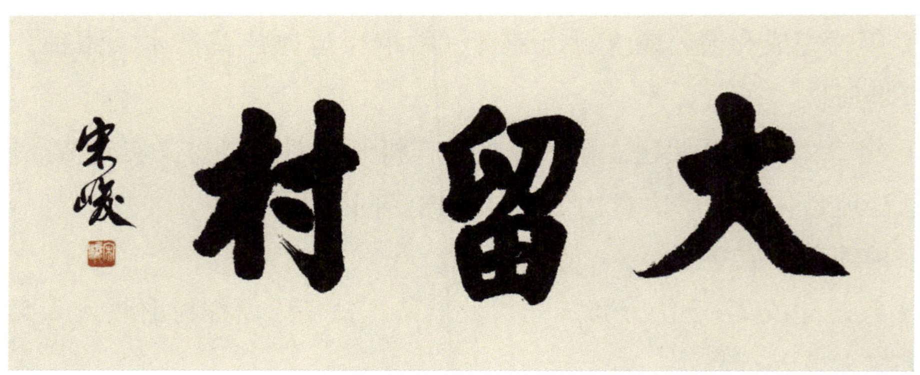

宋峻（福建省老体协常务副主席）题“大留村”

卷一

基本村情

卷一　基本村情

建置沿革

村名由来

据《大留张氏族谱》（园里房）记述，先祖“演公父子兄弟后从忠懿王入闽，居福州乌石山、南台两处……适游长溪下邳。悦其山明水秀，至后梁开平二年（908 年）遂迁焉……公男五：长定生，次承业，三释生，四邦本，五伟生。定生公迁居大留金山后坡之下”。[①]

可知今之大留，原称金山后坡或后坡，“大留”之名是后来才有。与张演将“后岐”改名“下邳”一样，“后坡”改为“大留”，其中的“留”字也是为了纪念张氏先祖汉代留侯张良。史载，韩国丞相后裔张良在出山之前因在博浪沙刺杀秦始皇未遂，逃到下邳（今江苏省睢宁县古邳镇）隐居，后在下邳举兵反秦，后人就把张良看作是下邳人。《福安下邳张氏族谱》：“（先祖张演）后避朱梁之难……迁长溪灵霍乡温麻里后岐地方，后移居里许，改名其乡曰下邳，示不忘本也。”[②]

南宋《三山志》将村名写作“大流”[③]，可能是因为与“大留”谐音，也可能是因为村子滨江靠海的缘故。

由于大留村前有洋田一片，属甘棠洋的一部分，故大留又名“大留洋”[④]。

---

① 大留井头房谱与园里房谱关于迁居大留的记述有异。井头房崇祯六年重修谱序：“祖（张演）生五男：长定生公，居下邳；次承业公，居温州、钱塘、横溪；三释公，居大留……”见清光绪三十年（1904 年）重修本。

② 《福安下邳张氏族谱·源始世系图》，见清光绪三十二年（1906 年）重修本。

③ 宋·梁克家《淳熙三山志》卷二《地理类·长溪县》。

④ 福安县地名办公室《福安县地名录》，1982 年编印，第 108 页。

建置隶属

在福安建县以前，大留地方属长溪县西乡，具体建置沿革和隶属关系不详。

宋淳祐五年（1245年）长溪中下游流域从长溪县析出置福安县，设有永乐乡和灵霍乡，乡下设里，全县共二乡九里。大留、东山属福安县灵霍乡沿江里。

明万历《福安县志》四封图大留的位置

元朝析永乐乡为福安、用儒二乡，改灵霍乡为秦溪乡，全县共三乡八里。大留、东山属秦溪乡沿江里。

明朝全县共三乡九里三十六都，大留、东山属秦溪乡沿江里上二十九都二图。

清朝福安县的行政区划基本上沿用明代。

民国初期县区划仍用清末的乡里制，大留、东山仍属秦溪乡沿江里上二十九都。

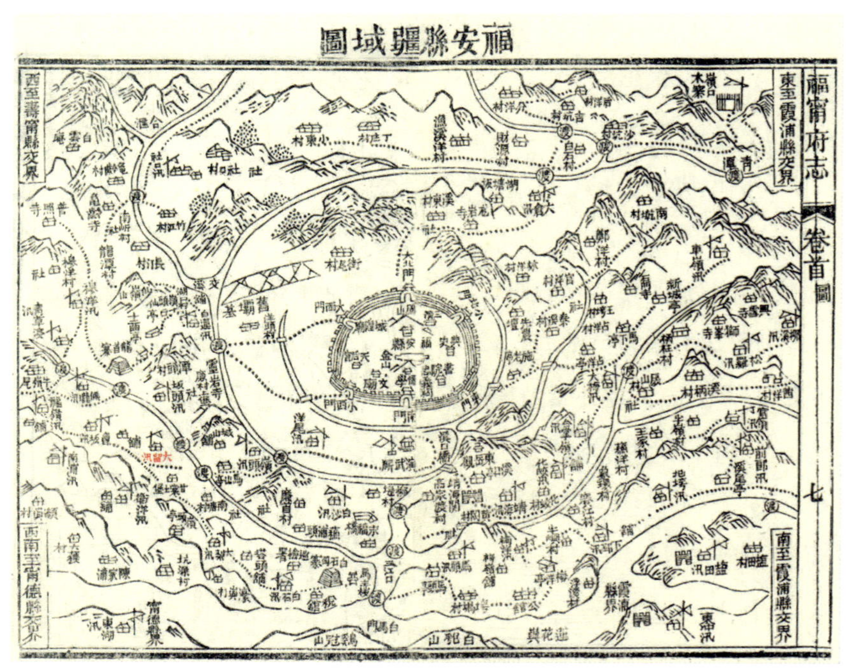

清乾隆《福宁府志》福安县疆域图大留的位置

民国18年（1929年）实行区乡镇制，全县分韩阳、东溪、西溪、穆阳、赛岐、甘棠、黄岐7区，辖99乡镇。其中甘棠区辖10乡镇，大留乡（含东山）属甘棠区。

民国25年（1936年），全县分赛岐、社口、穆阳、甘棠4区辖33联保。其中第四区甘棠辖9联保，大留、东山属大留联保。

民国26年（1937年），大留联保合并洋中，改为双留联保。

民国29年（1940年），联保改乡镇，大留、东山属第二区（甘棠区）双留乡。

民国31年（1942年），大留、东山随双留乡并入三塘镇。

民国35年（1946年），撤销区建制，全县分黄岐、三塘、狮峰、山溪、白石、城厢、石门、穆阳、蓬山、社湖、社口、赛岐12乡镇，辖173保。其中三塘镇辖16保，大留保（含东山）属三塘镇。

民国37—38年（1948—1949年），全县共144保。三塘镇辖10保，大留保（含东山）共16甲属三塘镇。

中华人民共和国成立后，1949年10月恢复区建制，全县分7区：第一区（城关）、第二区（上白石）、第三区（社口）、第四区（穆阳）、第五区（赛岐）、第六区（甘棠）、第七区（下白石），辖146保。其中第六区（甘棠）辖22保，大留保属第六区（甘棠）。

1950年4月，废除保甲制，保改为乡，全县分128乡，大留、东山属双留乡。

1956年，双留乡改双江乡，大留、东山属之。

1957年，第六区（甘棠区）双江乡辖樟港、山后、加招、东山、大留、坑门里、北山、岭尾宫、南安、小留、填里、南洋、桥洋、后太、里巷、外巷等农业高级社。

1958年，乡镇改人民公社，实行“政社合一”。大留、东山大队属甘棠公社。

1961年，恢复区建制，全县分城郊、上白石、潭头、社口、穆阳、溪潭、甘棠、下白石、湾坞、溪柄、松澳、赛岐、城关13区（镇）119公社。大留、东山大队属甘棠区双江公社（小公社）。

罗江街道鸟瞰

1966 年 11 月，甘棠撤区改社，大留大队（含东山，下同）属甘棠公社。

1975 年，全县分城郊、坂中、上白石、潭头、社口、穆阳、康厝、溪潭、甘棠、下白石、湾坞、溪尾、松罗、溪柄、赛岐 15 个公社和城关、穆阳、赛岐 3 镇，辖 310 个大队，其中甘棠公社辖 28 个大队。大留大队属甘棠公社。

1984 年，废除“政社合一”，甘棠撤社建乡（同年 12 月改为镇）。大留大队改为大留村（行政村），辖大留、东山 2 个自然村，属甘棠乡（镇）。

1993 年 5 月，大留村划归闽东赛岐经济开发区村街工作处代管。

2012 年 6 月，大留村改属新成立的福安市人民政府罗江街道迄今。

环境自然

区位交通

大留村的东、北、西、南四向分别与罗江街道的加招村、北山村、坑门里村和甘棠镇的倪下村、北门村毗邻。

这里交通非常便利。国道 104 线从村前经过，可直达福州、温州；公交线路直通福安市区；区间公路和白马港口、沈海高速公路互通口、温福铁路福安站相连。

大留村位于长溪下游赛江的西岸，古时候江水和潮汐可以直达大留，宋代大留也被称为“大流港”[①]，今大留东山尚存古码头遗址。长溪是闽东的第一大河，从北向南贯穿福安市境入海，源头在浙江省庆元县，主要部分在福建省福安市，庆元人称之为“福安江”[②]。清初顾祖禹的《读史方舆纪要》：“长溪……源出浙江庆元县界，自东北来者为东溪，自西北来者为西溪。二溪汇流为交溪，又东南流为长溪，绕流县郭，亦谓之环溪，又东南入州境达于海。远近诸溪涧水悉流合焉。《志》云：县南境有三港口（即今三江口），自三港口而下，为苏江、六印江、甘棠港、芭蕉洋、古镇门，皆江也。出古镇门则为海，自三港口而上，则皆溪矣。”[③] 这里的“苏江”也称“棠江”，即流经甘棠（包括大留）的这一段江水。

旧时这里是陆路交通要道。民间文献称“大留地居孔道，为往来必经之冲”[④]。一

① 宋・梁克家《淳熙三山志》卷二《地理类・长溪县》。
② 刘杰、胡刚主编《乡土庆元》，浙江古籍出版社 2011 年版，第 9 页。
③ 清・顾祖禹《读史方舆纪要》卷九十六《福建二・福宁州・福安县》。
④ 明・阮九棘《旧序》（明崇祯十年），载《大留阮氏宗谱》2003 年修纂本。

条连接福州省城和福安县城的古官道就经过大留，为了保证公文的正常递送，官府还在这里设立驿站。明万历《福安县志·铺递》有“大留铺”，铺即旧时在官路设的驿站，大留铺的送程为二十里，司兵三名，每名银五两。[①] 这条官路起自福州，经宁德县的闽坑到福安县的湄洋、观里、倪下，再经大留，经填里，过渡到廉首，再经白鹤、苏头店、同台、白沙、柳堤，从江家渡再过渡到溪口，抵达福安县城。自南宋淳祐五年（1245 年）福安置县后，该段陆路一直是福安、宁德两个县城之间的交通要道，直到 1956 年 1 月福分公路（福州至福鼎分水关）正式通车后才逐渐废弃。

大留及周边卫星图

气候水文

大留傍江近海，属中亚热带海洋性季风气候。受季风环流影响，具有四季分明、冬短夏长、光热充足、无霜期长、季风明显、台风频繁、雨量充足、夏旱突出等特点。

大留的年平均气温 18.9°C 左右，最冷月 1 月份，平均气温 9.8°C；最热月 7 月份，平均气温 28.4°C，极端最高气温≥35°C。

灾害性天气主要为春寒、5 月寒和秋寒。春寒多出现于春雨绵绵的年份，5 月寒多出现夏初梅雨节后，秋寒多发生在秋霜过后。

年平均无霜期 287 天。90% 的霜日出现在 12 月到次年 2 月，主要集中在 1 月份。最低气温≤0°C，平均初日为 1 月 3 日，终日为 2 月 4 日。平均初霜日为 12 月 5 日，终霜日为 2 月 22 日，最大连续时间 12 天。

年均降水量 1475.5 毫米，主要集中于 3 月至 9 月。按降水量的变化和降水特点，全年可分为 4 个降水季节：

① 明·陆以载《福安县志》第二卷《营缮志·铺递》。

3—4 月为春雨季节，年均降水量 272.1 毫米，占全年降水量的 18.44%。

5—6 月为梅雨季节，年均降水量 440.4 毫米，占全年降水量的 29.85%；平均雨日 34—40 天，平均暴雨日 2 天左右。

7—9 月为台风雷阵雨季节，年均降水量 267.5 毫米，占全年降水量的 33.58%。

10 月至次年 2 月为少雨季节，年均降水量 26.7 毫米，占全年降水量的 18.13%，这个季节晴多雨少。[①]（表 1－1）

表 1－1　大留村四季气候特点简明表

四季	起	止	气温	天气	雨量
春	2 月 16 日	5 月 15 日	波动性回升	阴雨居多	强度较大
夏	5 月 16 日	10 月 10 日	盛夏短暂酷暑	夏初多梅雨	台风暴雨多
秋	10 月 11 日	12 月 31 日	逐渐下降	晴朗少雨	较少
冬	1 月 1 日	2 月 15 日	一般无严寒	霜雪少见	全年最少

大留村境有大留溪，西东走向。源自林洋，经坑门里，至大留向东北流向桥洋港，经留屿水闸注入赛江。全长 4 千米，流域面积 7 平方千米。

还有一条小溪，也是西东走向。源自牛溷头、七层塔，经大留、东山，向南流入甘棠洋中心闸，注入赛江。

大留、东山鸟瞰

地形地貌

大留的地形地貌可分为两个部分：西、北面是低山、丘陵，东、南面是平原。两部分的面积基本持平。

低山和丘陵属鹫峰山脉的延伸部分，这里山峦起伏，海拔多为 200—500 米左右。北面有莺歌塔顶（又称莺歌山、莺歌顶），海拔 526 米，是福安市南部的一方名胜，与

① 以上“天气水文”据《甘棠镇志》，厦门大学出版社 1992 年版，第 47—53 页。

东岸赛岐的鳌峰山对峙齐名。低丘陵主要分布在高丘前缘、山间盆谷周围和平原上的孤丘，海拔30—50米，相对高度小于100米，与东、南部的平原相接。西、北山区蕴藏着丰富的自然资源，气象万千，美不胜收。

莺歌塔顶远眺

东、南平原地带是甘棠洋的一部分。称为大留洋，海拔小于20米，相对高度多在10米以下。昔日这里沃野连畴，是闽东最大的天然粮仓的一部分；20世纪80年代以后，沿国道104线两侧，工厂企业密布，是闽东经济最活跃的区域之一。

土壤植被

大留的土壤主要有三大类：红壤土、水稻土、冲积土。

一般来说，西、北部低山、丘陵地区多为红壤土，以红泥沙土为主，西部山区有小面积红泥土。

东、南部平原地带多为水稻土、冲积土。水稻土以灰黄泥和灰黄泥砂田为主，南部有部分白底田。冲积土分布在溪河两岸河床较平缓地带。

大留的植被区划属常年温暖照叶林地带的常绿楮类照叶林小区，绝大部分为阔叶林带、用材经济林带，少数为针阔混交林带。

典型植被类型有：

常绿阔叶林　多分布在海拔400米以上的低山，有楠木、光叶石楠、中华杜英、少叶黄妃、毛竹等。林下灌木有黄瑞木、柃木、香滨杜鹃等，草本有中华里白、狗脊、地苳等。层外有猕猴桃、金银花、葛藤等。

用材经济林　多分布在低山、丘陵地带，主要是杉木、马尾松、香樟、木荷、枫香、油茶、油桐及多种果树。林下及荒山有小叶赤楠、柃木等灌木。

针阔混交林　人工营造的杉木与棕木、杉木与油桐、杉木与马尾松、马尾松与柳杉等针阔叶混交林。

竹林　主要有猫竹（毛竹）、绿竹、篓竹、刚竹等。

人口家庭

人　口

古人没有留下比较精确的人口数字。从族谱资料可知，20 世纪初大留村有“同井二三百家”①。若以一家五口估算，当时大留人口已有千余。

此外迄今未见到有关大留人口的更早记述。

大留村比较准确的人口数字始于民国后期。

民国 37 年（1948 年），大留保（含东山）317 户 1313 人。（福安市档案馆民国档案）

1950 年土改前，大留保有 234 户 890 人，其中大留 189 户 720 人，东山 45 户 170 人。（大留村委会提供）

1979 年，大留大队共 421 户 1913 人，其中大留 354 户 1567 人、东山 67 户 346 人。（《福安县地名录》，1982 年）

1982 年，第三次全国人口普查大留村 1979 人，其中男 1062 人，女 917 人；男女在总人口中的比例分别为 53.66% 和 46.34%。

1990 年，第四次全国人口普查大留村 2310 人，其中男 1212 人，女 1098 人；男女在总人口中的比例分别为 52.47% 和 47.53%。

1995 年，大留村共 575 户 2457 人，其中大留村 496 户 2009 人，东山 99 户 448 人。（大留村委会提供）

2000 年，第五次全国人口普查大留村户籍人口 2619 人。

2010 年，第六次全国人口普查大留村常住人口 2950 人、户籍人口 2890 人。

2014 年，大留村共 779 户 3041 人，其中男 1574 人，女 1467 人；男女在总人口中的比例分别为 51.76% 和 48.24%。（大留村《计划生育情况报表》）

2019 年 5 月，大留村两委对全村户籍人口情况进行一次普查。明确全村共 746 户 3001 人（男 1563 人、女 1438 人），其中大留自然村 2442 人（男 1277 人、女 1165 人）、东山自然村 559 人（男 286 人、女 273 人）。总人口中男性占 52.08%；女性占 47.92%。（表 1－2）

总人口中年龄 90—99 周岁 2 人，占比 0.07%；80—89 周岁 51 人，占比 1.7%；

① 清·余念祖《大留张氏（井头房）族谱重修序》，光绪三十年（1904 年）。

70—79 周岁 112 人，占比 3. 73%；60—69 周岁 287 人，占比 9. 56%；50—59 周岁 430 人，占比 14. 33%；40—49 周岁 413 人，占比 13. 76%；30—39 周岁 508 人，占比 16. 93%；20—29 周岁 491 人，占比 16. 36%；10—19 周岁 362 人，占比 12. 06%；1—9 周岁 345 人，占比 11. 5%。（表 1－3）

表 1－2　2019 年大留村户口基本情况表

（单位：户、人）

单　位	家庭（户）	总人口	其中：男		其中：女	
			人口	占%	人口	占%
大留村	746	3001	1563	52. 08	1438	47. 92
大留自然村	613	2442	1277	52. 29	1165	47. 71
东山自然村	133	559	286	51. 16	273	48. 84

表 1－3　2019 年村民各年龄段人数分布一览表

（单位：人）

出生年	合计			其中：大留自然村			其中：东山自然村		
	计	男	女	计	男	女	计	男	女
1920—1929 年	2	1	1	2	1	1	0	0	0
1930—1939 年	51	26	25	45	22	23	6	4	2
1940—1949 年	112	49	63	97	42	55	15	7	8
1950—1959 年	287	154	133	242	127	115	45	27	18
1960—1969 年	430	216	214	339	169	170	91	47	44
1970—1979 年	413	197	216	335	166	169	78	31	47
1980—1989 年	508	257	251	423	217	206	85	40	45
1990—1999 年	491	255	236	371	191	180	120	64	56
2000—2009 年	362	212	150	297	177	120	65	35	30
2010—2019 年	345	196	149	291	165	126	54	31	23
合计	3001	1563	1438	2442	1277	1165	559	286	273

除户籍在大留村的乡亲外，尚有部分大留乡亲户籍在外地，并在外地生活。2019 年约有 470 多人户籍在外地，其中有小部分仍在本村生活。持外地户籍的大留乡亲多数集中在福安市区、赛岐镇区和罗江街道，少数在外地（地区外、省外、国外）。

1946—1950 年，大留乡亲有 20 多人赴台湾省定居，至今已繁衍三代。据初步统计，至2019年底，大留籍在台乡亲共约140人，其中张姓约90人。

附：八十以上寿星

以下寿星2019年均健在，按“姓名，性别，出生年月”介绍。

90周岁以上

阮奶宝，男，1924年4月；

孙雪梅，女，1926年7月。

80—89周岁

陈吉妹，女，1930年9月；

刘细坤，男，1930年10月；

张石富，男，1930年11月；

陈大鸟，男，1931年6月；

刘红现，男，1931年9月；

张灼眉，女，1931年11月；

郑赛玉，女，1931年11月；

连第四，男，1932年10月；

张振和，男，1933年5月；

阮燕娇，女，1933年8月；

尤奶成，男，1934年9月；

阮金铃，男，1934年10月；

王奶波，男，1934年10月；

林翠容，女，1934年11月；

林秀云，女，1935年1月；

张贵容，女，1935年2月；

连雪妹，女，1935年2月；

刘素益，女，1935年6月；

何慈妹，女，1935年9月；

阮第三，男，1935年9月；

池三梅，女，1935年11月；

杨松铃，男，1935年11月；

郑月梅，女，1935年12月；

邹美英，女，1936年5月；

尤菊庄，女，1936 年 6 月；

刘怀兴，男，1936 年 10 月；

张三全，男，1936 年 11 月；

尤宜容，女，1937 年 3 月；

张梅兰，女，1937 年 4 月；

张莲珠，女，1937 年 7 月；

王菊萱，女，1937 年 7 月；

王嫩梅，女，1937 年 8 月；

张位得，男，1937 年 9 月；

张玉明，男，1937 年 10 月；

阮金生，男，1937 年 10 月；

彭菊英，女，1937 年 11 月；

王菊庄，女，1937 年 11 月；

连大春，男，1938 年 1 月；

张菊容，女，1938 年 3 月；

林庆生，男，1938 年 6 月；

刘细妹，男，1938 年 8 月；

张坤现，男，1938 年 8 月；

尤细三，男，1938 年 10 月；

王容英，女，1938 年 11 月；

丁奶贤，男，1938 年 11 月；

阮细明，男，1939 年 4 月；

阮细娇，女，1939 年 7 月；

张春和，男，1939 年 8 月；

陈英妹，女，1939 年 8 月；

陈石俭，男，1939 年 9 月；

张奶春，男，1939 年 12 月。

姓　氏

家庭姓氏

2019 年，大留村 746 个家庭（户）共有 31 个姓氏（户主姓氏），其中大留自然村 613 户 29 姓，东山自然村 133 户 12 姓。各家庭姓氏分布如下。

大留自然村29姓：张287户，阮81户，刘60户，林37户，连31户，尤31户，陈19户，王15户，高8户，孙、钟、倪、黄各4户，杨、吴、李、郑各3户，薛、徐、叶、何各2户，卓、翁、郭、罗、邹、潘、赖、缪各1户；

东山自然村12姓：刘63户，杨26户，王24户，丁6户，阮4户，钟3户，郑2户，陈、李、张、黄、龚各1户。

以上31个家庭姓氏为大留村的基础姓氏。

大留村有746个户主，男户主687个、女户主59个（其中大留自然村女户主51个，东山自然村女户主8个），男户主占总户数的92%。大留村的家庭成员除妻、媳外，基本与户主同姓。

姓氏结构

大留村的姓氏资源丰富，改革开放前大留村的男子大多与本村、邻村女子通婚，姓氏结构相对稳定。20世纪80年代以后，随着改革开放的进程，不少男性村民到外地经商、就业、务工，与外地女子通婚的数量迅速增加，使大留村的姓氏结构更加丰富多彩。

2019年，大留村全部姓氏有79个。

人口在100人以上的姓氏有9个，计2452人，占村总人口的81.7%：张932人，刘444人，阮290人，王190人，林155人，陈138人，连103人，尤100人，杨100人。（表1-4）

表1-4　2019年人口在100人以上的姓氏分布表

（单位：人）

序号	姓氏	人数			其中：大留自然村			其中：东山自然村		
		计	男	女	计	男	女	计	男	女
1	张	932	601	331	926	601	325	6	0	6
2	刘	444	270	174	235	127	108	209	143	66
3	阮	290	192	98	267	182	85	23	10	13
4	王	190	72	118	96	24	72	94	48	46
5	林	155	72	83	155	72	83	0	0	0
6	陈	138	41	97	121	38	83	17	3	14
7	连	103	71	32	103	71	32	0	0	0
8	尤	100	64	36	100	64	36	0	0	0
9	杨	100	59	41	19	6	13	81	53	28
合计		2452	1442	1010	2022	1185	837	430	257	173

人口在20—47人的姓氏有8个，计252人，占村总人口的8.4%：郑47人，钟41人，黄37人，李34人，高31人，倪21人，吴21人，孙20人。

人口在10—18人的姓氏有6个，计74人，占总人口的2.5%：丁18人，徐13人，叶12人，何11人，潘10人，郭10人。

人口在10人以下的姓氏有56个，计223人，占村总人口的7.4%：罗，缪，薛，池，赖，龚，冯，卓，翁，邹，江，池，童，卢，鹿，韩，游，朱，邱，蓝（兰），应，汤，温，彭，范，戴，许，章，曾，苏，詹（占），廖，谭，宁，蔡，陆，秦，莫，周，段，赵，袁，萧（肖），伍，姚，傅，龙，孟，欧，余，官，董，唐，夏，简，卫，基本是女性。

附：族姓源流[①]

张：先祖张演于唐末入闽，居福州乌石山、南台，后梁开平二年（908年）迁今福安溪尾下邳，其子再迁大留。

阮：先祖阮能于唐末入闽，五代时抵长溪，其三子希畋迁大留；南宋末年“宋祚将终，元兵四发”，从大留迁樟港，清朝早期部分族人从樟港再回迁大留。

孙：先祖于后晋天福三年（938年）从前浦迁大留北山，再迁后岐；宋宝庆二年（1226年）有孙巨源武举正奏名。另一支于清后期从周宁咸村迁来。

李：先祖李建于唐天祐二年（905年）从古田杉洋迁大车，其后裔分迁大留。另有一支系从溪潭磻溪头迁入大留，时间未详。

杨：宋绍兴二十年（1150年）由杨岙迁大留，清康熙二十五年（1686年）分迁东山。又有由赛岐杨厝迁入者，时间未详。还有于1963年从宁德社洋迁大留者。

王：先祖于宋建炎二年（1128年）从霞浦赤岸迁加招，后裔分迁大留；明永乐十二年（1414年）有举人王熊。另一支于明后期从溪潭澳坪迁大留。

郑：南宋后期从宁德谷口辗转迁外塘，后再迁大留；明正统六年（1441年）有举人郑儒。现郑氏于民国时期从溪柄港里迁入。

吴：先祖于元皇庆二年（1313年）始迁福安县城重金山下，其后裔辗转迁大留。现大留吴氏分别从宁德眉洋和斑竹迁来。

尤：先祖尤伯安于明嘉靖年间（1522—1566年）自罗源鉴江迁大留，迄今繁衍23世138人。

倪：先祖于唐景福二年（893年）从罗源迁倪下，其后裔于明隆庆元年（1567年）

① “族姓源流”有部分内容参考《甘棠镇志》，厦门大学出版社1992年，第65—71页。

迁甘棠，分迁大留。

刘：先祖于宋庆历二年（1042 年）从周宁东洋龙潭迁湾坞，后裔于明隆庆元年（1567 年）辗转迁甘棠，清康熙二十四年（1685 年）再分迁东山、大留。

陈：明隆庆元年（1567 年）由曾坂店转迁甘棠，后分迁东山。清嘉庆、道光间（约 1810—1835 年）陈永家从宁德赤溪龟山迁居大留，迄今已传 9 世，约 80 丁。

林：先祖林叔潭于清康熙年间（1662—1722 年）迁大留。另一支开基祖林俊德于光绪二十四年（1898 年）从溪潭吉坑迁入。

连：先祖于清康熙十六年（1677 年）从福安岩湖迁大留。

丁：先祖于清康熙二十二年（1682 年）从今穆云畲族乡黄儒回族村迁居东山。

高：一支于清康熙三十一（1692 年）从宁德田踝左岭迁湄洋岗后，后裔分迁大留。一支从溪柄水田迁来。

徐：清嘉庆十五年（1810 年）从康厝儒南迁大留。

钟：先祖于道光九年（1829 年）由宁德斑竹迁东山。另一支于清光绪末年由甘棠镇山头庄村迁入大留。

以上族姓不是大留的全部。由于历史变迁非常复杂，入迁大留后的族姓，除了大部分长期坚守落籍、繁衍至今外，小部分族姓迁入后又他迁，并没有坚持下来，或者后来又有同姓但不一定同支的族姓从他地迁入。

家庭结构

1947 年，大留村有 317 户 1313 人，平均每户 4.14 人。1950 年 234 户 890 人，户均人数减到 3.8 人。1979 年 421 户 1913 人，户均人数增加到 4.54 人。2019 年，全村 746 户，平均每户 4.02 人。详见下表。（表 1－5）

表 1－5　若干年份大留村家庭结构情况表

（单位：户，人）

年份	户数	人数	户均人数
1947	317	1313	4.14
1950	234	890	3.80
1979	421	1913	4.54
1990	530	2310	4.36
1995	575	2457	4.27
2000	634	2619	4.13

续表

年份	户数	人数	户均人数
2012	752	3048	4.05
2014	779	3041	3.90
2019	746	3001	4.02

计划生育

大留村的计划生育工作始于1979年。这一年起，按照“一对夫妇只生一个孩子”的政策，严格控制两胎，坚决杜绝多胎。男女结扎由公社补助20元、供应回销粮50斤（自己付款），并由所在生产队供应稻谷300斤（自己付款），领取独生子女证者奖励300元；对超生者给予批评教育，并进行经济处罚。

1981年大留村计划生育符合率55.4%，一胎率34.9%；1982年计划生育符合率58.06%，一胎率37.28%，分别比上年提升2.66%和2.38%；1983年计划生育符合率和一胎率进一步升到69.62%和53.41%。1990年二率分别为77.83%和70.39%，计划生育符合率比1981年提高22.43%、一胎率比1981年提高35.49%。

1992年开始，对超生者的经济处罚改为征收计划外生育费。

1997年大留村成立计划生育协会，协会会长参与村计划生育领导小组工作，并担任副组长。村计生协会通过会员小组建立会员联系户，把计划生育工作落实到户、服务到人。计生协会活动经费由上级拨付，建立专户，专款专用。

1998年起，根据政府规定，对农村独生子女领证户、二女绝育户、计划生育户（简称“计生三户”）实行优惠政策：给二女结扎户实行养老保险，保险金600元，市财政负担300元，乡镇负担300元；独生子女领证户两全保险，保险金100元，由乡镇负担。对“计生三户”中的贫困户给予重点扶持，帮其尽快脱贫致富。在实施造福工程中，“计生三户”享受的各种补助比其他户多20%；“计生三户”的老人可优先进敬老院；“计生三户”到计划生育部门办理婚育证明的，免收工本费，到计划生育服务站（所）检查治病，免收挂号费，免费提供优生、优育、优教咨询服务，免费提供独生子女儿童体检；独生子女领证户和二女结扎户如子女不幸夭折，符合计划生育政策要求再生育，免费给予取环，需要实施复通手术的由乡镇给予补助手术费50%；在同等条件下，优先安排符合条件的独生子女领证户和二女结扎户“农转非”；进入城区的“计生三户”，在办理计划生育管理手续时，免收计划生育管理费的50%；在同等条件下，乡镇企业招工优先招收“计生三户”；独生子女领证户和二女结扎户子女优先入托、入园、入学，并减免学费50%；在同等条件下，“计生三户”子女优先获得“希望工程”

救助，优先获得奖学金；独生子女领证户和二女结扎户 14 周岁以内的子女免收教育附加费；优先为“计生三户”办理进城务工许可证，优先推荐“计生三户”劳务输出；在新农村建设中，优先给“计生三户”安排宅基地；“计生三户”参加“农村致富技术函授大学”和“农业广播电视学校”学习，培训费减半；在同等条件下，“计生三户”优先承包山林、茶场、果场、鱼塘、滩涂，优先提供优良苗种；优先安排救灾、救济资金给有困难的“计生三户”；“计生三户”中的贫困母亲，优先享受“幸福工程”待遇。

2010 年大留村总人口 3006 人，出生 24 人，出生率 7.98‰，死亡 11 人，死亡率 3.66‰；净增 13 人，净增率（人口自然增加率）4.32‰。2014 年大留村总人口 3041 人，出生 46 人，出生率 15.13‰，死亡 14 人，死亡率 4.60‰；净增 32 人，净增率（人口自然增加率）10.53‰。大留村采取切实措施，保证计划生育工作的开展。以 2010—2014 年为例，大留村平均已婚育龄妇女 575 人，共实行计划生育措施 151 例，其中结扎 50 例、上环 88 例、人流 13 例。

2016 年以后，大留村贯彻党的十八届五中全会决定，坚持计划生育的基本国策，完善人口发展战略，实施一对夫妇可生育两个孩子政策，开展应对人口老龄化行动。2019 年大留村总人口 3001 人，出生 37 人，出生率 12.32‰，死亡 13 人，死亡率 4.33‰；净增 24 人，净增率 7.99‰。

2010—2019 年，大留村平均总人口 3026 人，共出生 373 人，平均出生率 12.34‰；死亡 153 人，平均死亡率 5.05‰；净增 220 人，平均人口自然增加率 7.28‰。（表 1 –6）

表 1 –6　2010—2019 年大留村出生率与死亡率比较表

（单位：人,‰）

年份	总人口	出生数	出生率‰	死亡数	死亡率‰	净增数	净增率
2010	3006	24	7.98	11	3.66	13	4.32
2011	3036	28	9.22	13	4.29	15	4.93
2012	3048	31	10.17	15	4.92	16	5.25
2013	3053	38	12.45	23	7.53	15	4.92
2014	3041	46	15.13	14	4.60	32	10.53
2015	2979	40	13.43	16	5.37	24	8.06
2016	2983	52	17.43	18	6.03	34	11.40
2017	3030	44	14.52	11	3.63	33	10.89
2018	3084	33	10.70	19	6.16	14	4.54
2019	3001	37	12.32	13	4.33	24	7.99
平均或合计	3026	373	12.34	153	5.05	220	7.28

村务管理

乡村治理

古代乡村治理

宋代的中国社会，人稀事简。福安建县之后，实行乡里制。县下分乡，乡下设里，里设里正，负责课税、徭役、社会治安等基层政务。大留、东山村事务由沿江里的里正负责管理。

南宋后期，朱熹结合理学思想在社会教化方面提出“明德新民”的理念，将以前局限于儒家士大夫的礼教推广到民间，并依此理念教化乡民、管理村务。大留是理学之乡，在乡村治理方面受朱熹理念的影响较其他地方尤为明显。

元代改里为村社，村社设社长。村社以下分里、甲，设里正管理村务，里下分甲设甲主。大留、东山村务由甲主管理。

明代恢复乡里制，里下设都，都下设图；图设图长（图董），大留、东山村务由沿江里上二十九都二图的图长总管。村里还有职能单一的民间自治组织，负责管理基层社会生活中某一方面的公共事务，如办学校、设义仓、兴水利、调解民事纠纷等；同时协助办理乡政，包括派捐、防盗、劳役等。这些组织的总管由官府指定宗族阜老担任。

洪武三十年（1397 年），明太祖朱元璋发布《圣谕六言》：“孝顺父母、尊敬长上、和睦乡里、教训子孙、各安生理、毋作非为。”通过木铎、乡约、族谱、家训、说书等多种途径，在民间广泛传播。从大留族谱所记可以看出，《圣谕六言》的基本理念也成为规范族人的基本准则。不仅在明代对稳定乡村基层起重要作用，而且还在清朝发生深远的影响。

清代图下分甲，图甲成为社会管理的基层组织，管理更加细化。清代的村务管理主要依据村规、族规和不成文的民约，其主要内容是彰善瘅恶，用封建宗法思想和儒家伦理纲常，对族人和村民实行教化。康熙九年（1670 年）清政府颁布《上谕十六条》：“敦孝悌以重人伦，笃宗族以昭雍睦，和乡里以息争讼，重农桑以足衣食，尚节俭以惜财用，隆学校以端士习，黜异端以崇正学，讲律法以警愚顽，明礼让以厚风俗，务本业以定民志，训子弟以禁非为，息诬告以全善良，戒逃匿以免株连，完钱粮以省催科，联保甲以弭盗贼，解仇忿以重身命。”（《清史稿》卷六）要求各地乡村人等切实遵守。大留各族姓宗谱中的《修谱凡例》《家训》《族规》等家族文书，是该上谕的细化和延伸，成为族务、村务管理的圭臬。《大留阮氏宗谱·家训》包括“慎读书、敦孝悌、崇诗书、勤本业、睦宗族、兴礼教、禁赌博、戒兴讼、积蒸尝、申条训”等十条。

古代社会，村务管理属地方自治性质，官府并不多过问。由于旧时乡村是一个传统的宗法社会，乡村话语权和村务管理权基本掌握在村中宗族族长、阜老和大户家长手中，村官多由乡绅担任。

近代基层管治

近代以后，基层社会逐渐人多事繁，乡村管理也不断正规化。

清道光后废图甲为保甲，保设保正，甲设甲头。大留、东山同属一保，由保正管理村务。

《保甲规条》规定：保正人选，须择“殷实人户，有行止、才干，足以统率众人者”，其职责是“督率各甲人户，严申条约，保安地方”。

民国初年延续清制，大留保设保董1人，主理村务。

民国17年（1928年），福安实施“县组织法”，县以下分区、村里、闾邻三级。大留里（含东山）设里正2人，负责管理村务。

民国18年（1929年）改村里为乡镇，大留、东山村务由大留乡管理。

民国25年（1936年）福安县实行保甲制。县下设区，区下设保，保设保长；保下设甲，甲设甲长；相邻数保设保长联合办公处（简称联保处）。保甲为地方自治的基层组织，具管、教、养、卫4项职能，即管理户口、教育民众、摊派捐税、组织自卫。大留、东山属大留联保，联保处主任先后由漳港阮朋益和大留张蔚枚担任。民国26年，大留联保合并洋中，改为双留联保，主任黄浩如。联保处有专人负责文武工作，大留（双留）联保由姚树德管理文书，张国雄负责保安。

民国29年，保设事业督导、建设、财务保管、乡民调解4个委员会管理事务。

民国30年，撤销联保处，恢复乡镇，但是作为基层组织的保仍然长期存在。

民国36年（1947年）后，保设办公处，除保长外增设干事2人。保长由保民大会选任，干事由保队副和国民学校教员当任。

民国30—38年，张积新、张金生先后任大留保长。

现代村务管理

中华人民共和国成立之初，大留村务管理延续旧时体制。

1950年，福安县废除保甲制度，建立新的区乡政权。各乡以贫雇农为主体建立农民协会（农会），由农民代表大会选举产生农会主席、主任和委员，在县委土改工作队领导下负责土改、征粮、减租、清匪、反霸等项中心工作。12 月，大留、东山村务由双留乡农会管理。

1951 年，双留乡完成土改，乡农会解散。乡公所改称乡人民政府，乡村事务由乡政府管理。

1952 年 11 月，双留乡党支部组建，全面领导乡村工作。

1953 年，双留乡进行首届人民代表选举，整顿乡人民政府委员会组织，将名目繁多的委员会调整为民政、财粮、生产合作、文教、治安、调解、人民武装等 7 个经常性专门委员会，实行乡人民政府直接领导到户。大留、东山村务由乡党支部和乡人民政府（1956 年后与樟江乡合称双江乡）直接管理。

1956 年，双江乡成立联星高级农业生产合作社，设管理委员会管理农业生产。

1957 年，联星高级社分为大留、东山 2 个高级社，设管理委员会管理农业生产。

1958 年 9 月，全县实现人民公社化，实行政社合一，大留、东山高级社分别改为生产大队，大队设管理委员会管理所有村务。

1960 年，大留、东山 2 个大队合并为大留 1 个生产大队。1961—1966 年又分为 2 个大队。

1966 年 11 月至 1983 年 8 月，大留、东山大队合为 1 个大留生产大队。大留生产大队成立革命领导小组，作为甘棠公社革命委员会的下属机构对大留大队的一切事务实行“党的一元化领导”，大队党支部书记和大队长是“革命领导小组”的“一、二把手”。

1967 年，大队党支书张庶弟，副支书杨奶坤，大队长张石富，大队副王金顺，团支书张嫩妹，贫协（贫下中农协会）主席钟允顺，民兵队长尤细三，大队会计杨奶春，信用社会计、公安主任刘土现，护林员刘细秋，政治队长刘积波、张步进、刘奶坤、李如智、张嫩妹、杨粽妹等。①

公社化时期大留大队部旧址

1978 年，大队党支书林贵龙，副支书张庶弟，贫协主任连洪灼，民兵队长尤细三，公安主任张赛妹，团支书张奶禧，信用社干部刘银赠，队长刘学尧、

① 中共甘棠公社大留大队支部党员登记表，1967 年 1 月。

张细五、李如智。[①]

1984 年 9 月，人民公社体制撤销，大留大队改为大留村（包括大留、东山 2 个自然村），成立村民委员会管理村务。村民委员会是中国共产党领导下的村民自我管理、自我教育、自我服务的基层群众性自治组织，由主任、副主任和委员若干人组成。村民委员会领导班子通过民主选举产生。

全面推行联产承包责任制后，为发展村集体经济，2012 年大留村利用集体闲置土地进行资源整合，投资 40 万元建设钢构厂房 1000 平方米用于出租，年收入 6 万元；另有场地出租收入 1.5 万元，27KV 光伏发电收入 2.6 万元。2019 年，村财政收入 10 多万元。

组织建设

村党支部

中共大留村支部最早成立于 1933—1934 年，是当时中共安德县屏藩区委员会的一个下属单位，坚持到 1935 年春。

现在的大留村党支部，由 1952 年 11 月组建的双留乡党支部（1956 年与樟江乡党支部合并为双江乡党支部）演变、发展而来。先后隶属中共福安县第六区分委（1952 年 11 月）、甘棠区委（1955 年 9 月）、甘棠乡党委（1958 年 8 月）、甘棠八一人民公社党委（1958 年 10 月）、甘棠区委（1961 年 7 月）、甘棠公社管委会党委（1966 年秋）、中共甘棠公社革命委员会核心小组（1968 年 4 月）、甘棠公社革命委员会党委（1971 年 3 月）、甘棠公社党委（1980 年 11 月）、甘棠乡党委（1984 年 9 月，大留大队党支部改称大留村党支部）、甘棠镇党委（1984 年 11 月）、闽东赛岐经济开发区党工委（1993 年 5 月）、福建省福安市经济开发区村街工作处党委（2006 年 3 月），2012 年迄今隶属中共福安市委罗江街道工作委员会。

大留村支部在历次农村社会变革和经济建设中都是党在农村工作的基础，是贯彻落实党的方针政策、推进农村改革发展的战斗堡垒，是领导农民群众建设社会主义新农村的核心力量。60 多年来，大留村的党组织不断发展壮大。

1952—1959 年，大留、东山先后共有 15 人入党，成为大留党支部的第一批党员，名单和入党时间如下：刘积波、杨奶坤（1952 年）、张奶弟（1953 年）、林贵龙（1954 年）、刘土现、杨奶春、杨奶英、杨粽妹、王金顺、张奶弟（1955 年）、张庶弟、王秀梅（女，俱 1956 年）、张步进（1958 年）、张石富、张赛妹（1959 年）。

到 1978 年改革开放前夕，大留党支部发展到 28 人，党员文化程度也有较大的提

---

① 中共甘棠公社大留大队支部党员登记表，1978 年 1 月。

升，新发展的党员不再有文盲、半文盲，党员初小文化 13 人、高小文化 4 人、初中文化 3 人。

1984 年 9 月，人民公社体制撤销后，村党支部领导和支持村民委员会行使职权；依照宪法和法律，支持和保障村民开展自治活动、直接行使民主权利。

党员重温入党誓词

1982—2019 年，中共大留支部和大留村委会已产生过 14 届委员会。1982 年大留村党支部有党员 33 名，其中男 31 名、女 2 名；2019 年大留村党支部有党员 65 名，其中男 49 名、女 16 名。37 年间增加 32 人，人数翻了一番；女党员人数增加 14 人，增长 7 倍；总体文化水准也有很大的提升，其中大专以上文化程度占党员总数的三分之一。

历任党支部书记：张荣纯，刘则奇，杨奶康，张奶弟，张庶弟，张石富，林贵龙，张奶希，张成增，张瑞平，张成昌，张雪景。

1952—2019 年，大留村党组织的发展变化如下表所示。（表 1 －7）

表 1 －7 1952—2019 年部分年份大留村中共党员基本情况对照表

（单位：人）

年份		1952	1959	1967	1978	1982	1997	2003	2007	2012	2019
党员人数	总人数	2	15	26	28	33	43	44	47	59	65
	男	2	14	25	27	31	40	41	43	51	49
	女		1	1	1	2	3	3	3	8	16
出生年份	1907—1919			2							
	1920—1929	1	4	11	7	5	3	3			
	1930—1939	1	11	12	14	12	12	9	9	6	3
	1940—1949			1	3	5	6	6	6	6	6
	1950—1959				4	6	11	12	12	12	12
	1960—1969					5	9	11	11	12	12
	1970—1979						2	3	6	8	8
	1980—1989								3	8	13
	1990—1999									7	11

续表

<table>
<tr><th colspan="3">年份</th><th>1952</th><th>1959</th><th>1967</th><th>1978</th><th>1982</th><th>1997</th><th>2003</th><th>2007</th><th>2012</th><th>2019</th></tr>
<tr><td rowspan="6">文化程度</td><td colspan="2">初小以下</td><td>1</td><td>1</td><td>9</td><td>8</td><td>7</td><td>7</td><td>3</td><td>1</td><td></td><td></td></tr>
<tr><td rowspan="2">小学</td><td>初小</td><td></td><td>12</td><td>13</td><td>13</td><td rowspan="2">19</td><td rowspan="2">19</td><td rowspan="2">19</td><td rowspan="2">19</td><td rowspan="2">17</td><td rowspan="2">12</td></tr>
<tr><td>高小</td><td>1</td><td>2</td><td>3</td><td>4</td></tr>
<tr><td rowspan="2">中学</td><td>初中</td><td></td><td></td><td>1</td><td>3</td><td rowspan="2">7</td><td rowspan="2">17</td><td>12</td><td>14</td><td>20</td><td>20</td></tr>
<tr><td>高中、中专</td><td></td><td></td><td></td><td></td><td>8</td><td>10</td><td>11</td><td>12</td></tr>
<tr><td colspan="2">大专及以上</td><td></td><td></td><td></td><td></td><td></td><td></td><td>2</td><td>3</td><td>11</td><td>21</td></tr>
<tr><td rowspan="7">入党时间</td><td colspan="2">1950—1959</td><td>2</td><td>15</td><td>15</td><td>9</td><td></td><td></td><td>3</td><td></td><td></td><td>1</td></tr>
<tr><td colspan="2">1960—1969</td><td></td><td></td><td>11</td><td>11</td><td></td><td></td><td>8</td><td></td><td></td><td>2</td></tr>
<tr><td colspan="2">1970—1979</td><td></td><td></td><td></td><td>8</td><td></td><td></td><td>10</td><td></td><td></td><td>8</td></tr>
<tr><td colspan="2">1980—1989</td><td></td><td></td><td></td><td></td><td></td><td></td><td>11</td><td></td><td></td><td>10</td></tr>
<tr><td colspan="2">1990—1999</td><td></td><td></td><td></td><td></td><td></td><td></td><td>12</td><td></td><td></td><td>11</td></tr>
<tr><td colspan="2">2000—2009</td><td></td><td></td><td></td><td></td><td></td><td></td><td></td><td></td><td></td><td>14</td></tr>
<tr><td colspan="2">2010—2019</td><td></td><td></td><td></td><td></td><td></td><td></td><td></td><td></td><td></td><td>19</td></tr>
<tr><td rowspan="2">住址</td><td colspan="2">大留</td><td>1</td><td>12</td><td>21</td><td>23</td><td>28</td><td>36</td><td>40</td><td>41</td><td>52</td><td>56</td></tr>
<tr><td colspan="2">东山</td><td>1</td><td>3</td><td>5</td><td>5</td><td>5</td><td>7</td><td>4</td><td>6</td><td>7</td><td>9</td></tr>
</table>

村民委员会

大留村村民委员会在1958年9月至1984年9月称生产大队管理委员会，此后改为今名迄今。先后隶属双留乡政府、双江乡政府、甘棠公社管委会、甘棠公社革命委员会、甘棠公社管委会、甘棠乡政府、甘棠镇政府、闽东赛岐经济开发区、福安市经济开发区村街工作处。2012年迄今，隶属福安市人民政府罗江街道办事处。

选举村干部

大留村委会根据《中华人民共和国村民委员会组织法》开展工作，实行民主选举、民主决策、民主管理、民主监督。办理本村的公共事务和公益事业，调解民间纠纷，协助维护社会治安，向人民政府反映村民的意见、要求和提出建议。村民委员会向村民会议、村民代表会议负责并报告工作。

大留历任村委会主任（农会主席、主任，乡长，大队长）：刘荣宋，刘佑生，张二妹，刘积波，张奶弟，林贵龙，张石富，张庶弟，张奶弟，张成增，张振春，张坛灼，张成昌，刘耀华，张俊华，张绍斌，连松贵。

团支部

大留村团支部成立于1951年底，隶属于中国新民主主义青年团六区（甘棠）委员会（1957年中国新民主主义青年团改名为中国共产主义青年团）。大留村团支部根据《中国共产主义青年团章程》开展活动，接受党支部的领导，在社会主义革命和建设中都是大留党支部的助手，协助党支部完成各项政治任务和中心工作。

2019年大留团支部共有团员20人（未计在校就读的学生团员和在外地就业、服兵役的团员）。

1951—2019年大留村历任团支部书记：刘则奇，林承香，张赛妹，林奶贤，张嫩妹，张奶希（禧），刘惠明，张玉堂，阮锐安，钟书君，连丽，连凤玉。

妇联会（妇代会）

大留村妇女联合会（妇代会）的前身是成立于1951年的双留乡民主妇女联合会，隶属福安县六区民主妇女联合会（1957年以后改为妇女联合会，简称妇联会）；1958年9月至1984年9月称大留大队妇联会，此后改为今名迄今。

大留村妇联会在同级党组织的领导和上级妇联的指导下开展工作。按照上级的部署，以“妇女之家”、夜校为阵地，宣传党的方针政策，组织妇女参加各项政治活动和生产活动，维护妇女儿童合法权益。

1951—2019年大留村历任妇女主任（主席）：池梅仔，王秀梅，张成妹，刘银增，陈秀庄，刘银珠，郑丽娇，张碧容，连凤玉，张玉兰，张义丽。

民兵营

大留村民兵组织的前身是成立于1950年的自卫队（武装小组）。1951年成立大留民兵分队，隶属双留乡民兵中队。1953年春实施普遍民兵制，18—40周岁村民基本上编入民兵组织，其中“政治纯洁、年轻力壮”者为“基干民兵”，其余为普遍民兵。1958年全国大办民兵师，16—50周岁男女公民基本上编入民兵组织，大留生产大队成立民兵中队。1961年整顿民兵组织，规定男民兵16—45周岁，女民兵16—35周岁，并增编武装基干民兵（“武干民兵”）。1970年代，大留生产大队民兵营有400多名民兵，普通民兵和基干民兵各200多名，其中武干民兵50多名、40枝枪。民兵组织由同级党组织书记担任教导员（指导员），属所在地人民武装部管理。

1981 年，男性公民参加民兵改为 18—35 周岁，其中基干民兵为 18—28 周岁，基干民兵由退伍军人组成，取消武干民兵。大留民兵数量约 200 名。

1984 年后，实行民兵与预备役相结合制度。民兵分为基干民兵和普通民兵。基干民兵为第一类预备役，普通民兵为第二类预备役。民兵的军事训练统一由市人民武装部组织实施。1990 年，普通民兵按行政村编营，大留民兵营有男民兵约 180 人。2019 年，大留民兵营改为民兵连，有基干民兵 18 人，普通民兵 60 人。

1951—2019 年大留历任民兵队长（营长、连长）：张永吉，刘第三，张细全，尤细三，张铃增，阮瑞发，张铃增，张凯敏，张飞，连凤玉。

其他机构

为了做好村务管理，大留村还设立许多机构，开展专项工作。1990 年，大留村内设机构有经济联合社、治保会、调解委员会、计划生育协会等。

随着经济社会的发展，村里涉及的事务越来越丰富，机构也之增加。2019 年大留村内设工作机构如下：

党风廉政建设领导小组，村务监督委员会；

股份经济联合社；

治保委员会，调解委员会，综合治理中心；

关心下一代工作委员会，老龄工作委员会；

计划生育协会，老年人体育协会；

安全交通办公室，扫黄打非办公室，环境卫生管理办公室；

人力资源和社会保障事务站，退役军人服务站，便民服务代办点；

科普活动室，青少年科学工作室，科普工作乡村 e 站；

新时代农村文明实践站。

村民自治

1985 年 9 月大留大队改为大留村，不久就召开村民大会，成立村民委员会。大留村党支部委员会和大留村民委员会合称“大留村两委”。在上级党政的指导下，村两委负责大留村务管理，带领村民实行村务自治。

村两委依据党的方针政策和国家法律法规，结合本村实际，通过村民大会，订立《村规民约》，对村务进行有效管理。《村规民约》是约束规范村民行为的一种规章制度，对维护本村的社会秩序、社会公共道德、村风民俗、精神文明建设等方面起积极作用。

村民小组长会议

随着改革开放的深入和发展，为适应新的社会经济形势，大留村通过村民大会，对《村规民约》进行多次修订。下举二例。

大留村村规民约

（2007 年订）

为了维护社会治安，净化社会空气，使村民的生产、生活有一个良好的社会环境，更好地建设社会主义新农村，参照国家有关法律、法规和法令，结合本村实际，经村民大会共同协商，特订立本村村规民约，供全体村民共同遵守执行。

1. 遵守国家法律、法规和法令，执行国家的各项方针、政策，自觉履行公民应尽义务，按时完成上级分配的各项任务。

2. 积极参加村民会议和其他培训学习，学习国家的有关法律、法规和法令，了解党的路线、方针和政策，学习科学、文化和实用技术，争当模范村民。

3. 切实维护社会治安稳定，不准歧视妇女、儿童、老人、残疾人，不准拉帮结派成立非法团体，不准打架、斗殴、欺行霸市、非法垄断等事发生。违者给予经济处罚，情节严重者移送公安机关处理。

4. 爱护公共财物，热心公益事业，尊师重教，振兴教育，积极送适龄儿童入学。讲文明、讲卫生、讲礼貌、讲道德，提高环保意识，不准乱倒垃圾，营造舒适生活环境。

5. 严禁赌博，一经发现没收赌具，并处予罚款。取缔非法娱乐场所（游戏机），不准侵犯他人的人身权利，不准酗酒闹事，杜绝偷盗行为发生，如有发现偷盗，人人有责扭送政法机关惩处。

6. 保持水土，积极植树造林。根据本村实际划出金字山、龙潭柘、青岩山为集体林区。严禁乱砍滥伐集体林木和他人树木。不准在村内耕地、溪道滥取沙蛋石、土等。违者视情节处予100—500元罚款，构成犯罪的，送国家政法机关惩处。

7. 严禁放火烧山，毁林开荒，注意野外用火和村寨防火，注意儿童玩火和节日燃放神铳、烟花、爆竹等易燃易爆物品，预防火灾事故发生，确保村民生命财产安全。

8. 支持勤劳致富实现全面小康社会，凡属于本村辖区范围内的农田、山地都属村集体所有，按谁种谁管谁受益原则，任何个人和团体都无权干涉，统一由村委会管理，若有大面积征用土地，村委将按征用费的50%给予补偿。

9. 本村村民所种粮食经济作物，严禁家禽、家畜践踏，不准任何人偷取和恶意破坏，如偷取和破坏被抓获者处于50—200元罚款，情节严重者移送公安机关处理。

10. 执行国家计划，切实控制人口增长，杜绝重男轻女恶习，保持男女出生率平衡。凡居住本村的人口，均须自觉落实节育措施，结婚和生育都须先登记领证，方可分配责任田。责任田更换年限暂定五年一次，届每轮分田年底（12月）31日24小时前申报者有效。

11. 本村孤老独立生活年满45周岁以上的村民收养子女，须得到村委会和本小组同意，并报上级有关部门许可方可收养，被收养者有生育能力只收一子一媳，无生育能力者可收一子一媳一孙。被收养者必须遵守村民自治章程和村规民约，必须忠诚老实，能够照顾赡养收养者安度晚年，方可享受村民同等待遇。

12. 移风易俗，实行殡葬改革。有效控制山地营造坟墓的风气，违者处予经济罚款。节约土地资源，造福子孙。

13. 凡是违反上述规定的，都必须严格按照《中华人民共和国治安处罚条例》进行处罚。

14. 本村规民约自通过之日起执行。

大留村村规民约

（2019年订）

为了推进我村民主法治建设，维护社会稳定，树立良好的民风、村风，创造安居乐业的社会环境，促进经济发展，建设现代化新农村，特制定本村规民约。

1. 热爱祖国拥护党，热爱集体爱家乡，听取民意重民主，集体事业共商议；

2. 重视科学勤学习，精准扶贫民生富，产业发展工促农，经济建设求创新；

3. 国家法纪须遵守，文明道德心中记，村风民风要良好，人文素质风格高；

4. 集体土地有法规，用地建设要规划，保护环境生态美，青山绿水要珍惜；

5. 公共卫生要做好，门前三包要自觉，垃圾杂物勿乱堆，定点堆放要负责；

6. 传统文化要传承，树立正确价值观，千年村落要保护，文明村镇树新风；
7. 尊老爱幼是美德，邻里和睦讲和谐，红白喜事文明办，反对铺张与浪费；
8. 现代通讯正确用，拒绝淫秽不传谣，邪教组织莫误入，非法传销要打击；
9. 计划生育为国策，优生优育最重要，教育事业要重视，尊敬师长重科教；
10. 安全生产时重视，用火用电防隐患，用车用船遵规章，家园平安幸福多。

附：大留村近年部分获奖情况

1995 年，大留村党支部被福安市委评为“先进基层党组织”。

2002 年，大留村被宁德市委评为“全市农村‘三个代表’重要思想学习教育活动先进集体”。

2004 年，大留村妇代会被福安市妇联评为“先进妇女组织”。

2006 年，大留党支部被宁德市委组织部评为“党员电化教育工作先进单位”。

2009 年，大留村被福安市委、市政府评为“2008 年度社会治安综合治理工作先进单位”。

2009 年，大留村被福安市委、市政府评为“福安市第十届（2006—2008 年度）文明村镇”。

2010 年，大留民兵连被福安市人民武装部评为“基层民兵营建设先进单位”。

2011 年，大留村党支部被福安市委评为“先进基层党组织”。

2012 年，大留村被宁德市委、市政府评为“宁德市第十一届（2009—2011 年度）文明村”。

2014 年，大留村被宁德市委评为“全市先进基层党组织”。

2015 年，大留村被宁德市委、市政府评为“宁德市第十二届（2012—2014 年度）文明村镇”。

2017 年，大留村被宁德市体育局、老龄办、老体协联合评为“老年人健身康乐家园”。

2017 年，大留村健身舞蹈队被福安市妇联会、文明办、总工会联合评为“最美巾帼志愿者服务队”二等奖。

2018 年，大留村被福建省委、省政府评为“第十三届（2015—2017 年度）文明村”。

2018 年，大留村被省体育局、文明办等单位联合评为“老年人健身康乐家园”。

2019 年，大留村被福安市委、市政府评为“最美新时代文明实践站”“福安市首届新时代文明实践志愿服务”项目大赛银奖。

最美新时代文明实践站

2019 年，大留村被福建省民政厅、发改委、住建厅、文旅厅、省委党史研究和地方志编纂办公室联合评为“福建省地名文化遗产·千年古村落”。

卷二

村域经济

卷二　村域经济

种植农业

农业体制

土地改革

大留的土地改革运动于1950年开始。当年12月3日，大留、东山所在的双留乡（原大留保）作为福安县土改运动的实行重点乡之一，率先开始土地改革运动。

土地改革以前，双留乡所在的甘棠区和福安各地一样，土地为封建私有制。各阶级阶层的土地占有量悬殊。土改前甘棠区人均占有耕地1.257亩，其中地主12.23亩，半地主式富农4.488亩，富农2.135亩，小土地出租1.560亩，中农1.056亩，贫农0.671亩，雇农0.12亩，小商贩0.272亩，其他成份0.19亩。（《甘棠镇志》112页）

土改运动中，今大留行政村范围共划地主6户（大留4户、东山2户），富农6户（大留3户、东山3户），地主富农合计12户，占总户数的5.12%；没收的地主田产和征收的半地主式富农田、祠下田、家族众田、寺庙田共490亩，占总耕地面积1335亩的36.7%。

土改运动的分配工作由农协委员会根据没收结果和本村情况及分配政策提出分配方案，交代表会讨论通过。按平均每人1.5亩耕地的标准分田到户，并颁发《土地房产所有证》。

土地改革运动打破了旧的生产关系，农民生产积极性空前高涨。大留、东山出现具有互助性质的伴工队，为军烈属代耕，对病灾户进行帮工。1952年伴工队发展为互助组。第一个是张石富组，后全村互助组发展到19个。互助组按照自愿的原则组建，等价交换，土地、耕牛、生产工具仍归各户所有。

农业合作社

1954年，大留、东山在互助组的基础上成立初级农业合作社，走合作化道路。初级农业合作社实行土地入股，统一使用，保留土地私有权。其他生产资料逐步公有，集体劳动。收益分配实行土地分红与按劳分配相结合，由社统一分配。初级农业合作社社员实行劳动定额管理，评工记分，年终按工分分红；还订立规章制度，选举管理委员会成员。

1956年春季，福安县贯彻《全国农业发展纲要草案》，全县掀起办高级社的热潮，初级社向高级社发展。1956年大留、东山所在的双江乡成立联星高级农业合作社。第二年，联星高级社分为大留、东山2个高级社。高级农业生产合作社实行土地无代价入社，取消土地分红，耕牛和大型农具折价抵交股份基金；土地归集体所有，除少量自留地外，全部由集体统一经营，按劳分配。部分社员对高级社的做法思想抵触；下半年，大留、东山高级社开展整风整社运动，巩固合作化成果，完成社会主义改造。

人民公社

1958年6月，福安县全面贯彻“鼓足干劲，力争上游，多快好省地建设社会主义”的社会主义建设总路线，开展大跃进运动，农业生产合作社开始向人民公社过渡。秋季，甘棠区的97个高级社合并为甘棠八一人民公社；大留、东山高级社分别改为公社的一个生产大队。

人民公社实行“政社合一”体制，工农商学兵五位一体。取消社员自留地，土地进一步公有，其他生产资料也无代价归公。

人民公社化初期，生产上实行组织军事化，搞“大兵团作战”，劳力编成连、排、班，统一调配。为了放粮食生产“卫星”，虚报粮食产量，并丘移植半成熟的水稻，使水稻大幅度减产，甚至无收。全民“大炼钢铁”，公社在大留龙兴寺办起钢铁厂，将祠堂的木料拆下来作为高炉燃料“炼钢”。办起大食堂，“放开肚子吃饱饭”，双留片各村社员均到大留大食堂就餐。1959—1961年进入“国民经济困难时期”。

1960年开始纠正“共产风”，调整人民公社规模。1961年全村每人划分自留地0.05亩社员自种，粮食生产有所恢复。1962年后，改变原先的公社、大队、生产队三级集体所有制，实行以生产队为基本核算单位，使生产单位和分配单位统一起来。社员劳动评工记分，年终参加收益分配，每个工分值约0.8—1.0元。

1966年，文化大革命波及大留村，生产队实行政治评分，搞“批斗”“闹革命”“割资本主义尾巴”的人与从事犁田、插秧等强劳动的社员一样拿10分，严重挫伤劳动者的生产积极性。

人民公社体制一直延续到1984年9月撤销。

联产承包责任制

1979年冬季，大留村开始推行联户承包责任制，全村分19个小队。

1982年秋，落实分产到户承包经营，社员所种粮食除定额完成征（公粮）购（余粮）任务外，其余经营成果归承包者所有，大大调动了社员从事农业生产积极性，粮食产量大幅提高。

家庭联产承包责任制极大地解放了生产力，大留人焕发出前所未有的劳动热情，很快就解决了温饱问题，开始摆脱贫困，奔向小康。

2019年，继续实行家庭联产承包责任制。

生产条件

劳动力

在实行农业合作化以前，大留的农业生产主要靠男劳力，妇女基本上从事家务劳动，包括饲养禽畜等。20世纪50年代前期，农业劳动力占农业人口的六分之一，大留的2个自然村共有劳动力约148人。

大留、东山农民参加洄头溪水利工程劳动（1954年）

合作化以后，实行评工记分，年终按工分进行收益分配。工分成为家庭经济的基本来源。妇女参加集体劳动赚工分的现象逐渐普遍。

1958年“大炼钢铁”村劳力去沙岩洗铁砂，上龙潭漈山烧炭，参加农业生产的劳动力大幅度减少。

20世纪70年代是“农业学大寨”运动的高潮时期，生产队劳动力分为全劳力、半劳力、辅助劳力。一般情况，全劳力每个工作日评9—10分，半劳力评6—8分、辅助劳力评2—5分；半劳力和辅助劳力多为妇女和部分少年。在人民公社体制存续期间，除在家妇孺和老、残、病者外，其余男女社员都参加生产队劳动，劳动力人数一般约占农业总人口的四分之一。1970 年代，大留大队 8 个生产队（小队）约有 480 个劳动力，其中妇女约 100 人，约占劳动力总数的 22%。

1973—1976 年，先后计有 8 名初高中毕业的城镇知识青年（6 男 2 女）响应国家号召，到大留上山下乡，成为有文化的新农民，为大留大队增加劳动力。

1982 年全面推行家庭联产承包责任制后，农村土地所有权与经营权分离，农民的劳动和收益不再实行评工记分制度，大留村的女劳动力也真正实现了男女同工同酬。

1995 年，大留村劳动力共有 758 人，其中男 622 人（大留村 517 人，东山村 99 人）、女劳力 136 人（大留村 105 人，东山村 31 人）。

随着改革开放的深入和发展，大留村的劳动力资源不断优化，文化程度大为提升，在进一步优化多种经营、全面发展的同时，出现富余劳动力向第二、第三产业的良性转移。

2019 年，全村 16—60 岁（女 50 岁）农村劳动力资源 1734 人（男 998 人、女 736 人），分析如下：

文化程度：大专以上 156 人，占比 9%；高中（含职业高中）655 人，占比 37.77%；中专、中技 110 人，占比 6.34%；初中 710 人，占比 40.95%；小学 103 人，占比 5.94%。

从事产业：第一产业（传统农业）607 人（男 313 人、女 294 人），占比 35%；第二、第三产业（加工制造、现代服务业或商业）1127 人（男 685 人、女 442 人），占比 65%。

年龄结构：16—17 岁 57 人，20—29 岁 432 人，30—39 岁 562 人，40—49 岁 420 人，50—59 岁 252 人。

2019 年，转移富余劳动力 49 人（男 31 人、女 18 人），其中在大留工业园区就业 25 人，外地就业 24 人（其中本市本地区 18 人、福州 2 人、厦门 2 人、西安 2 人）。

耕　地

1950 年土改时今大留行政村共有耕地 1335 亩（89 公顷），其中大留 1080 亩（72 公顷），东山 255 亩（17 公顷）；农地 127 亩（8.5 公顷），其中大留 85 亩（5.7 公顷），东山 42 亩（2.8 公顷）。

1957 年，罗江三级机灌站建立，三级抽水灌溉大留北园垱洋、林塘洋、溪后洋耕地，改变了大留村十年九旱的局面。

1964—1979 年的“农业学大寨”运动中，大留大队社员通过平整土地，搞基本农田建设，兴修水利，使村耕地面有所增加。大留大队社员还参加芦山水库、顶头水库建设，甘棠山下村河道整治等，为当地的农田基本建设做出贡献。

1980 年，大留村耕地面积 1557 亩（103.8 公顷），比 1950 年增加了 222 亩（14.8 公顷）。村集体茶园 300 亩（20 公顷），山林 1000 亩（65.7 公顷）。

由于建设用地需要，大留村的耕地面积不断减少。

1995 年，全村耕地 1388 亩（92.5 公顷），其中大留 1116 亩（74.4 公顷），东山 272 亩（18.1 公顷）；农地 127 亩（8.5 公顷），其中大留 85 亩（5.7 公顷），东山 42 亩（2.8 公顷）。

2003 年，由于建设需要，国家开始征用大留洋土地建立大留工业园区，此后耕地面积大幅度减少。

2018 年，全村累计被征用土地 650 亩（43.3 公顷）。

2019 年，大留村农用地面积 6072 亩（404.8 公顷），其中耕地 713 亩（47.5 公顷），园地 983 亩（65.5 公顷），林地 3770 亩（251.3 公顷）；其中耕地面积比 1980 年代减少 844 亩（56.3 公顷），占 1980 年原有耕地面积的 54.2%。

生产工具

大留村传统的农业生产工具主要有耕作用的犁、耖、耙、田踏、地压、锄头、秧栳，田管用的田刀、三角锄、马踏登、粪桶、粪勺、水车，收获用的镰刀、稻橕、稻梯、稻簟、番薯匾、番薯推，贮谷用的箩、篮，粮食加工用的石舂臼、砻、米筛、糠筛等。

1956 年后，逐渐推广新农具，但传统的耕作、田管、贮谷工具至今还有使用。新式农具主要有手摇喷粉器、单喷雾器、脚踏脱粒机等。

1971 年后，开始购置拖拉机进行耕作和农用运输。手扶拖拉机由生产队购置，先后购置“工农—7 型”3 台；1974 年，大留大队购置“丰收 35 型”拖拉机 1 台，主要用于运送化肥等。

1980 年以后，原大留大队所有的农机具全部分给村民经营。

2010 年后，村民还购置微耕机。这种设备省时、省力、方便、快捷，不受地理条件的限制，成为农户的新宠。

粮食作物

水 稻

水稻是最重要的粮食作物。大留种植水稻的历史悠久，从先民迁居大留时就开始种稻，山区梯田和滨海洋田是历史的见证。

杂交水稻

1960 年代之前，大留人种植的全部是高秆稻种。后来引进矮脚南特品种并种植成功，提高了单位面积产量，解决了倒伏问题。此后陆续引进许多良种，早稻有珍珠矮、29 矮、南京 11、窄叶青、圭福 3 号等，中稻有鸭仔矮，晚稻有科情 3 号、农垦 58，糯稻有珍珠糯、黄糯籽、重阳糯等。

稻菽共处

1970 年代，新品种选用高产、抗病的优良品种。早稻有红 401、风选 4 号、风选 1 号、密穗红、温选青、珍汕 97 等，晚稻有秋占 470、桂朝二号、矮脚塘竹、重阳糯、阳科糯、科糯等。1976 年甘棠镇引进杂交水稻闽优 1 号试种成功，此后逐步引进杂交水稻。1980 年代，全村推广双杂优品种，主要有威优 6 号、汕优 6 号、四优 30、威优 63、汕优 63、汕优桂 32、汕优桂 33、闽优 3 号等，常规水稻品种有光大白、竹科 2 号、青秆黄、金早六号、金早九号、矮青三号等。

稻田与葡萄棚

1983 年在甘棠镇农技站长姚伏如的指导下，大留村张赛妹等人成立良种繁殖合作社，在罗江村、小留村各租田100亩作为育种基地，加招村租秧田15亩，用不育系与恢复系珍汕97进行杂交，繁育杂交水稻新品种汕优63获得成，亩产183斤。此后大留村连续几年都有村民进行育种，直至1989年。

1995年，大留村粮食总产量910000公斤，完成征购任务173520公斤。其中征（交公粮）34324公斤（大留27930公斤、东山6424公斤），购（售余粮）139200公斤（大留109715公斤、东山29485公斤）。人均口粮300公斤。

2006年国家取消征购任务，种粮给予补贴。

2019年，大留村水稻种植面积174亩（11.6公顷），亩产347公斤，总产量65吨。村民粮食主要从市场购买。

番　薯

番薯也称甘薯，是大留村仅次于水稻的粮食作物。大留人从明朝万历年间开始种植番薯，由于土质和气候适合，大留村的番薯远近闻名。

甘薯种植

1960年以前，大留种植的番薯品种主要有六月薯、白台湾、红台湾、定薯等。此后，引进新种花、禺北白等品种，尤其是新种花，种植面积最大，成为主要品种，当家时间长，产量也最可观。

1970年后引进节藕、惠红早、南灰3号、华北48等良种。

1980年后引进潮薯1号、福薯87、宁丰1号等良种。

1990年后，大留村民的番薯逐渐从“粮食作物”中退出，种植户仅种数十株，作为时鲜享用。

2019年，大留村种植的番薯品种有黄心薯、紫薯、霞浦薯等。

麦

宋室南渡以后，长溪流域开始普遍冬耕种麦，大大增加了粮食产量，不但解决了人口激增带来的吃饭问题，还满足了北方移民嗜麦的习性。大留种麦也始于南宋。

麦分小麦、大麦。小麦是大留最主要的冬种作物，品种有和尚麦、白芒麦、红芒麦等。大麦多种在山区，多作为小麦播种误时的补种作物，一般作为猪的青饲料，或制作麦芽用。

大留人重视对小麦良种的引进和推广。1956 年引进南大 2419，1960 年后推广华东品系小麦、欧柔，1970 年后推广晋麦 33、晋麦 2148、红和尚等品种。1980 年后由宁德地区农科所培育的矮和尚麦成为当家品种。

1990 年后，小麦的种植面积逐渐萎缩；大麦也仅有零星种植。

2000—2019 年，大留村没有人种麦。

粮食作物还包括其他杂粮，如马铃薯（洋乌蛋）、玉米、黄豆、白豆仔、赤豆、蚕豆、绿豆、花生等，大留均有零星种植。

经济作物

油　菜

是油科作物，1950 年以前大留有零星种植，品种主要是本地种，分为绿杆油菜和红杆油菜，早熟产量 40—50 公斤。1980 年引进甘兰型油菜“21006”、龙甘 3 号等，生育期长，产量达 100 公斤。由于影响早稻插秧，后逐步被淘汰。2000 年后，大留村不再种植油菜。

油　茶

俗称榛仔，属茶科常绿小乔木，系油料作物。其种子可榨油（茶油，俗称榛油）供食用。旧时大留村的油茶林主要分布在龙潭漈、青岩山，2000 年后没有专业种植。

甘　蔗

分糖蔗、甘蔗（果蔗）。民国时期大留村糖蔗的种植面积较大，品种为本地竹蔗（或称猴蔗），亩产 2 吨，有 3 家糖寮用耕牛为动力榨汁熬炼，制作板糖。1956 年后，大留糖寮仅余 1 家，集体所有，每年糖季日产红板糖 30 多担。该糖寮延续到 1986 年国营福安糖厂投产。1984 年，大留生产队从溪柄调进新良种闽糖 66—611、闽糖 66—660、台糖 134 等，1985—1990 年种植达到高峰，亩产达 4 吨。此后糖蔗的种植面积不断缩小，2019 年，种植面积 18 亩。

甘蔗（果蔗）在大留的种植历史也很长久，主要品种有青皮蔗和红皮蔗。大留村主要种植红皮蔗，至今每年都有种植，是主要经济作物之一。

蔬　菜

大留村的蔬菜品种主要有大白菜、小白菜（油白菜）、花菜、芥蓝菜、芥菜、九心菜、菜棍、榨菜、包菜、空心菜、韭菜、苦卖菜（有红白两种）、芹菜、香菜、大蒜、葱、辣椒、秋葵、茄子（紫菜）等。

根茎类蔬菜主要有萝卜、胡萝卜、盘菜、茭白、芋头、魔芋、蕨、土淮山、豆薯、绿笋、麻竹笋、六月麻笋、冬笋。

豆类：豌豆、四季豆、麦前豆（豌豆）、大豆、六月白、八月豇、蚕豆、刀豆、白玉豆、花玉豆等。

瓜类：南瓜、西瓜、冬瓜、丝瓜、田头瓜（黄瓜）、合掌瓜、八角丝瓜（藤桃）、田瓠、白瓠、番白瓠，尤其是田瓠和田头瓜。1949—1979 年，大留出产的田瓠和田头瓜，远近闻名。

茉莉花

1978 年，大留村开始种植茉莉花。由甘棠公社从福州调进茉莉花穗，分发各村农户杆插培育。大留村当初只有少数人种植，至 1990 年种植面积达到高峰，种植面积达 300 余亩，几乎家家户户都有种植，成为村里主要的经济作物。2000 年后，由于工业园区的落户，农用土地面积减少，茉莉花种植逐渐淡出。2015 年后，村里已不再种植茉莉花。

食用菌

蘑菇　1972 年大留村开始人工种植蘑菇，都是在室内进行小规模栽培。村里还有张石兴、叶兆华二人培育菌种进行经营，附近菇农栽培蘑菇都向他们购种。1980—1990 年，村里专业户采用塑料大棚技术大面积栽培蘑菇，高峰时期村里有大棚 40 余个，栽培面积 8000 平方尺，产量 72000 公斤。2000 年后，蘑菇栽培逐渐退出村民的生产经营范围，成为历史。

香菇　1985 年大留村民采用杂木粉配以糖、麦麸等压缩装入塑料筒袋。栽培香菇、银耳试验成功，而后逐年推广，至 1989 年栽培达到高峰，全村栽培 10 万袋，同时建有香菇烤干厂。由于当时香菇筒袋栽培成本高，且技术不成熟，产量低，市场预测不足，香菇产品严重滞销，菇农亏损严重，无法继续栽培。1992 年后，大留不再栽培香菇。

银耳　俗称白木耳。1980 年前，大留人曾用段木栽培银耳，但产量低、成本高，影响销售。1984 年开始引进杂木粉袋装栽培技术取得成功。1990 年大留村银耳产量有数百公斤，此后逐年下降。2000 年后，大留村民不再栽培银耳。

水　果

1950 年以前，大留村民在自家的房前屋后零星种植一些水果，如柚、橘、番石榴、橄榄等。

1974 年第八生产队试种蜜桃成功，此后大留村陆续开始较大面积种植水果。

1984 年人民公社体制废除后，村民以市场需求为导向，自主决定生产经营活动，水果种植逐年增多。

1990 年以后，大留栽培的水果品种不断丰富。到 2000 年，主要有巨峰葡萄、福橘、温州密橘子、芦柑、雪柑、脐橙、沙糖橘、柚、橄榄、杨梅、梨、杨桃、桃、李、柰、枇杷、龙眼、芭蕉、百香果、火龙果、草莓等。其中产量和产值位居第一的水果是巨峰葡萄。2019 年，全村共栽培巨峰葡萄 300 亩（20 公顷），年产量 360 吨，产值 360 万元。

葡萄园

葡萄

宅边香蕉

种荷采莲

林茶畜牧

林　业

杂木林

大留村的自然条件适宜林木生长，森林资源丰富。旧时大留出产的林木主要用于建房，打造家具、农具，或者作为柴薪和烧炭用。1958 年“大炼钢铁”运动中，大量树木被砍伐烧成木炭，用作炼“钢”的燃料，使林木稀疏。1962 年开始封山育林，山林得以复苏。1981 年后，实行“稳定山林权、划定自留山和确定林业生产责任制”的“三定”政策，林业生产得到迅速发展。

2019 年大留村林业用地 3770 亩（251.3 公顷），占全村总面积的 51.83%。

公益林

乔木林

2019 年，大留村生态公益林面积约 2130 亩（142 公顷），以阔叶林为主，间有杉木、松木等。主要分布在龙潭漈、三角井、油扇岗、中岗、桐柴湾、白石岐下、加刀剪岔门、马王头、青岩、弥勒佛岗、黄土岗、荷杏、虎岗、龙岗、下里岩、对面掌金洋山、七层塔、山岗等处，系野生林地，树种有樟树、黄楮、檫树、枫树、青冈栎、米楮、楠木、木荷等。2019 年生态林林权者补偿费和管护费 37113 元。

用材林

2019 年，大留村用材林面积 1640 亩（109.3 公顷），分布在村周围低矮山坡，树种主要有杉木、松木、毛竹、绿竹等。

经济林多为茶园和果园。

古稀树种

樟树 在大留村庵下亭地方（东山公路站）边有古樟 1 棵，树围 8 米、高 11.3 米，树龄 700 年。

榕树 东山村后面植有 2 棵，岔门兜植有 3 棵，种植于南宋，树龄约 730 年；大留村油坊三角坪植有 2 棵，土地祠 1 棵，种植于 1989 年。

酸（山）枣 在龙潭漈。原有 3 棵，1978 年砍伐 2 棵。现余的 1 棵，雄树，树围 3 米、树高 13 米，树腹中空，树龄约 300 年。

山牡荆 大留村石棱岗尾有 1 棵。

奇异树 大留村有一棵树，不知是什么树种。其叶像榕树枝杈，又如藤蔓，村人叫为“永长藤树”。早时村人上山劳作回来，多在永长藤树下歇息。

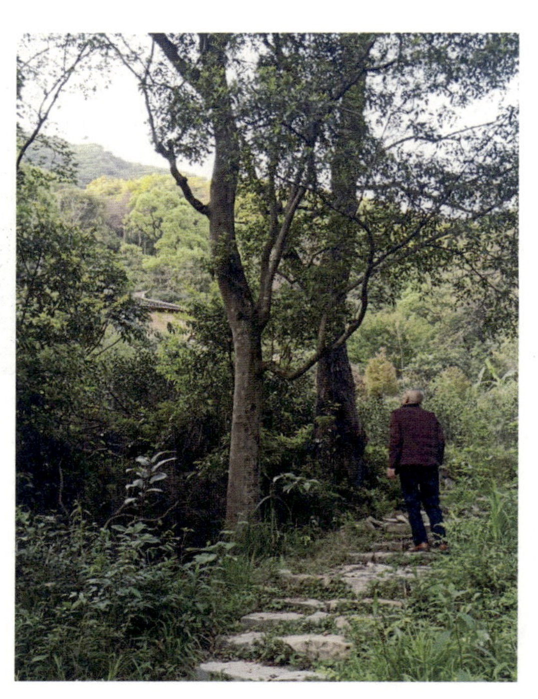

山枣树

牛涸头地方有楮树，形态奇异，有点像扫把，故村民称这一带为“柴扫山”。

茶　业

茶叶种植

大留的茶史始于何时尚无法确知，但是据《大留张氏宗谱》记载，宋代大留张姓先人就修有“茶井”。（元·张灿士《大留张氏源流》）可知早在宋代，大留人就大行饮茶之道。

古代大留的茶叶多为自用。晚清同光（同治、光绪）以后，福安红茶坦洋工夫风头正盛，在福安茶叶经济的带动下，大留人也开始重视茶叶生产。民国前期（1937 年以前），大留西南面的几百亩红泥壤山地也成为茶园。民国 25 年福建省政府建设厅的《福建茶产之研究》将大留名列福安县甘棠区的产茶区；民国 29 年福安县长高诚学在

《福安茶叶概况》中再次将大留列为产茶区。大留村生产的毛茶主要为甘棠裕升春、王成记、振泰成等茶庄收购；民国后期主要为赛岐的高旭记、德泰、裕春等茶厂收购。

1950 年后，大留茶业在历史的基础上发展。茶叶由茶业部门统一收购，经国营茶厂精制后统一销往外地。

1957 年，甘棠茶叶收购站成立，大留茶叶改由甘棠茶站收购。

大留茶场开发于 1970 年代

1972 年开始，大留大队和各生产小队开始开垦集体茶园，种茶面积逐年扩大，到 1976 年发展成为大队集体茶场。

2012 年后，大留村是罗江街道茶苗培育基地，主要以短穗杆插育苗，加盖大阴网，一般秋分后开始杆插，至来年小寒后出苗。2019 年大留村育苗地 20 亩，出苗 800 万株。

2019 年，大留村茶园面积 983 亩（65.5 公顷），种植品种有福安大白茶、福鼎大白茶、福云 6 号、福云 7 号、福云 595、大毫、梅占、金观音、金牡丹、黄观音、丹桂、龙井 43 号、安吉白茶等，其中福安大白茶是大宗品种。

大留茶园

集体场厂

1976 年，大留大队茶场创办，分布在西南方向的牛澖头山、天鹅孵蛋山、鼎盖梁山等地，面积 785 亩。茶叶收入是大留生产大队主要的经济收入之一。大留茶场被定为福安县甘棠茶叶基地的基本场队。

1984 年 6 月，我国开始实施茶叶流通体制改革，允许国营、集体、个体茶叶经营者直接参与市场交易，茶叶产销由计划经济时代步入市场经济时代。

大留茶场改制后，茶园面积扩大到 1115 亩，其中村属 275 亩，联合体 840 亩。茶场初制厂拥有 4.3 米滚筒杀青机 1 台，55 型揉捻机 4 台，40 型揉捻机 1 台，手拉式烘干机 1 台；年加工茶叶 30 吨。

东山茶园

1988 年，大留茶厂创办，属集体和个体合资企业，生产精制茶绿，有平圆机、抖筛机、分选机切茶机各 1 台，生产精制茶叶；年加工茶叶 90 吨。

1990 年，大留茶场初制厂生产初制茶叶 35.75 吨，产值 11.45 万元。

1995 年，大留村茶叶产量 45 吨。

1997 年，大留村办茶场和初制厂进行承包经营。

2019 年，大留茶厂茶叶总产量 51 吨，其中红茶 24 吨、绿茶 27 吨。

茶叶企业

茶叶流通体制改革的实施激发了村民创办茶叶企业的积极性。茶叶企业一般采用茶园基地（以周边村镇茶农的茶园为原料基地）、生产公司、销售网络三者合一的模式开展经营活动。

1993—1995 年，大留有村民个体茶厂 11 家。1996 年后逐渐整合。2005 年仅余张挺奇和张成发的 2 家茶厂。

2006 年，张俊华注册成立“富峰茶叶有限公司”。

茶苗培植

2007 年，大留村以大留茶厂为“龙头”，原大队茶园为基地，成立“福安市挺奇茶叶专业合作社”。在社会主义新农村建设中，发展茶业生产，实现“一村一品一特色”，带动村民致富。挺奇茶叶专业合作社注册“奇尔俊”商标，主要生产绿茶和部分红茶，产品行销海内外。

2008 年，张成发注册成立“福安市云雾康茶叶有限公司”。

“云雾康”和“富峰”公司均主营红茶、绿茶、花茶，生产高端茶品。

2016—2018 年是大留民营茶企业的盛期，各家茶叶企业年产值均达数千万元。

畜牧业

家畜饲养

猪　大留村历史以来都有养殖，猪是家庭中重要的收入来源。1958 年大留村还办有畜牧场，后因粮食困难畜牧场解散，村中生猪养殖骤减。1980 年后，农村落实联产承包责任制，社员家中粮食盈余，逐步恢复生猪养殖。1990 年生猪养殖达到高峰，全村生猪存栏 613 头，其中母猪 56 头。2000 年后，大留村的生猪养殖退出家庭模式，进入规模养殖，全村有 6 个专业户从事生猪养殖。2010 年，生猪出栏 623 头，存栏 326 头（其中母猪 96 头），产值 126 万元。2016 年以后，为了推进生态文明建设的需要，大留村被划为生猪禁养区，生猪养殖逐步减少。2019 年底，大留村没有在栏生猪。

牛　耕牛是农村农业生产耕地的主力。1950 年前大留村有耕牛 5 头，为个人所有，用以自耕、代耕，糖季作车寮畜力。土地改革后，政府鼓励农民养牛，耕牛有所增加，1956 年大留有耕牛 8 头。1978 年达到 20 头。1982 年实行联产承包责任制，生产队解体，耕牛作为生产资料分配给社员。2000 年后，农业机械逐步普及，耕牛数量逐年减少。2019 年大留村只剩牳水牛 1 头。

乳牛　大留村饲养乳牛始于 1979 年。这一年张松益引进荷兰花牛进行饲养，而后数量逐年增加。1982 年全村有乳牛 16 头，日产鲜乳 846 斤，并建立乳粉厂。1986 年乳粉厂停办，乳牛饲养逐年减少。2003 年，大留村没有乳牛饲养。

羊　1982 年大留村专业队在茶山饲养羊 67 头。1985 年专业队解散，村集体不再养羊，但个体养羊户多了起来。2019 年，全村羊存栏 160 头，出栏 180 头，产值 27 万元。

家禽饲养

鸡　大留村民有养鸡传统，几乎各家各户都有饲养。家养鸡以产蛋鸡为主，所产鸡蛋作为家中配菜；或用于交换，以解决日常盐油酱醋方面的开支。1970 年代，供销社代售点以每粒鸡蛋 8 分钱的价值，兑换盐、酱油、醋、火柴等生活用品。1980 年后，村民家养的鸡包括所产鸡蛋主要为自用。1990 年后，养鸡专业户生产的肉鸡和蛋品主要为供应市场。2019 年，大留村饲养蛋鸡 750 只，产蛋 5625 公斤；肉鸡出栏 616 只，存栏 150 只。

鸭 1980 年代以后，大留村民开始饲养群鸭，为市场提供菜鸭和蛋品。少数人家散养 2 至 3 只母鸭，产蛋自用。1995—2005 年，村里养鸭达到高峰，专业户每年提供市场菜鸭 6000 只。2006 年起改为主要饲养蛋鸭。2019 年，村里 2 个专业户饲养蛋鸭 4300 只，年产商品蛋 92143 公斤，产值 115 万元。

养殖专业户的鸭棚

蜜蜂 1985 年大留村张学龄开始养蜂，而后逐年增加养蜂量。2019 年养蜂 69 箱，产蜜 1000 多公斤，产值 10 万元。

商业工贸

商贸供销

旧时的大留地处交通要道，人来客往频繁，但没有看到有关商贸活动的文字记载。据老人回忆，民国时期村里有数家小店提供日常必要的商业服务，如杂货店、国药店、咸鹾店、糖糕饼店、客店等。

大留的街市

1951 年甘棠乡成立供销合作社，大留村的供销工作归其所属。1956 年以后，政府取消个体商贩，农村商业全部归供销社经营和管理。1960 年，大留大队成立甘棠供销社购销站，负责农副产品的收购和水产品、工业品、糖烟酒等日杂用品的供销。

1980 年后，在“改革开放，搞活经济”的政策背景下，部分村民开始经营个体商店（摊位），个体商业不断发展。

2019 年共有 9 类 19 家，类别和经营户分布如下。

日用商品 张福铃、张细福、刘成贤、阮梓周、张妃月；

饮食服务 高细秀、张平春；

食品零售 张以堂、陈贵容；

水果日杂 张玉堂、张惠平；

元宝香烛 彭锦云；

粮食零售 尤承美；

农资化肥 张祥华、张绍华；

水产蔬菜 刘仕原；

生猪屠宰 张良基、徐成章、张生平。

手工百业

大留乡亲在长期不断的聚集和发展中，由于生产生活的需求，出现了许多被称为“师傅”的专门人才。他们分布在多个行业，这些行业以手工劳动为主，为乡村社会服务，是村域经济不可或缺的组成部分。随着时代的发展，特别是改革开放以后社会生产力和科学技术的进步，许多传统行业已经淡出人们的视野，但在大留村的发展史上留下记忆。

做木 分“大木”和“细木”，前者盖房子，后者做家具。民国时期大留的大木师傅有张时弟，1950 年后有张积成、张义章、阮培章，传承三代人，共七十余载。民国时期做细木活的有王阿五，他主要工作是替村民修理家具。20 世纪 70 年代后，村里出了刘比如、林梓清、阮石慈等三名细木师傅，他们都能独立打造成套的木嫁妆，包括“圆路”活（指桶、盆、盘类家具）和“四角路”活（指桌、凳、橱类家具），手艺精湛，很受本村和周边村镇乡亲的欢迎。

做篾 民国时期有李金安（二郎），1950 年后有刘第三、张寿章。他们的竹编工艺都很不错，能编织箩、篮、历、筛、篁、匾、箕等，还会制作竹床、竹椅等。

理发 民国时期有张忠伍。1950 年后有徐南安、穆阳人义生、阮树银。近年有雷雪云、张勇开设的理发店。

裁缝 民国时期有陈赠言在上张祠堂开店做裁缝。1950 年后其子陈丽铭也做裁缝，体弱多病，通过自学，1975 年后改任大队赤脚医生。

石匠 主要工作是垒砌石头墙座（基）。民国时期有高梦益。1965 年后高梦益子高坤金、高坤妹（兼屠宰）承父业。

屠宰 民国后期以后，屠宰师傅有张奶星。1970 年后有刘红弟、张二妹、张成玉、高坤妹，2000 年后有张瑞平、张良基、徐成章、张生平等。

做面 1950 年后有张积仕、张智师、林贵弟、张容生在村里做面，生产福安的特产线面。

做豆腐 民国时期有张七郎开豆腐店，兼营酒和鱼货。1950 年后有阮三现、倪奶姿、张少平、吴明富、张春平开豆腐店，张春平还兼做包子。

糖糕饼 民国时有张饭弟做糕点。张长利、张章弟兄弟做饼，一直做到 1970 年代。

糖寮 民国时大留村有吴寿邦、阮长怀、张吾弟 3 家糖寮，用耕牛作动力，压榨蔗汁，熬炼红糖。其中吴寿邦、吴石弟父子的糖寮于 1956 年加入农业社集体，后归大留大队。每年冬下为大留大队各生产队加工红糖（板糖），进行季节性生产，每日（昼夜）可生产红板糖 30 担。1986 年国营福安糖厂（设在赛岐）建成投产，大留糖寮的历史结束。

油坊 民国前期有阮奶英开办油坊，加工生产茶油或桐油，一直到 1948 年停办。

布柴 从民国至今，从事此业者有连嫩嫩、连 偲仔、连松明三代传承。连松明又传阮成泉、阮成善、连松安。

新兴行业

20 世纪 80 年代以后，为适应社会经济发展的需求，出现许多新兴行业。大留村新行业和从业人员分布如下。

建筑泥工 张坛春、阮成全、刘国华、张瑞平；

搅拌机队 阮成光、阮春祥、林盛利、张赠明；

水电安装 张三保、张宋明、林允全、林耀兵、张祥荣、张四保、阮章华；

茶苗培育 刘明光、阮培章、张秋明、张位祥；

拖拉机和汽车运输 张石梓、林盛芳、刘柏松、王石平、钟启明、刘仕平、张和平、张成波、张志华、张铃锋、阮梓轩、张玉堂、张绍光；

室内装修 王少华、刘云光；

铝合金 张和平、张宝；

钢构搭建 林顶锋、张昌华、张金华、陈长光。

工业园区

2003 年，开启大留工业园区建设，多家工业企业入驻大留，带来人流、物流、项目流的发展，为失地村民提供就业岗位，也带动村里第三产业的快速增长。村内出现多支专业队伍，主要从事高压线路工程、土木建筑工程、水电安装、室内装璜等。村民的工资收入在村经济中所占比重超过务农收入，为村民普遍增收提供了切实保障。与此同时，村集体经济也不断增长，2019 年，村财政收入超过 10 万元。

2019 年，“大留洋”累计落户规模企业 38 家，工业产值 15 亿元。落户企业名单如下。（其中“挺奇茶叶”“云雾康茶叶”“富峰茶叶”为大留本村企业）：

220 千伏变电站

福安市盛潮机械制造有限公司；

福建宏鑫机械有限公司；

福建省泰森动力设备有限公司；

福安市佳佳旺食品有限公司；

福安市海福诺尔电机有限公司；

福安市巨德塑料制品有限公司；

福安市恒盈电机配件有限公司；

福建省华南商贸有限公司；

福安市吉祥机动车安全技术检测有限公司；

福安市仟度电子有限公司；

福安市锦福种植专业合作社；

福安市细章船舶工程有限公司；

福建申宏电机有限公司；

福安市云雾康茶叶有限公司；

福安市鸿远钢结构厂；

福建万博环保科技有限公司；

福安市家家旺玻璃有限公司；

宁德市海杨船舶机械有限公司；

福安市惠丰包装制品有限公司；

福建绿程工贸有限公司；

福建中资新能源动力制造有限公司；

福安市腾力泵业有限公司；

巨龙电机（宁德）有限公司；

宁德万博环保科技有限公司；

福建一洲动力科技有限公司；
福建富硅铼金属有限责任公司；
福安市海福泵业有限公司；
福安市祥和气体有限公司；
福安市宇峰家具有限公司；
福安市旺宏宇电机配件有限公司；
福安市挺奇茶叶专业合作社；
福建省福安市万利漆包线有限公司；
宁德市佰晟工贸有限公司；
福建省闽东理想玻璃科技有限公司；
福建斯普林金属有限公司；
福安市瑞欣贸易有限公司；
福安市富峰茶叶有限公司；
福建航电控制设备有限责任公司；
宁德市安航港口服务有限公司等。
（注：以上排名不分先后）

大留工业园区

村镇建设

民生工程

2003 年开始，大留村加大投入进行社会主义新农村建设，村容村貌发生巨大变化。

2005 年，村民自筹资金 1800 万元，建设东山新村 126 透安置房，村级争取资金 50 万元配套水电路工程，完成大留东山的安居工程。

东山安居工程

2006 年，投资 100 万元分完成自来水管网布设、200 吨储水池建设、日产 200 吨净水设备安装、入户管网及水表安装，使全村用上清洁自来水。2018 投资 17 万元完成东山自然村自来水管网改造升级工程，有效保障人畜饮水安全。

村办自来水厂

2015—2016 年，先后投资 150 万元，解决 20 余户村民低洼地带住房重建和灾后重建。2016 年投资 20 万元，配套造福工程基础设施下水管道及道路硬化，解决村低洼地带内涝问题。

村民自筹资金700万元，完成大留新村和谐小区20户安置房建设。2015年投入资金10万元完成和谐公园的人行道铺设和场所的绿化、美化。2016年村配套资金20万元，完成和谐小区水电入户。

2018年增设小广场、小花园二处，架设路灯，修建下单桥景观亭榭，增设上单桥石雕崖刻，添筑“静心泉”。投资16万元，用于整修古官道、建设生态景观林和登山休闲步道。

公共设施

2000年，投资60余万元建设大留村党群活动服务中心，“中心”占地面积1000平方米，建筑面积900平方米。楼内宽敞明亮，拥有村级多功能媒体室、图书室、科技与科普活动室、理论宣讲下基层平台等，用于党员电教和农技培训，极大丰富党群文化生活。另投资5万元建设村级服务大厅以及人力资源和社会保障基层平台。

党群活动服务中心

2014年，新建村卫生所，占地面积600平方米，建筑面积500平方米，配齐医疗设备和医护人员。

2005年，投资50万元建设村牌楼门及进村道路，牌楼门雄伟壮观，矗立于104国道旁，成为大留村标志性建筑。投资32万元建设牌楼门进村

进村大道

路彩色透水地坪及下水道改造。

2009 年后，投资 20 万元建设占地 500 平方米的大留村新时代文明实践广场，并配置健身器材；投资 46 万元建设篮球场、进村路人行道绿化及路灯；投资 100 万元建设硬化 24 米路；投资 60 万元建设 18 米下井塘路；投资 40 万元铺设下水道并硬化环村路；投资 36 万元铺设下水道并硬化 12 米工业路；投资 40 万元铺设岭里溪至岔门兜排洪管道；投资 3 万元修复狗头湾溪沟渠；投资 5 万元修复大溪岸渠，有效缓解大留村内涝情况。

2017 年，投资 40 万元改造大留会场为大留村老年人活动中心。每年多次在活动中心举行民俗文化活动和少儿才艺表演，使全村老人老有所乐，丰富老人精神文化生活。另投资 7 万元在会场边建设公共厕所一座。

2018 年投资 8 万元建成老年人健身康乐家园，并通过福建省老体协验收。

2019 年，投资 110 万元，建成龙潭漈登山步道。

登山休闲步道

莺歌山南麓的登高小憩亭

氣壯浪博
欢度
欢度
大道之行天下

卷三

社会事业

卷三 社会事业

乡村教育

科举教育

由于历史上大留地方多次经历长期动荡，“祖父所遗谱书荡然无存”，致使许多史实失载，后世谱书中有的人和事与官方文本衔接不上。所幸地方历史上有多部志书流传，其中对古代教育和科举成就的记载可以弥补民间记忆之不足，据此可知，古代大留也是“男事耕读，女事蚕织……学有贤师长，则声歌俎豆之”[①]，是一个文教之乡。

明万历《福安县志·选举志》记载，宋代大留出了6名进士，他们是：张观，乾道五年（1169年）；阮文子，宋嘉泰二年（1202年）；阮宾，宋嘉定四年（1211年）；阮国宾，宋宝庆二年（1226年）；张翊，宋绍定五年（1232年）；张全，宋宝祐四年（1256年）。此外还有文举特奏名阮大用、张滨子，武举正奏名阮瑀、孙巨源，赐武举及第阮国威。宋代规定，考进士多次不中者，另造册上奏，经许可参加附试，获得入仕机会，称为奏名或特奏名。南宋的大留还出了杨复、张泳这样的理学名宗，清康熙《福建通志·迁寓》将他们列为朱熹高足，为大留人赢得无比的荣耀，也昭显宋代大留教育的昌盛。

明清以后国家大大减缩了进士的录取名额，所以能考上举人就很了不起了。明代的大留自永乐朝（15世纪前期）以后出了3名举人：张镶，永乐六年（1408年）中举，后来在应天府任教授；王熊，永乐十二年（1414年）中举，后任浙江平阳训导；郑儒，正统六年（1441年）中举，任职不详。张镶、王熊两人均任教职，干的主要还

① 明·陆以载《福安县志》（万历二十五年编修），第一卷《舆地志·风俗》。

是"教书育人"的活。此外还有1名贡选，即洪武年间的张观，后来张观担任王府伴读。① 贡选是地方向朝廷选拔举荐的人才，与准举人相当。这些学有所成的读书人，占明朝福安县上下二十九都15个村镇举人总数的三分之一。他们都是那个时代的知识精英，对当时大留的文化教育产生积极的影响。

从16世纪前期至17世纪后期（明嘉靖年间至清康熙二十二年），旷日持久的倭乱和明清易代的社会动荡，使大留及周边地区的百姓长期处于惊恐之中无法安身。直到康熙二十二年（1683年）平定台湾以后，社会才得以安定，读书求道、追求功名才成为可能。

设在张氏宗祠的墨庄家塾

康乾以后，随着社会经济的发展，送子上学的社会风气日益形成，大留也办起蒙馆（训蒙馆）和墨庄家塾（书斋），二者都具私塾性质。蒙馆招收七八岁学童就读，以识字为主，开始学习《千字文》《百家姓》《三字经》《五言杂诗》，还学记数；进而学习《幼学琼林》《唐诗三百首》，"四书五经"等。书塾进行层次较高的儒学教育，收十二三岁学生，除继续学习"四书五经"外，主要讲授《增广贤文》《诗经》《史记》《左传》《古文观止》等，还学习珠算和整数四则运算。村中私塾的办学经费主要靠大姓祠堂的"学田""学租"提供，也向学生酌收部分束修（学费），清后期还出现寺产助学。蒙馆对教师的要求不高，一般秀才即可胜任；书塾因要为学生参加科举考试服务，对教师的水平要求较高，一般都是当时当地知名的儒学人才。清代大留的私塾教育成绩卓然。1992年出版的《甘棠镇志》记叙，清代的大留出了19名生员（中有1名例贡），生员数量在当时福安县上下二十九名列前茅。这些生员都曾是墨庄书塾（以张泳《墨庄文集》书名为书塾名）的学生，墨庄书塾为提高大留读书人的后续功名打下基础，其中有一位叫张如翰，后来还考中举人。

① 清·张景祁《福安县志》卷之二十《选举·明·举人、贡选》。

近代教育

清道光二十年（1840 年），中国社会进入近代史阶段，随着光绪三十一年（1905 年）科举制的废除，最终促成了近代新式教育体系的确立。

这一时期大留出了一位教育家张如翰。清光绪《福安县志》载，光绪二年（1876 年）张如翰乡试中举，成为同榜福安四举人之一。

光绪八年（1882 年）他与周之翰、范宗正、陈鸿镳等人在甘棠南门外创办仰山书院，并以举人资格主持教务。光绪三十四年（1908 年）仰山书院改制为仰山初等小学，成为福安下半县第一所新式学校，传播新思想，培育新人才。张如翰编撰的《地球三字经详解》最早在仰山初小传授。民国 8 年（1919 年）春，仰山初小升格为福安县立第十二区高初级小学；民国 26 年（1937 年）学校更名福安县第四中心小学，是今福安市甘棠中心小学的前身。

宣统二年（1910 年）四月，张如翰受聘出任福宁府中学堂监督（校长）。该学堂创办于光绪二十八年（1902 年），是闽东第一所官办中学。同年墨庄书斋（书塾）改制为墨庄初等小学。村中依存一馆私塾，系国药“羡德堂”林俊德于 1900 年前后创办；据张奶希（1979—1992 年任大留党支部书记）回忆，其父勤现和族亲奶生均是该私塾的学子。

民国 8 年（1919 年），张蔚檀考入国立北京工业专门学校，地方政府以霞浦县部分“攸远塘租”作为助学经费。三年后毕业，继续研修，后成为闽省早期电信专门人才。

民国 24 年，福安县开始施行《福建省义务教育实施计划》。第二年设办公立大留短期小学，学制一年。学校仍设在张氏祠堂。

民国 26 年（1937 年），大留短期小学升格为公立简易小学，扩大招生，结束了大留私塾的历史。大留简易小学属初级小学，只有一至三年级，有 60 多名学生，进行复式教学。

民国 33 年（1944 年），福安县调整学校设置编制，乡设中心国民学校、保设保国民学校，大留简易小学改

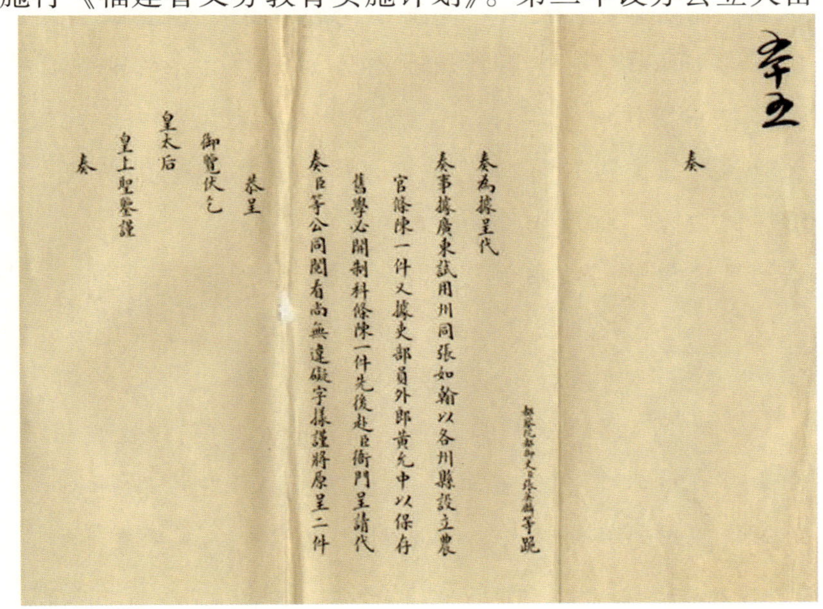
奏
都察院都御史臣張英麟等跪
奏為據呈代
奏事據廣東試用州同張如翰以各州縣設立農
官條陳一件又據吏部員外郎黃允中以保存
舊學必關制科條陳一件先後赴臣衙門呈請代
奏臣等公同閱看尚無違礙字樣謹將原呈二件
恭呈
御覽伏乞
皇太后
皇上聖鑒謹
奏

张如翰的“各州县设立农官”条陈，由都御史张英麟代为上奏清廷（原件藏台北故宫博物院，张志扬提供）

为大留保国民小学。学校设校长 1 名、教员 2 名，设一至三年级，三年级初小毕业后升入三塘（甘棠）中心小学。张鸣生长期担任大留简易小学和大留保国民小学校长。

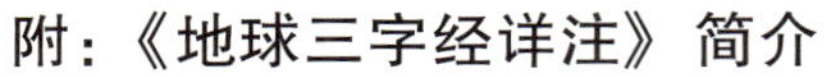

附：《地球三字经详注》简介

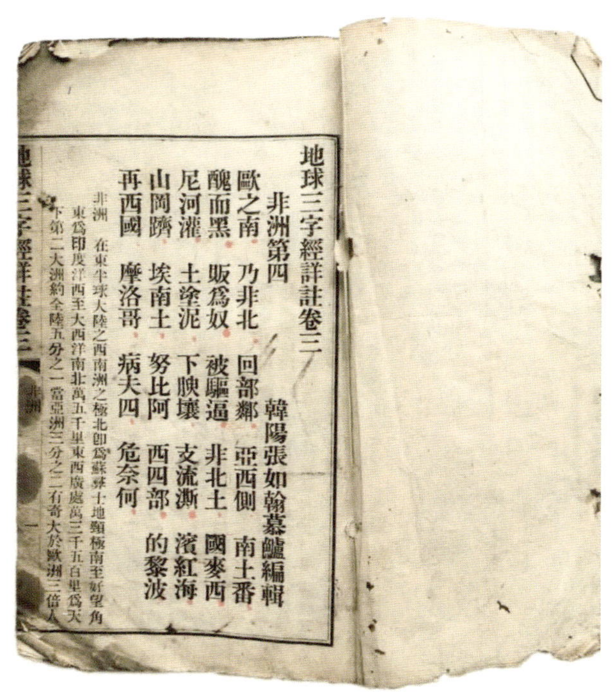

地球三字經詳註卷三

非洲第四　韓陽張如翰慕鱸編輯

歐之南　乃非北　回部鄰　亞西側　南土番

醜而黑　販爲奴　被驅逼　非北土　國麥西

尼河灌　土塗泥　下腴壤　支流澌　濱紅海

山岡躋　埃南土　努比阿　西四部　的黎波

再西國　摩洛哥　病夫四　危奈何

非洲　在東半球大陸之西南洲之極北卽爲蘇彜士地頸極南至好望角東爲印度洋西至大西洋南北萬五千里東西廣處萬三千五百里爲天下第二大洲約全陸五分之一當亞洲三分之二有奇大於歐洲三倍人

地球三字經詳註卷三　非洲　一

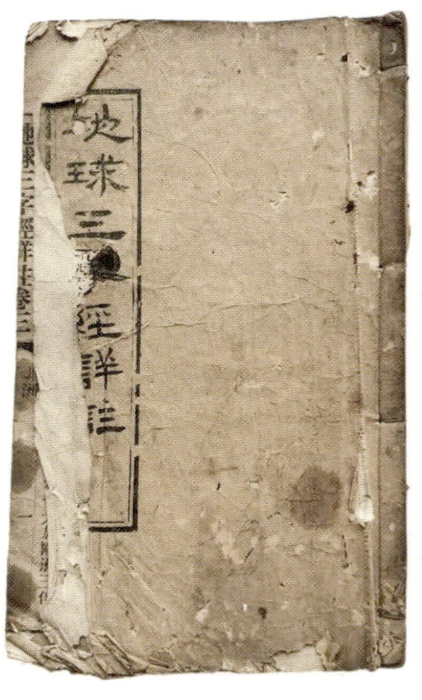

《地球三字经详注》书影

《地球三字经详注》是张如翰为新式小学堂编写的世界地理常识教材。分上下两册，约 18000 字。内容涉及世界各大洲、大洋的简明历史和人文知识。该书正文（课文）按中国传统蒙学“三字经”的形式叙写，内容比较概括；每段正文后面跟着一段注释，对正文进行解释说明。这种编写体例通俗易懂，容易记诵，而且有助于学生理解课文内容，拓展知识面。

目前仅见到该书的下册，内含两卷。卷三非洲、美洲，卷四澳洲、洋海、总论。“总论”是全书的最后部分，序列“第八”，可知全书分四卷共八个部分。

“总论”的最后一段课文和注释如下：

［课文］学堂设，养人材，文与武，均栽培，宏教育，民智开，存忠爱，国势恢，中学粹，重纲常，西法学，策富强，图厥政，取所长，报君国，效赞襄，立始基，在幼学，理求通，语惟朴，譬良材，施雕斫，牖童蒙，资先觉。

［注释］学堂：光绪二十四年（1898 年），举行新政，定学制，设管学大臣专管学务，京都及各省设大学堂。令府、厅、州、县设立中小学堂，以培士类；又设武备学堂、水师学堂，以教兵弁将才。

从以上内容可知《地球三字经详注》是清末的作品。

该书采用当时先进的铅印排版印刷。书后印有“每部小洋叁角叁分”字样。

（申如玉）

现代教育

小学教育

1949 年 10 月以后，人民政府接管教育，实行公办和民办公助“两条腿走路”的方针办学。大留村小学仍然只有一至三年级，直到 1958 年大留村小学才由初级小学升格为完全小学。

1956 年后，东山自然村在刘厝横座民宅厅堂设办 1 个教学点，招收东山自然村的一二年级学生，聘请 1 名民办教师进行复式教学；1958 年大留小学设高小后，东山三年级以上学生就送到大留小学继续学习。2006 年东山教学点停办，师生全部并入大留小学。

1980 年后，周边小学及教学点逐步撤并，大留小学所承负的普及义务教育范围扩大至周边的东山、北山、宫山、加招和坑门里等村落。2000 年坑门里、北山小学撤销，并入大留小学。

1980 年代以来，大留小学在上级组织的普及义务教育和教育教学工作评比中名列前茅，学校和多名教师多次受到上级的表彰，其中张浩老师先后 10 次获“优秀辅导教师奖”。张浩老师从 2003 年下半年开始辅导学生创作漫画，十年间他辅导的大留小学学生在省级以上刊物发表漫画作品 46 件，在全国中小学生漫画大赛中获奖 25 人次，大留小学 4 次获“优秀组织奖”。2014 年 5 月，大留小学作为福安市的代表学校之一，通过国家“县域义务教育发展基本均衡”的督导检查。

大留小学教学楼

1985 年，大留村在村子北面，村民共集资 11 万多元，县主管部门下拨建校资金 1 万元，完成新校舍的基本建设。新校舍建筑面积700平方米，包括教室、宿舍、厨房、卫生设施等。随后又扩建办公楼、篮球场等。1989年9月，大留小学从张氏祠堂迁到村外新校园，结束了长期借用祠堂办学的历史。

六一儿童节活动

1990年后，大留小学的教育教学条件不断改善。上级连续拨给专项经费购置教学器材和增添设备。2019年，大留小学已拥有一套完整的体育设施、教学和办公电脑35台、图书7300册等；校舍建筑面积4200平方米、教室15间。校产共计150多万元。

大留小学1987届毕业生

大留小学的师资长期仅有校长1人是普通师范学校毕业生，其余均为民办或缺额代课教师。1994年后，上级教育部门通过培训、考核，将一部分民办教师或代课教师分批吸收为正式教师；对其中具有高中文化的，通过培训达到合格的小学教师水平，成为公办教师，继续任用。

大留小学教师队伍多有变化。1976年13人，1982年14人，1989年16人，1993年17人，1995年19人。1998年后大留小学不再有民办教师。2019年，大留小学有教师13名，其中大专以上学历11人，中专学历取得《教师资格证书》的2人。

1976—2019年，大留小学共培养了1600多名小学毕业生。其中1976—1985年325名，1986—1995年610名，1996—2015年530名（估算数字），2016—2019年181名。

2016—2019年，学校在校生人数最多时298名，最少时272名。（表3－1）

大留小学历任校长：蓝寿冠、龚先、林鸿宾、饶承发、薛旺兴、赵祥宝、林宝春、郑寿生、张永宝（1986—1997年）、阮松振（1998年）、彭义平（1999年起）、王师旺（2000—2012年）、张振铃（2012—2013年）、黄旭平（2013—2014年）、曾宜春

（2015 年）杨敏（女，2016 年）、刘建奇（2017 年）、杨敏（女，2018 年迄今）。

表 3－1　大留小学 2016—2019 年秋季在校生人数一览表

（单位：人）

年份	一年级	二年级	三年级	四年级	五年级	六年级	合计
2016	50	60	60	45	48	35	298
2017	39	45	58	60	44	47	293
2018	43	36	44	53	59	42	277
2019	42	43	37	45	48	57	272
合计	174	184	199	203	199	181	1140

初中教育

1976 年 9 月，甘棠公社的初中生源增加，甘棠中学难以容下，上级决定在大留小学附设初中班，以分流甘棠中学的部分初一生源。当年开设初一 1 个班，招收新生 41 人，由 2 名教师任教。

1977 年及以后开设初一、初二 2 个班（当时学制初中 2 年），教师 4 人。其中公办教师 1 人，大专毕业；民办教师或代课教师 3 人，中学毕业。

1986 年春季，甘棠中学在甘棠镇区南门外新建校园，扩大了初一招生数，大留初中班的 4 名老师和所有学生调转到甘棠中学。大留小学附设初中班从此停办。

1977—1985 年，大留小学附设初中班有 9 届初中毕业生，共 295 名。

幼儿教育

1958 年，大留小学始设幼儿班，以解决妇女参加生产劳动的后顾之忧。1972 年，东山教学点也开始附设幼儿班；2006 年东山幼儿班停办，幼童并入大留小学幼儿班。早期大留、东山的幼儿班和其他农村幼儿班一样，是个不分年龄的混合班，主要招收学龄前 3—5 周岁的幼儿。

大留初中班首届（1978）毕业生

1972 年大留小学增设 1 个学前班，按规定招收学龄前一年的 5 周岁儿童集中学习，进行基本的入小学前的行为习惯的养成教育。

1989 年 9 月，大留小学及其附设幼儿班和学前班搬迁到新建的校园。幼儿班执行上级的幼儿教育规程。教养内容有学前的语文、计算、常识、音乐、美术、手工、游戏和室外活动等，并建立幼儿的卫生和健康检查制度，接受上一级中心幼儿园的业务指导，组织教养员学习观摩，举办业务讲座，开展自制玩具、教具比赛等教研活动。东山教学点附设的幼儿班，接受大留小学附设幼儿班的业务指导。

博乐幼儿园

大留小学附设的幼儿班和学前班，没有专业的幼儿教师，师资由大留小学自己解决。1984 年后，上级教育主管部门抽选热爱幼教事业、能歌善舞的小学女教师充实幼教队伍，并给予业务辅导。幼儿教师的业务素质有了明显提高，人数也由原来的 1 班 1 人，增加到 2 班 2 人。

1990 年，福安市教育局开始对各幼儿园（班）进行检验注册，大留小学附设幼儿班首批获得“福建省幼儿园（班）注册证书”。

2000 年，宁德地区出台《关于鼓励社会力量办学的若干规定》，允许积极探索试验各种办学形式。大留村分别于 2011 年和 2012 年设立民办“博乐幼儿园”和“爱心树幼儿园”。2012 年后，大留小学不再附设幼儿班和学前班。

爱心树幼儿园

2019 年，博乐幼儿园有幼儿班 5 个，在园幼儿 200 人，园长 2 人，专职教师、保健医和保健员等计 20 人，注册资金 180 万元，办园场所建筑面积 2085 平方米。爱心树幼儿园有幼儿班数 4 个，在园幼儿 130 人，园长 1 人，专职教师、保健医和保健员等计 15 人的规模，办园场所建筑面积约 1000 平方米，总投资 80 万元。

业余教育

农村业余教育的重点是扫除青壮年文盲，这是一项长期而艰巨的工作。1951 年 12 月，大留村开办 1 个冬学班，利用冬闲季节组织 12—45 岁的文盲男女村民学习文化。1952 年 3 月冬学结束后，转办为大留村农民业余学校。农民业余学校使用《农民识字课本》，要求文盲村民三年内认识 1000 个以上常用汉字。1954 年农民业余学校增设算术课，学习整数的四则运算。

1955 年，为迎接农业合作化高潮的到来，培养农业初级合作社急需的财会人才，大留村与全县同步开展“扫盲运动”，进行全民扫除文盲教育。由大留小学教师负责扫盲教学，教材以农活、农具、家具、常用杂字和记账用字为主，兼学珠算、财会簿记等。

1958 年，为响应福安县委在“文教大跃进”提出“苦战二十天，实现无文盲县”的口号，大留小学组织学生建识字岗，设识字卡，办庭院识字班，进行突击扫盲。

1966 年“文化大革命”开始后，农民业余学校改为“政治夜校”，并与“学习毛著小组”统一起来。政治夜校组织社员学习政治时事和“毛著”，教唱语录歌和歌颂“文化大革命”的歌曲，同时结合进行扫盲。

1975 年，大留大队政治夜校以县革命委员会印发的《学毛著识千字》为教材，“既学毛著又抓扫盲、既突出政治又学习文化”。政治夜校由村党支部领导，主要由上山下乡知识青年具体组织活动。

“文化大革命”结束之后，农村政治夜校全部恢复为农民业余学校。大留农民业余学校采用上级推广的“方言注音速成识字法”，大力扫除文盲。

1978 年，大留大队农民业余学校在甘棠公社工农业余教育干部的直接指导下，加强扫盲工作。1980 年 2 月，大留村青壮年脱盲率达 85% 以上，经上级验收，名列福安县第一批基本无文盲村。

1984 年，人民公社体制改为乡镇建制，大留大队农民业余学校结束。

1985 年后，农村经济体制改革不断深入，大留村的经济进入新的发展时期，急需多种类型的人才，农村成人业余教育的重点转向文化技术教育，农民业余学校改为文化技术学校。1985—2002 年，大留村成人文化技术教育主要集中在茶苗培育、茶叶栽培、茶叶加工、果树栽培、果园管理、病虫害房子、市场营销等方面；学习途径除参加文技校和广播电视学校学习外，主要是拜师学艺、互教互学、取经自学。

随着农村劳动力大量向二、三产业转移以及新生代农民工对土地的“陌生”，留守农业人群呈现出总量相对不足、整体素质偏低、结构不尽合理等问题，培育新型职业农民成为农村业余教育的重要工作。2003年后，大留开启工业园区建设，先后有多家工业企业入驻大留，为失地村民带来新的就业机会和商机。大留村民通过多渠道的业余教育和政府部门组织的文化技术培训，加入新兴行业。这些新行业的文化技术含量都比较高。2019 年，全村有建筑泥工 4 人，搅拌机队 4 人，水电安装 5 人，茶苗培育 4 人，拖拉机和汽车运输 13 人，室内装修 5 人，钢构搭建 1 人，计 36 人。

培訓証書

张坛灼 同志：

于2015年9月至11月参加2015年福安市新型职业农民畜禽养殖培育班学习，现已完成规定的教学（实践）计划，达到90学时。

特此证明。

宁德职业技术学院　　福安市农业局

二〇一五年十一月

新型职业农民专业技术培训班结业证书

文体科技

文化设施

租书摊　20 世纪 60 年代，大留村有人在下马坪（大坪中）摆一个“小人书”地摊，出租一些图文并茂的连环画，每本租金 2 分钱，大家看得不亦乐乎。

村广播室　1966 年“文革”开始后，村里为配合政治宣传，在大队部办公楼开设一间广播室，通过有线广播及时传达毛主席的“最新最高指示”和政治时事；每天早晚播放《东方红》《大海航行靠舵手》等歌曲和革命样板戏选段、新华社电讯、“两报一刊”（《人民日报》《解放军报》《红旗杂志》）的重要文章，以及公社、

新建的大留记忆馆

大队的重要通知等。

大留记忆馆内景

人民会场　1976 年间，大留大队为丰富社员的业余文化生活，集体投工投劳，利用集体山上的林木和村头的砖瓦窑产品，投入资金 3 万余元，在村里建起人民会场。会场兼具电影院、戏院、众厅功能。有时放映一些上级电影公司下乡轮流放映的影片。每年正月这里还上演“神戏”，富有地方特色的民俗活动“做喜”也在这里进行。

电视、录像播放场　1979 年，村里有人购买 1 台 14 英寸的黑白电视机，在家里播映《射雕英雄传》等电视剧，向前来观看的村民每人收费 5 分钱。观众争先恐后，座无虚席。由于电视台每天播放的电视剧目和时间有限，后来又有了录像机播放电视录像片。村里原来播映单一接收电视剧的经营者，改为经营录像播放场，从早晨到深夜用录像机轮番播放港台电视剧，每人每场（片）仍收取 5 分钱的观看费。

1994 年，大留村有线电视站建成后，全村开通有线电视，电视、录像播放场不复存在，家家户户可以自主选台收看各类节目。

民间文艺

傀儡戏班　傀儡戏，福安人也称为“木偶戏”“木头戏”“抽戏担人仔”等。清道光年间（1821—1850 年）大留村由张江澜掌班的傀儡戏班久负盛名。大留傀儡戏班在民国初年达到鼎盛。这一时期傀儡戏师傅有本村的张言弟和岳弟。张言弟传张最成，再传张奶禄。还有徐琴仔也掌一班。大留傀儡戏的木偶形体多在一尺上下，关节部分以线连缀，前台由一两个艺人在上空提线操纵木偶动作，同时集说唱念白于一身；后台有三五人操琴、箫、鼓、锣伴奏，非常热闹。传统剧目有《华光出世》《奶娘祈雨》《目连救母》《二十四孝》《通天圣母全集》《乾隆下江南》等。平时主要游演于县内乡村，后来逐步扩大范围，也到周边县区乡村演出。20 世纪 50 年代大留傀儡戏班仍有演出，改称为木偶剧团。“文化大革命”期间停演。20 世纪 70 年代后期大留木偶剧团恢复演出，80 年代一度达到新的高潮。张玉林掌管的木偶剧团，由于采用福安平讲调说唱，很受乡村观众欢迎。1990年代以后由于文化多元化的强大冲击和文化市场激烈竞争的影响，木偶剧团走进低谷。

傀儡戏班在乡村演出

业余闽剧团 1954年，大留村一些年轻人为丰富大家的业余文化生活，由张冬仔等人牵头成立业余闽剧团，自导自演《林冲上梁山》等传统闽剧。1958年“大跃进”和“人民公社化”运动开始后，大留闽剧团停办。“文化大革命”结束两年后，1978年大留闽剧团复办。当年九月初八晚，剧团复演《林冲上梁山》，吸引参加“九月九莺歌顶登高节”活动的游客先逗留大留看戏，观众将大留村挤得水泄不通；大留村一时成了远近闻名的“有戏村”。20世纪90年代以后，闽剧团走进低谷。大留籍演员刘旭荣、张小平、连细安等加盟福安市闽剧团（2009年后为平讲剧团），继续活跃在传统戏曲的舞台上。

鼓乐队 为传承和丰富地方的民俗文化，也为民间群众的红白喜事“做热闹”和讲排场，1978年后，大留村的民间艺人组成一个鼓手班，为附近村庄有需求的群众服务。1995年，张玉兰等年轻人牵头组织“大留管乐队”，活跃于周边乡镇村庄，为红白喜事人家提供服务。2000年后，又组建一个芦笙队，进行特色文艺活动，开展便民服务。

宣传娱乐 “文化大革命”期间，大留村的上山下乡知识青年，利用农闲和工余时间，自编自演革命样板戏，进行宣传活动，也丰富社员和知青们在农村的文化生活。

说书 20世纪70年代后期，大留村有个残疾村民夏桂禄，记忆力超强，大家都尊称他为“床叔”。夏桂禄擅长“说书”，将自己平时看过的历史小说，通过自己的再加工，用福安方言说给别人听，很受听众喜爱。每当夜晚工余，亲友将他抱到村里的“下马坪”人群聚集的地方说书。他以自己的艺术形式，丰富村民的文化生活，深受大家的欢迎。

剪纸 福安风俗，逢年过节或女子出嫁等，都要在灶台、窗户、斗灯、彩蛋和其他家具、器物上面贴上红色剪纸作品，既好看又以显得热闹。大留村年长的祖母辈中，有几位擅长剪纸艺术，她们的作品具有实用价值，又有较高的艺术水准。

体　育

大留村的体育活动以球类为主，尤重篮球。由于场地问题，限制了活动的正常开展。1989 年，大留小学新校园建成，内有篮球场一个，同时还配套其他体育活动场所和设施，如排球、羽毛球、乒乓球等场所，体育器材配备达标。大留小学的体育场地既满足了学校的教学需要，双休日和节假日也为大留的体育爱好者提供了活动场所。

大留小学的球场

2007 年 8 月，村里成立女子健身队，广场舞开始在大留村流行。这是一种由群众自发组织的，集健身、舞蹈、健美于一身的大众文体活动，受到村民的欢迎；村委会也予以支持，还资助购置音响设备。早期参加活动的有张玉兰、连凤玉、阮嫩玉、刘碧英、黄丽英、黄坛英、池少华、阮容娇、林英、张少容、池宝珠、倪金庄、倪凤珍、倪爱珠、尤菊珠、许少莲、何细梅、张丽月、罗凤平、张丽雪、张碧清、谢爱容、刘月霞、高慈菊等，近年扩大到 3 个组，分别在篮球场、“和谐广场”、三角坪开展活动。

女子健身队在排练腰鼓

2009 年，村里由政府资助建设篮球场 1 个；还在不同位置共配套设建 3 个健身体育器材活动点。这些设施基本上能满足村里体育爱好者的业余健身锻炼需求。

2019 年，村里的体育爱好者组织起“乐享篮球俱乐部”，工余时间开展篮球活动，或参加邻近村镇、单位同类体育组织的民间竞赛活动。

科　技

科技队伍

1950 年代初期，大留村有一技之长的技术人员近百人。其中，教师 2 人，乡村医生 3 人，蔗糖制造技工 3 人，榨油（油坊）技工 2 人，五匠（木泥铁竹石）28 人，机械工人 2 人，米酒酿造人员 60 多人。

1960 年代，大留大队成立农业科技领导小组，大队长兼任组长，各生产队也相应成立农业科技小组，由生产队长负责。

1976 年，大留大队创办茶场，茶场成立科技小组，提高茶叶质量和产量。

1979 年大留村开始实行联户承包责任制，此后大留村有一技之长的村民和的科技人员主要分解到各家各户和农业承包责任制单位。

1984 年后，实行茶叶流通体制改革，大留开始出现个体茶企业。茶企业为了提高产品的市场竞争力，成立科技小组，提升产品的科技含量。

1990 年后，在上级科技培训中心和农业综合服务站、庄稼医院和植物医院的牵头下，形成科学推广网络，组成由技术干部和群众相结合的农业科技推广队伍，在当地农、茶、果、畜等产业发展中发挥作用。

在新的社会经济形势下，部分大留村民通过专业技术和新型职业培训，发挥专业知识优势，留在本村创业或在本地企业就业，部分成为本地企业主或行业能人，成为新时期大留村科技队伍的一员。

科普中国乡村 e 站

科普宣传

20 世纪 50—90 年代，限于时代的因素，大留的科普宣传主要以发展农、茶、果、畜为对象，宣传的方式主要以墙报、广播为手段，同时，订阅一些农业科学知识的普及读物，通过定期和不定期的形式，对村民们进行科学知识的普及与宣传，让大家了解国内外农业科技的发展现状和未来前景。

参加罗江街道科普宣传活动

2000 年以后，大留村增进多种现代化手段，开展科学知识的普及宣传。

2018 年下半年至今，村两委将村级科普工作融入到“新时代文明实践”工作中，对村民们的科普工作开展得有声有色。创建“科普活动室”“青少年科学工作室”和“科普工作乡村 e 站”，并在全村群众中开展村级科普工作的各项活动，做到四有：有阵地、有队伍、有项目、有制度。

农村科技

1960—1970 年代，农村科技工作的重点是科学种田。大留村民们也历来注重科学种田，对科技致富情有独钟。20 世纪 70 年代，大留村集体根据本地的土质、气候等条件，在本地山上办大留茶场。

改革开放以后，随着家庭联产承包责任制的落实，大留村民在“七层塔岭”边的山垄田里，通过挖池养鱼和种植果树，进行立体化的科学养殖；还引进外地的优良品

大留村民参加市农村科技培训班学习（2017 年）

种水果进行种植，或自办家庭工厂发展食品和轻工生产等。

1990年代后，乡镇农技站在大留成立农民科技活动小组，村里配备科技副村民主任，负责本村的科技管理和服务。在科技推广培训方面，以“主导产业+专家+科技指导员+科技示范户+农户”的模式进行。在村中能人的带领下，村中办起企业。

2000年以后，政府对大留村边土地进行开发利用，出现许多企业和工厂。许多村民们应聘于附近工厂，当上了工人，从中又涌现出了不少的技术工人。

医疗卫生

个体中医

大留村地处交通要道，旧时有民间医生在大留街上开设药铺，用中药（辅以民间草药偏方）为村民医病。清光绪二十四年（1898年），溪潭吉坑中医林俊德在大留开设“羡德堂”国药店，同时坐堂行医。

民国时期到20世纪50年代前期，大留村有中医师林善玉、林梓松、郑学如、刘五妹、刘绍弟等，街上有“羡德堂”国药店为医师开出的药方配药。

林善玉系林俊德之女，深得家传，擅长治疗小儿惊风、疳积；林梓松是其侄，林家医术在大留村流传至今。刘五妹也是大留村的医疗世家，他自己善治白喉、天花，长期在大留看病，直到“文革”前去世；刘绍弟是其子，同为大留郎中，1970年后任大队合作医疗站医生，绍弟之子大学毕业后供职宁德市医院。郑学如是外塘人，长期在大留行医，后终老于斯。

保健站

1953年，国家对私营工商业实行“利用、限制、改造”政策。1955年，对私营工商业的社会主义改造逐步达到高潮。甘棠区双江乡的个体中医师和药店在大留村联合组成公私合营性质的联合诊所，完成社会主义改造。大留联合诊所有医务人员林善玉、林梓松、郑学如、刘绍弟等4人。

1958年9月，随着人民公社体制的建立，大留联合诊所改为“甘棠人民公社保健院双江片保健站”。

1961年，甘棠公社保健院下辖10个保健站，其中包括大留保健站。院、站实行统一核算，大留保健站仍负责双江片的卫生保健工作，业务上接受甘棠公社保健院的管理。

合作医疗站

1970 年 5 月，国家推行农村合作医疗制度，并在省医疗队帮助下培养赤脚医生，参与农村合作医疗事业。大留保健站改为“大留大队合作医疗站”。大队合作医疗站业务方面受上一级卫生院的指导，行政归大队领导，社员看病不收诊疗费、注射费和青草药费。大队医疗站的任务是：诊治常见病和多发病，负责预防接种、疫情报告，宣传计划生育、妇幼卫生知识及推行新法接生。

大留卫生所

大留大队合作医疗站由正式医生郑学如、刘绍弟和赤脚医生阮慈发、王幼妹组成的，为大留村及附近群众服务。

赤脚医生由大队选收具有初中及以上文化程度的农村青年，经公社批准，通过业务培训而成，并报县革命委员会卫生局备案。赤脚医生的报酬采取工分制，在所在生产队评工记分，同时大留大队另外给予适当补贴。为提高他们的业务水平，县卫生局每年都组织赤脚医生集中培训、复训。

东山卫生室

卫生所

1984 年 9 月，大留大队合作医疗站改为“大留村卫生所”。1985 年，根据卫生部通知，赤脚医生改称卫生员。

1986 年，经宁德地

区组织的乡村医生、卫生员资格考试，大留村原大队合作医疗站的赤脚医生经培训考核转为正式乡村医生或卫生员。

上级医疗单位下乡义诊

国家放宽个体开业行医政策后，1990 年代原来的大队赤脚医生王幼妹和本村自学成才的陈丽铭合作，在村里开设诊所，为村民提供医疗服务。

在新的社会经济发展形势下，大留村原先的卫生所及医疗设备已无法满足群众对看病就诊的需求。2014 年，大留村在罗江街道的支持下，筹资 65 万元，建成一座面积近 500 平方米的村级标准化卫生所。

新卫生所上下两层，设有诊室、治疗室、药房和观察室等。卫生所业务上接受赛岐卫生院的指导。2016 年赛岐卫生院曾派 3 名医务人员协助卫生所的工作。

2017 年，大留村卫生所有 3 名乡村医生：林英、陈彤，陈连轩。

2019 年，大留、东山两地的医疗卫生工作，分别由林英和陈连轩负责。

社会保障

养老保险

旧时大留村民没有社会保障，“养儿防老”是村民的传统观念和社会实态。没有男儿的家庭常常通过“抱养”或者“招亲”，保证家庭有男劳动力以“防老”。

2010 年，大留村和福安市其他乡村同步开始实施新型农村社会养老保险（“新农保”），采取个人缴费、集体补助、政府补贴相结合的方式筹资，确保符合条件的参保农民可按月领取养老金，保障年老后的基本生活。年满 60 周岁的村民，办理相关手续后可直接领取生活补助每月 75 元，到 2019 年提高到每月 137 元。年满 18 周岁的村民缴纳养老保险。缴费标准设多个档次，由参保人自主选择档次缴费，最低每年 100 元，

2019 年后最低每年缴费 200 元。政府依据农村居民人均纯收入增长等情况适时调整缴费档次，按缴费比例发放养老金。2019 年，大留村参保人数 1200 多人。

新被征地农民养老金首发仪式（2011 年 12 月）

新农合医疗

新型农村合作医疗简称“新农合”，是由政府组织、引导、支持，农民自愿参加，个人、集体和政府多方筹资，以大病统筹为主的农村基本医疗保障制度。

2007 年大留村和福安市同步开始实行“新农合”。参加“新农合”的村民每人每年出资 10 元，国家和地方财政补贴大部分医疗费用；医疗补偿设起付线，超过起付线的费用政府补偿 40 ~ 90% 。低保户、五保户、贫困残疾人等特殊困难村民的个人缴费视情减免。2007 年迄今，多次提高参保人员的缴费标准. 2018 年提高到 220 元，“新农合”统一为城乡居民医保。2019 年个人缴费再提高到 250 元。在提高个人缴费的同时，政府的补贴以更大的幅度增加。2019 年，大留村在村缴纳农村医保的有 2420 多人，村民医保实现全覆盖。

优抚工作

1950 年后，大留村有 21 人被认定为革命烈士。1951 年春，分配土改果实时对烈士直系亲属另分给“烈士田”和半头耕牛；村里还成立代耕组，为军烈属代耕。合作化以后农业社每年优待军烈属 40—80 个劳动日（工分折价约三四十元），人民公社化时期继续沿用这一做法。1950 年代开始，每年元旦、春节和“八一”建军节都开展拥军优属活动；组织春节慰问，向军烈属拜年，送“光荣之家”贺匾、春联、年画、慰问品等。

1980 年后，对军烈属的优待改为定期补助。“五老”（老交通员、老游击队员、地下老党员、老接头户、老苏区干部）中的“孤老”、烈士直系亲属的特殊困难户、革命伤残军人、年老体弱丧失劳动能力的复退军人，都是定期补助的对象。补助金额，按照国家标准由民政部门发放。1987 年后改发抚恤金，抚恤金数额不断提高。2006 年后重点优抚对象和革命“五老”人员实行医疗补助制度。

现役军人的优待补助，由村里承担。1981年后，分配包产田（责任田）时现役军人同样分得一份，发放救济款、物资时，优先照顾有困难的优抚对象。

看望新四军老战士

1995年后，给现役军人发放年补助款、买保险金，补助款金额逐年增加。到2019年优抚金基数为每人15400元，大专以上学历和优秀士兵另加。

五保、低保、精准扶贫

五　保

所谓五保指保吃、保穿、保医、保住、保葬。1956年成立高级农业合作社时，村里就开始对鳏、寡、孤、独社员给予照顾，保吃、保穿、保燃料（后来改为“保住”）、保医、保葬。此做法延续到1978年。对“五保户”的供给标准，一般相当于普通社员家庭的生活水准。

1979年实行联户承包责任制后，对五保做法进行调整。每年由村里给五保对象发放一定的补助金。

新时代文明实践志愿服务队

1994年1月，国务院发布我国第一部关于五保工作的法规《农村五保供养工作条例》，对农村五保供养进行了规范。条例规定，县级以上地方各级人民政府民政部门主管本行政区域内的农村五保供养工作。此后，大留村的五保供养费改由福安市财政直接拨付，大留村民委员会协助上级政府部门开展本村五保供养工作。五保供养费不断增加。2019 年，大留有五保对象 13 名。

志愿者帮扶活动

低　保

2004 年，大留村与福安市同步根据国家政策建立农村低保制度，为符合相关条件的生活困难村民申请国家最低生活保障金。根据社会经济的发展，农村低保标准逐年提高，享受低保的收入条件逐步放宽。2018 年，福安市实行城乡低保一体化，最低生活保障提高到 7560 元，低保标准大幅度提高。2019 年，大留村申请享受国家最低生活保障的有 14 户 40 人。

精准扶贫

2016 年，大留村开始建立精准扶贫工作机制，建档立卡，对弱势村民实施精准扶贫。2016 年底脱贫 4 户，2017 年底脱贫 3 户。全村精准扶贫对象 7 户 23 人全部按国家标准脱贫，实现不愁吃、不愁穿，教育、医疗、住房安全、饮水安全有保障。

卷四

风土民情

卷四　风土民情

宗教信仰

佛　教

公元8世纪前期（唐神龙至乾元年间）佛教传入福安[1]，上白石财洪崇仁寺碑记和溪尾才良（钱郎，上村）杨氏宗谱的《实录考》证实了这一点。[2] 此时距大留先民肇迁落籍该地还有一段时日。

人是文化的载体，佛教传入大留当与先民迁居大留的时间同步。今大留有玉池寺，宋时名禅寂尼院（寺），据南宋梁克家《淳熙三山志》载，该院置于后梁乾化四年(914年)，与张姓迁居大留差不多同时，是大留地方最早的佛教寺院，也是福安最早的尼院。

历史上大留佛教时起时落，时兴时衰。

---

① 李健民《品读福安》，云南大学出版社2011年版，第197页。

② 福安市上白石财洪《福安县崇仁寺重建之记》（明成化二十一年）碑："崇仁寺立于唐咸通元年（860年），其檀樾□关西杨震第八房子司马三公杨绍葬地□嗣杨简公所舍也。……太（极）二年（712年），杨震公老而在朝，进奏。圣旨尽许管业。时杨氏方兴，仕宦者多，家居者少，尽将其地充为墓田，立堂招僧居住。下经一纪，杨简公于乾（元）二年（759年）奏请建寺。圣旨赐额'崇宁'。厥后司马公二世孙见僧员数多，重立崇圣寺，后复并作崇仁寺。"

福安市溪尾上村《关西郡才良杨氏宗谱·杨氏历代实录考》（乾隆四十三年）："简公为录事参军时扶父榇欲归龙游安厝，因渡飞鸾，风急浪逆，至长溪三山赤岸而泊。复沿流而上，历三山才洪白石之阳，遂营葬于此，卜宅溪之西而隐遁焉。居一纪，有僧吉梦字四明骑虎而来，延留三宿，悦其道高德尚，遂架茅草丈室而栖，数载起构宝寺。时唐中宗神龙元年（705年），寺即崇宁寺也……简公五世孙瑞公居白石为都监三郎，后升江州刺史，因运粮事贬谪黄崎镇监务，后隐西坑不仕。生三子：长殷，次韶，三雅……（韶公之曾孙）仕美公生卓八公，即迁居才良始祖。仕礼公之季子复公，字志仁，号信斋……受业于朱文公之门，与黄幹、刘子渊、陈日湖友善，真德秀师闽，尝创贵堂于郡学，延其讲学。"（李健民《闽海赛江》，海峡书局2015年，第145—146页）

宋元佛教

宋代是福建佛教的极盛时期，大留也建有多座禅寺，除再建禅寂尼寺外，还有留峤庵①、洙溪庵②，但该两庵的始建时间不详。

大留的佛寺和福安其他地方一样，传承禅宗同时也修净土宗，净土宗对教众要求普遍不高，认为最重要的修行方式是念佛（“阿弥陀佛”或“南无阿弥陀佛”），因而得到民间的广泛欢迎，成为信众最简单方便的修行方式。

南宋以后，随着朱熹理学思想的传播，佛教逐渐与儒、道糅合，得到乡民的普遍接纳，佛教影响不断世俗化。

玉池寺出土的宋碑

寺庵大多拥有田产，最初的寺产均为某宗祠或檀越捐赠，如禅寂尼院（寺）的檀越即为宋代大留张姓兄弟君诏、君谟。随着佛教的发展，较大寺院一般都拥有大片田产。20 世纪 80 年代，从禅寂尼寺故址出土的残碑和其他石构件，可知该寺曾经也是很有规模。寺院经济严重影响了地方财政，官府曾加以抑制。他们仿效朱熹做法，“取浮屠废田，以供养士之费”（朱熹《崇安县学田记》），即所谓寺产助学。

元代大留，社会动荡，民不堪命，贤隐愚奔，流离播迁。没有关于佛教寺院的记录。

明清佛教

入明以后，官府加强对佛教的管理，福安县设立僧会司专司此职。一方面严格试经度僧制度，禁止私度僧尼，同时限制寺庙田产数额，归并寺院。洪武年间（1368—1398 年），福安县原有的 32 处佛寺裁去 26 处，仅余狮峰、资福、栖云、栖隐、龟湖、灵岩 6 处。大留的几处寺庙悉被废弃。

后来朝廷放松了对佛教的限制，早先被废弃、归并的佛寺全部恢复，寺院经济再

---

① 明万历《福安县志·杂纪志·仙释》：“宋大留人张实，居福州开元寺。会作皇宫，奉宋神宗御容，实乃抱佛归留峤庵。是夜，舟人梦有三佛坐莲花、狮、象，买舟至长溪；明日，实果以佛附舟，俨然梦中所见也。不一日，风顺即至。佛像今存。”

② 陈一夔主纂《甘棠堡琐志》下卷《宫庙·附庵堂、古迹》：“洙溪庵，离堡北门四里。宋朱子讲学于此。授徒杨复得成理学。庵废基址仍在。”未言建庵时间。

玉池寺的宋代石柱

度升温。官府对寺院田产的态度多有反复，“建文中请限僧道田，人无过十亩，余以均给贫民”；永乐后“僧道限田制竟罢”（《明史》卷一五〇），寺庙经济又有发展，佛寺数量增多。至万历二十五年（1597年）福安县共有佛寺76处，其中大留佛寺占有其三：龙首庵、洙溪庵和禅寂尼寺。（明万历《福安县志·寺观》）

明嘉靖后倭患猖獗，屡犯福安，所至之处烧杀掳掠，不但给寺庙造成直接破坏，而且地方政府为筹集军饷、平定倭寇，大力向寺院摊派，加重了寺院的负担。当时福建“各寺田产扣除迷失崩陷外，每实田十亩抽六亩充饷”（清·顾炎武《天下郡国利病书》）。清乾隆《福宁府志·食货志·寺租》：“寺租起于前明嘉靖四十二年（1563年）。兵食不足，乃以寺租什六充饷，什四给僧。充饷者每亩征银二钱，饷得一钱二分，而以八分输纳粮差……福安县寺租，充饷银四百二十六两五钱八分七厘零，本朝充饷银五百六十六两二钱四分二厘零。”

清初，为了对付占据台湾的郑氏政权，清政府实施截界、迁界政策，强迫沿海居民内迁30里。大留及周边均在迁界之列。迁界使“田庐荒废，鱼盐失利，百姓流离……宫庙、民房焚毁一空……界外田亩，尽为荒丘”。（清乾隆《福宁府志·祥异》）“室庐废弃，人去其井，坟冢倾塌，典籍无存”。（清雍正二年园里房《大留张氏宗谱》重修序）大留的佛寺也全部毁弃，无一幸免。

康熙二十二年（1683年）台湾平定后，“下诏开界，民归故土”。大留的社会经济得以恢复，人口增殖，社会安定。各寺庙也逐渐热闹起来，还增建一座水尾庵（其源为留峤庵，今为龙兴寺）[①]。人们对佛教信仰表现出前所未有的热情。经过百余年的发展，较大的寺庙拥有了大片田产。光绪十年，福安知县张景祁写道：“福邑寺产，膏腴之壤，连畴接畛……古刹林立，田连阡陌。”[②] 寺院经济严重影响了地方财政，再次引发新一轮的寺产助学。

---

① 清·李拔《福宁府志》（乾隆二十七年修）卷之三十五《杂志·寺观·福安县》：“水尾庵，在西翁洋。”清·张景祁《福安县志》卷之三十三《古迹·寺观》：“水尾庵，在大留。”

② 清·张景祁《福安县志》卷之九《学校（下）》。

近现代变迁

鸦片战争以后，中国进步的知识界为兴办近代教育，主张把寺庙全部财产的十分之七充当学校教育经费。在此情势下，一些寺庙无法维持，许多寺庙因此荒废，其中包括大留的4处庵寺。

辛亥革命以后，佛教界受到社会变革的影响，谋求佛教的复兴。各寺庙在居士、檀樾的支持下主动争取地方官府的保护。民国15年（1926年）1月，福安县知事邓炳为五峰庵寺产被侵占一事发表布告，申明“所有旧碑内载田亩自不容他人占没，自告之后，凡有后列碑载田亩如有经管者，一律发愿返还该寺管业，倘敢扶同隐匿，一经查觉或被指禀，定即按律追办”。大留各寺庙援例在一定程度上得到保护。

龙兴寺的碑记

民国30年（1941年）中国佛教会福建省福安县分会成立。佛教分会成立后即开展整肃教纪、调处佛道纠纷、保护并追回寺产、编制僧道保甲、登记并管理全县僧道寺观庵堂等工作，取得一定成效。县长高诚学指令依法保护寺庙，各寺庙以保为单位填具户口，并发给门牌。[①] 民国36年（1947年），在大留信众的支持下，将已于清季荒废的水尾庵移址重建。

1949年10月以后，福安佛教又一次面临着新的重大变革。1950年底开始的土地改革运动废除了各佛寺的封建地租关系，人民政府还动员僧尼参加生产，自食其力。农业合作化运动后，寺庙土地收归集体；人民公社化后，僧尼均成为公社社员。到1960年，全县住有僧尼的寺庙仅余32处，大留的几处寺庙也全部改作他用。

1979年后，落实宗教政策，大留佛寺恢复正常的宗教活动。佛教界人士和热心信众根据具体情况对寺庙进行整修，还增建了金刚窟般若密多寺。

2019年，大留村有登记在册的佛教寺庙4处：

玉池寺，旧名禅寂尼寺，经历多次重建重修，现大殿系1980年重建。

龙兴寺，原名水尾庵，民国36年（1947年）移现址重建，现建筑系1997年建。

① 李健民《品读福安》，云南大学出版社2012年版，第118—119页。

金刚窟般若密多寺，位于东山五岗垅（五柄垅），1980 年建。

慧林寺，源于洙溪庵，位于大留村南，1995 年建。

此外，还有 2 处未经核准登记的龙泉寺（1980 年建）和隆福寺（1996 年建）。

大留和福安各地一样有崇佛传统，“民间事佛惟谨……非读书家率以浮屠治丧，殡殓日召僧代鼓”（明万历《福安县志·风俗》）。至少从明代开始，佛教信仰就深入到民间社会生活的各个层面。几百年来，广大信众虽自称“佛家弟子”，但事实上只是把烧香拜佛当作一种生活习俗；而且与道教和民间信仰紧密结合，时佛时道，亦佛亦道，既拜菩萨又敬祖宗神明；并没有像僧尼和居士那样履行皈依手续，拜师，礼佛，诵经，素食，守戒；最多就是每月朔望给天地神祇（包括观音菩萨等）和历代宗亲上香，而历代宗亲和天地神祇（鬼神）并不归属佛教系统。家里如有人过世就延僧请道诵经、“做会暝”（超度）等等，若遭遇不幸就到寺庙烧香拜佛，祈福禳灾。民谚“平时不烧香，临时抱佛脚”“无事不登三宝殿”是佛教世俗化信仰生活的最好诠释。

大留民间专业的佛教人士不多。历史上的具体人事不易查考，族谱上仅有零星的关于某先祖出家的记录。明清县志载，宋神宗时大留有张实出家福州开元寺，曾抱佛像归留峤庵。据龙兴寺碑记和村民的记忆，民国 27 年（1938 年）大留张建洲出家福州鼓山涌泉寺（法名释真行），后回乡于民国 36 年（1947 年）与诸信众缘首募资移址重建水尾庵。

改革开放以后，宗教信仰自由政策得到落实，村里在家的佛教居士不断增加，2019 年，全村有居士 300 多人，其中男居士 20 多人；还有 5 名大留籍尼众在外地寺庵落发出家；住在大留寺庙的四众基本上是村外人。

道　教

道教是中国的本土宗教，是古代文化遗产的一个重要组成部分，对我国封建时代的政治、经济和文化都发生过深刻的影响。

宋明道教

史志对道教始传福安的确切时间没有记述。五代时闽王迷信道术，道教因此发展，估计此时道教已随入迁先民传到大留。而南宋时期由于朱熹等人的推动，大留道教和福建其他地方一样得到进一步的发展。福安有记载的最早道观是位于韩阳铜冠山麓的真庆观，也出现在南宋。

宋代福安有詹、张、陈三道士，传承闾山法术，名动一时，并称“三仙师”。明万历《福安县志》：“三仙师：宋时詹、张、陈传法庐山归。詹寓西善寺，其名不传；张寓仙圣寺，为开山祖师，号元成和尚；陈名孺，寓龟龄寺，后徙上杭。”[①] 其中张仙师名元成，是张氏西隐房裔孙，所寓仙圣寺在县南归化里。据《大留张氏族谱》和《下邳张氏族谱》载，西隐张族于元中叶由大留迁出，[②] 由此可知张仙师元成也是大留张姓的后裔。

明代正德年间（1506—1521 年），大留出了一名道士张景真。明万历《福安县志·仙释》：“张景真，明大留人。从道真庆观。性警敏，蚤读书，能吟写，雅重士儒，多所交游。正德初，领道会赴京，以符箓灵验留京，拜为真人。建宫于流沙河以居，四方师之者众。”清光绪《福安县志·方技》所记与之基本相同。张景真是明清两朝官修县志中身份最高、影响最大的道士，为大留道教带来名声。

闾山道派

以上万历县志引文中“传法庐山归”的“庐山”实是指“闾山”。闾山道是中国道教的重要流派，以闽越故地的原始巫术为基础，主要吸收道教正一符箓派的符咒科仪而逐渐形成的道教派系。该派尊“闾山九郎”为法主，供奉临水三夫人（陈靖姑、林九娘、李三娘）、张觅娘等神祇，以福建为中心并向外发展。相传因发源于闽江底凡人看不见的神秘世界“闾山”，故称。

福水宫的“雍正四年”香炉

闾山派是福安最古老的道教派别，自从建县之初就有关于他们的记述。上面提到的“仙师”“真人”都是闾山道，一般把它看作是正一道的一个派别。正一道徒不出家，常在家设坛，从事一些驱魔赶鬼之类的宗教服务；平时与常人相同，只有在做法事时才穿上道服。福安民间将正一派道士分为文科、武科。文科为乌头道士，称为道师，一般是茅山派系，主要是为死者超度；武科指闾山派，是红头道士，

① 明·陆以载《福安县志》第九卷《杂纪志·仙释》。詹仙师即詹六公，福安十都南源（今属晓阳镇）人。查考《闽东詹氏通谱》的文史篇，詹六公和两个弟弟均得庐山（闾山）法术，能“降妖伏魔”。陈孺是福安上杭陈氏的肇迁祖。县志载，因其打虎有功，敕封威惠侯，而且是福安正一道的开山祖，“邑中诸巫至今多传其术”。

② 明·张辕《张氏宗谱续修叙》，载《大留张氏宗谱》清同治七年本。清·张德元《宗谱重修序》（作者系西隐房裔孙），见《下邳张氏族谱》，清光绪三十三年本。

称为师公、尪师（巫师），主要从事斋醮祈雨、设坛驱鬼等，同时也为“殇死鬼”（非正常死亡者）“拔殇”（超度）。

道教的衰微

清朝建立以后，将佛教中的喇嘛教定为国教，道教受到冷遇；乾隆四年（1739 年）更进一步诏令禁止道教传度，从此道教一落千丈，基本上停止发展。到清末，随着封建社会的没落道教更是衰微不堪。

民国 17 年（1928 年），国民政府颁布《神祠存废标准》，规定废除祭祀日、月、火、五岳、四渎、龙王、城隍、文昌、送子娘娘、财神、瘟神、赵玄坛、狐仙等神。画符念咒的道教也属该废除之列，对本来式微的道教是一个很大的打击。

但是民间迷信道术的观念并没有消除，延请道士消灾禳祸、驱鬼赶邪、祈祷斋醮、斩妖降魔的封建迷信活动照常流行，并且作为传统文化的一个重要内容和民间习俗长期延续下来。

民国前期全真道龙门派传入福安。这样，福安就有了以龙门派为代表的全真道和以闾山派为代表的正一道。全真道要求道士出家宫观修行，素食，道装，独身；道教宫观必须奉祀“三清”（玉清圣境元始天尊、上清真境灵宝天尊、太上老君道德天尊）和其他道教系列正统神祇。大留至今没有全真道徒，也没有道教宫观。但有 2 名正一道徒，在家设坛，也常参加民间信仰活动。大留村的民间信仰场所很多，大留人通称之为“宫”，有福水宫、昭应宫、临水宫、土地宫、虎马将军宫、五显大帝宫、忠平侯王宫、林四使宫、元帅宫等，每年都举行神事活动，这些活动如有道士参与，相应的“宫”自然就成为道教场所。

1960 年后政府禁止一切道教活动，包括有道士参与的民间民俗活动。

1978 年后，落实宗教政策，道教不管正一、全真都恢复宗教活动。道教传统在大留一直绵延不绝，但只能借助传统社会习俗的存在而存在。红头道士是民俗和民间信仰活动的主角，多从外村延请，每年神诞节日，请神、迎神、设坛、做醮等活动都有他们的身影。

天主教

天主教于明崇祯四年（1631 年，一说 1632 年）传入福安，迄今已近 4 个世纪。经过长期的磨合，这一来自西方的异质文化，从最初的“水土不服”到后来的相互交融、和平共处，并成为地域文化的一个组成部分。

天主教传入福安后，很重视通过宗亲血缘关系进行传教，从而出现许多信教村，但是历史上天主教没有直接传入大留村。大留村的天主教人口基本上是通过“娘子教”

和“代传教”① 而来。2019 年统计，全村有天主教人口 80 多人（大留、东山各半），占村户籍总人口的近 3%。

民间崇祀

乡村信俗

大留和福安许多地方一样，是一个民间信仰资源丰富的地方。史志上称福安“习尚鬼巫”（清乾隆《福宁府志・风俗・福安县》），大量的民间俗神满足了乡民的精神需求，广大信众通过功利性的烧拜消费，获取心理上的抚慰，并且成为习俗延续至今。民间信仰虽然有自己的特性，但实质上仍属于道教范畴。

人格神

民间俗神大体可以分为人格神和自然神两大类，其中最引人注目的是人格神。

烧香拜佛是民间信仰生活的一个重要方面，观音佛（菩萨）是首选的崇祀对象，在各家神龛的神榜上均位居首席。道教系统的神祇在民俗信仰中也很重要，如玉皇大帝、王母娘娘、太上老君、南极仙翁、北斗大帝等，从道教宫观走到民间庙坛，享受信众的香火和崇拜。

更多的是原本身处凡间、具有非凡表现的历史原型，身后由于封建统治者的封诰或是信众的主动接纳成为神明。这个庞大的团队中，还包含一些本村本境的“土特产”。大留信众崇祀的神灵主要有临水夫人（陈靖姑）、华光大帝（五显帝）、田公元帅（雷海清）、林公大王（林祖勤）、虎马将军、林四使、当境土主彭郑两师公、苏石公、张八公、武彝将军、顶塔仙

石头崇拜

① “娘子教”和“代传教”都是天主教的传统。“娘子教”即因娶教徒女子而入教；“代传教”指父母信教，其子女出生后 3 至 8 日内必须领洗，成为小教徒。

姑等。

祖先崇拜是中国传统文化的重要内容，是儒家传统文化的象征，大留民间也非常重视。各家厅堂祖龛均供奉历代远近宗亲，各姓祠堂祖台都安置供奉先祖的牌位。在祖先崇拜中，列祖列宗已经成神，各家族每年中元（“做半”）、端午都在自家厅堂举行家祭，各族姓每年为纪念开基祖和历代宗亲在祠堂举行族祭。

山神崇拜

自然神

自然神是把自然现象和自然物如风、雨、雷、电、水、火、土、石等等，视为神灵加以崇拜，这也是一种最古老的信仰，并且在民间广为流行。

猴神崇拜

农耕时代，风调雨顺是人们的美好愿望，因此对风雨雷电也格外敬畏。大留滨江近海，常受台风灾害的侵袭，旧时乡民建房，多在屋脊上设置陶塑或石雕的“风狮”，以镇风煞。如果遇上久旱不雨，就请巫师（法师）祈雨，祈雨逻辑是通过神明奏明天帝，令所在地的龙公行雨以缓旱情。

旧时由于水利设施落后，赛江水系常发水灾，乡民为捍洪御潮，除了兴修水利，就祈求妈祖、奶娘、大禹王，也求龙公和平水大王（古树）保佑。1984 年夏秋，旱情严重，大留村民延请巫道“塌鼻先生”起三司案祈雨，无果。

民居路巷的“石敢当”刻石

旧时还有树木石头崇拜。村里的古树巨木都受到很好的保护，有的古树还设有龛位，在特定的日子（年节、朔望），要给树神敬香设供，祈求长生、添丁、平安。东山有一棵千年古樟，人们还为它专门建了一座“樟仙宫”。小孩如果五行缺“木”，就让其认某古树为“义父”，所取名字要嵌上一个木字或者带有木偏旁的字。人们对树木的崇拜还表现在“风水树”上。村口、庭院、坟茔都种有风水树、风水林，以“藏风得水”，有益生养。

村路巷口或大门侧常立“石敢当”刻石，以避邪挡煞，消灾弭难。民间还认为村子周边的巨石都有灵性，并有把小孩给石头“寄名”的习俗，或给男孩取名时嵌上一个“石”字，认为这样“好养”。莺歌塔顶的大石头前面多设有龛位，香炉插得密密麻麻，是最好的明证。

民间对火与土地的崇拜主要表现为崇祀灶神和土地公。

重点神明

观音菩萨

在诸多佛教菩萨中，与信众生活最为贴近的是观音菩萨。佛教宣称世间众生只要呼一声“观音菩萨”，一切困苦、灾难、烦恼都可得以解脱。如此廉价而便捷的现世利益，使其影响力远超佛教范围，成为民间普遍崇奉的民俗神。大留家户的神堂都有其位，而且位居正中；莺歌山顶也设有观音的龛位。

观音崇拜

五显大帝

明万历《福安县志·坛祠》：“（五显帝）徽州府婺源人，姓萧。玉帝封为佛中上善天下正神、五显灵官大帝，法名华光……各乡隅皆祀。”清乾隆《福宁府志·杂志·坛庙》：“神君五圣，亦曰华光。江以南无处不奉祀。四月八日诞，里人祀之。”可见闽东各地崇祀五显帝（五圣）之盛。福安民间称五显帝为“舍头公”或“大舍头”①，城乡均建有五显帝宫（或称华光庙、大帝宫等）。五显帝在神界的地位很高，有“神头佛尾”之说。大留民间也不脱此俗，除东山建有一座规模很大的五显大帝宫外，民居神堂榜上多写有五显帝名号；慧林禅寺大殿供奉的五尊佛像中，左边一尊就是五显帝。

---

① 宋元戏曲小说中称官家子弟为舍、舍人，犹言少爷、公子；“大舍”即大少爷、大公子。明·余象斗《南游记》第十三回《华光闹蜻蜓观》中有道人称华光为“大舍”。福安（闽东）人称五显帝为“大舍头”“舍头公”大概是缘于此。《南游记》又名《五显灵官大帝华光天王传》《南游华光传》《华光大帝传》，共四卷十八回，是一部中篇神魔小说，“四游记”之一，主要讲述“华光”三次投胎转世，伏魔降妖，大闹三界，寻母救母，最后皈依佛道的神话故事。

田公元帅

名雷海青，相传是唐时福建南安人（一说莆田人），神榜上常写作“杭州风火院铁板桥头”，唐明皇的宫廷乐师。安禄山占领长安后于凝碧池举行宴乐盛会，雷海青不胜悲愤，掷乐器恸哭，被安处死。传说后来郭子仪收复长安时，雷海青的神灵特地前来助战。因战场上烟尘滚滚，“雷”字战旗上只看到下方的“田”字，误以为主帅姓田，因而被肃宗封为田都公帅，民间称田公元帅。田公元帅除禳福消灾的功能外，还兼作戏神，神格比临水夫人还高，民间崇祀甚殷。大留村西建有元帅宫，专祀田公元帅。

临水夫人

临水夫人即陈靖姑，又称为奶娘、陈夫人等。陈靖姑是唐末五代时福州下渡人，传说她幼年曾到闾山学法，学得非凡法术，能呼风唤雨、缩地腾云；曾破洞斩蛇，救护万民，后因祈雨坠胎而死。福安巫歌《奶娘传》唱：“三斗油麻分天下，家家奉祀奶娘身。州州坐塑奶娘庙，村村坐塑奶娘身。”可见旧时民间陈靖姑信仰的广泛性。大留的临水宫、福水宫都主祀临水夫人。

林公大王

名林祖亘（祖勤、子芹），宋人，祖籍福安芹洋溪乾头，迁居吉坑，到宁德杉洋（今属周宁县）为人牧牛。杉洋有恶虎经常伤人，林祖勤打死恶虎，为民除害，却遭白马大王暗算身亡。林身后被封为忠平侯王，民间尊称其名号为“杉洋感应林公忠平侯王”，一般称为“林公大王”，是闽东各地普遍崇祀的地方俗神。大留村也建有专门的林公宫，每年农历三月十六日林公生日，村里都举行隆重的祭祀活动。

福德正神

土地神，民间称为土地公。农耕时代土地是生财之源，所以又兼财神。旧时村里供奉土地公的神龛随处可见，连墙角、猪舍都设有；大留还建有专门的土地宫，规定每年正月初二为土地公“福日”，按时祭祀，以祈五谷丰登。

灶公灶婆

供奉灶神的民俗与原始先民对火的崇拜有关。灶神之职原是主管人间的饮食制作，后来又有了监察人间罪恶、掌握一家寿夭祸福的职能。这种观念随南迁汉族带到闽东各地。大留民间供奉的灶神名“定福灶君”“增寿夫人”（灶公灶婆）。民间对一年一度的祭灶非常重视，指望灶神上天述职时“好事报上天，坏事丢到耳朵边”；平常对这两位玉皇派驻的“本家司命”也十分殷勤，年节美食、四时果蔬、新获稻菽都要及时供祀；家中若遇到什么麻烦就请他俩消禳，保佑全家“好运道”。

彭、郑二师公

是大留村的当境土主。昭应宫“土主碑”称：“吾乡土主彭、郑两尊神，佑庇吾乡，显声濯灵，诚云久矣。”清光绪《福安县志·祠庙》：“昭应宫在大留。祀彭、郑二神。相传宋时乡有瘟疫之灾，神示梦乡人，为驱除之，得以无患，遂立像祀之，辄著灵应。”每年农历五月二十八日彭、郑二公寿诞之际，村里均请班演戏娱神；是日各家以角黍（粽子）敬神，祈福保平安。

宗族文化

祠　事

管理机构

大留共有 5 处祠堂，分属张、阮、刘、林 4 姓。

为了更好地处理好宗祠事务，各祠堂都成立理事会。理事会成员由本村相关族姓的各房宗亲代表组成。（表 4 – 1）

表 4 – 1　2019 年各宗祠理事会基本情况表

宗祠	成立时间	理事会成员
张祠（园里房）	1985 年	张奶希（总理）、张挺奇、张成昌、张学容、张昌成、张绍华、张坛灼、张益树、张义章
张祠（井头房）	1985 年	张祖成（总理）、张礼仁、张开铃、张礼光、张以勤、张玉顺
阮祠	1985 年	阮祥发（总理）、阮奶坤、阮坛福、阮锐平、阮春祥、阮进祥、阮成光、阮松清、阮成波
林祠	1999 年	林耀斌、林耀平、林庆生、林耀华、林允泉、林盛利、林耀良
刘祠	2016 年	刘细章（总理）、刘发全、刘田如、刘成基、刘锐林

族产管理

旧时大留各宗祠都拥有一定的族产，包括祠堂、祖墓、宫庙、祭田、山林等，由族长管理。祭田、山林用作祠堂祠事和族内事务开支。各族姓宗谱对本族产业都有清楚的记载。1950 年代社会大变革以后，原属宗族所有的田园山林等悉归集体所有，各宗族产业主要仅余祠堂及其附属建筑。大留各宗族都很重视祠堂的管理、维护和建设。以下关于宗祠的叙述均以现有建筑物为对象，不涉及更早的祠堂建筑。

园里房张祠原建于晚清，因长期用作小学校舍，年久失修，又遭文革破坏，几成危房。1994 年本村和旅台宗亲集资重修。此后该祠及其附属建筑进行过多次维修，该祠至今仍很壮观。祠前的学士桥和泮池也得到较好的维护，2013 年列为福安市第三批不可移动文物保护点。

井头房张祠原建于清末，1958 年“大炼钢铁”，祠内部木构件被公家拆去作为“炼钢”的燃料。同时公社组织人员到莺歌山南坡砍树，在祠堂地盘搭建大食堂，双江片社员都到这里吃饭（或取饭回家吃）。不久食堂停办，祠堂荒废。20 世纪 80 年代，祠堂部分地盘改为沿街商铺，租金作为祠堂收益。现祠堂族人已成立专门机构，集资易址兴建祠宇，并准备于 2020 年正月开工。

大留张公井凿建于宋代，大留张姓各房族谱对此均有记载。2008 年由福安市人民政府公布为第四批市级文物保护单位。

阮祠原建于清代，已有好几百年，“文革”期间被作为生产队仓库使用，已经残破。2010 年，阮姓族人集资重修，整个建筑很是壮观。此后祠堂得到族人比较好的经常性维修，祠堂建筑保持良好状态。

刘祠于 2016 年始建，历时三年，2018 年底竣工。仿古建筑，巍然壮观。

林祠原建于晚清，后毁。2008 年，族人集资易地重建，目前尚未竣工。

除了祠堂建筑，各宗族的“公共财产”还有祖墓，大留各宗族对祖墓都很重视。

张族每年都组织族人祭扫祖墓，还经常组织维修。

阮族有宋墓二座，一座是十世祖阮大用之墓，位于大留村后山上，最近一次维修是 2006 年，由大留和樟港阮族合资修葺；另外一座是十三世祖阮文子之墓，位于家饶村后门山，已经荒几百年，2009 年由阮氏三十八世孙坛福寻到，告知漳港宗亲，并由宗祠理事会佥议择日维修，2020 年该墓被列为福安市第六批文物保护单位。

林族祖墓原在东山，因政府建设需要，拆迁两座祖坟重新安置。一座迁葬锦浦公墓，另一座迁葬罗江公墓。东山刘族禄房肇基祖运可墓葬在湾坞岐垅，因沈海高速建设需要，于 2019 年迁葬东山横路面。

宗族事务

一般地说，现时期大留各祠堂事务主要包括祭祀祖先、编修族谱、举办宗族活动、决定重大事项等。各宗祠也围绕这些方面管理祠务。

大留各祠堂都将祭祀祖先、缅怀先贤视为大事。园里房张祠规定每年冬至日祭祖，届时各房宗亲代表、宗祠理事会成员都参加祭祀活动。井头房的祭祀活动定在清明日进行。阮祠“旧制”每户祭祖捐钱者，祠堂分给胙肉，资少者不分；每年冬季祠堂分给每户池鱼一尾。东山刘氏宗祠的祭祖定在每年农历七月中旬进行。

宗族事务包括宗亲联谊活动，大留各祠堂都很重视。每逢修谱、晋祖都会邀请各地宗亲和本地外姓叔伯来参加祠堂庆典活动。

每年正月十五日，各祠堂都组织贺喜活动。给本族上年有喜事的人家送“喜票”。喜事包括结婚、添丁、入冠、做寿、安葬、修生坟、盖新房等等。“喜票”是一大张大红纸，写上贺词和庆贺事项即成。比如某人上年生了男孩，就写庆贺某人“喜得弄璋”；如果生女孩，就写“喜得弄瓦”，等等。

各宗祠每逢修谱、晋祖或者新建宗祠，都必须连续三年请戏班演戏，每年连续演戏三天。此外大留常年都要演两次戏：一次是正月十五日“喜贺元宵”，为酬谢“奶娘”太后元君而演戏；一次是农历五月二十八日，为纪念大留土主“彭郑师公”而请班演戏娱神，并祈保本村一年四季风调雨顺、平安大吉。费用共同负担。东山每年定于秋收后十至十一月间，连续演三天戏，以庆丰收。

敬老和奖学也是一项重要的宗祠事务。近年大留阮氏在福建省阮氏理事会和阮氏商会的带领下，组织族人乐资参与慰问 85 岁以上高龄宗亲活动；此活动自 2016 年开始，至今连续 5 年。大留林氏宗祠每年参加福安市林氏理事会组织的奖学活动，奖励考上大学的本族学子。

为了管理好祠堂，各祠堂都订立公约，有的成文，有的未成文。张氏族谱的“凡例”对族人族事的入谱资格提出严格的要求，对族人和社会秩序起规范作用，因此也可视作“族规”。其中有“孝友可嘉、才能出众者，必为立传”“家贫能全节，未得旌奖，必详其实”等。阮氏宗谱载有“家训”，一共十条：慎读书、敦孝弟（悌）、崇诗书、勤本业、睦宗族、兴礼教、禁赌博、戒兴讼、积蒸尝、申条训。由于以上“族规”“家训”规定均以宗法伦理为标准，许多条文已不适应现代，但其中仍不失一些有益的内容，至今仍发挥着积极的作用。

修　谱

族谱修后一般二十至三十年要重新修订，但是实际上并非都是如此。是否修谱固然由相关宗族自己决定，但修谱的必要条件是社会安定、财力能及。

修谱的逻辑是传统的封建宗法制度。修谱的过程一般经历准备，修编，祭谱、封谱三个阶段。

修谱准备

修订族谱工程浩繁，一般要成立修谱理事会。理事会设理事长（旧称总理）一名总理全族事务，副理事长（旧称协理或副总理）数名分管各房支事务，秘书长（旧称秘书丞）一名负责协调各机构事务；理事会还聘请父老（旧称阜老）若干名，协助处理嗣事及财产继承。各房房长为理事（常务理事），负责搜集本房家状，收取丁钱。此外还设会计、保管、汇纂、校对、顾问、监察等，各司其职。理事会成立后，就聘请修谱先生，并订立修谱协约，择定修谱开笔、祭老谱、封谱日子。

各房也成立相应机构，收集本房各户家状。家状范围包括祖、父、自、子、孙，内容为谱名、乳名、字、行、号、出生时间、娶氏、生男、育女、卒、坟墓、祖山、地界、祭田等。新增部分的谱名、字、行留待先生取排。家状由各户自己书写（对家状不详者，由汇纂代写），经各户主审阅无误，签字认可。

汇纂修编

编纂工作必须把握好以下内容，处理好以下环节。

开笔 在事前择定的吉日良时举行开笔祭祀仪式。备办祭品，祭神、祭祖。在祭文中告知先祖准备修谱，求祖保佑修谱顺利、全族平安；然后用红纸写上“繁衍后代，开笔千秋”。

取名 按世系，先取辈字，用来表示辈份代次关系的字，由修谱先生选取，辈字选取要符合本身的要求及组成诗歌或吉祥语句，便于记忆。辈字选取要积极向上，大多是褒义字，避开贬义字。辈字选取不能重复，要经祠堂事会讨论通过。辈字取后取谱名，谱名不能犯讳，兄弟多人，可用成语各字或数字命名。取谱名外还要取排行、字，主要辅于谱名。

排列雁行 多取同辈男子生庚，据出生时间照字母顺序而定。雁行用以尊称成人，排列祠堂祖牌座位、书写坟墓碑文、祝寿的喜票常用雁行，没有直接书其名。

配氏、子女 旧谱配氏记录简单，只录娶某氏及生庚，父名和地址。子女分长、次排列。继配录于原配之后，生庚、子女等记录同原配，可继承权利、牵红线。

终卒 记录先人生卒时间。

墓葬 坟墓葬地应标明详细山名，坐向兼字，二十四山方位，便于寻找。

祭产 旧时祭产包括田、园、山地、店房等，详细登记，写明租额，用于祭墓、迎神、修缮。

出绍 也称出嗣、出继、过嗣，指由生父支下入继另一宗亲支下成为“嗣子”。嗣子有权继承嗣父财产，同时赡养嗣父，祭扫其墓。谱中一方记出绍，另一方记入绍。

兼祧 父辈有两人或两人以上，本辈只一人的，必须兼祧，其子女在本支及兼祧支均上谱，承担子女、嗣子的义务和权利。若支派户头多，可多支兼祧，承担香火、奉祀责任，将多支的红线联在一起。

招赘 即招女婿，指无男丁人家招女婿入赘。其生育男女为女家传香火，也可为翁婿两姓接香火。

螟蛉子 指抱养的孩子。养子负有赡养养父母之义务，后代有权继承嗣业。

回嗣救祖 指本人出嗣后，原支无后，回嗣救祖，以继生父原支香火。

祭谱、封谱

修谱告竣后，要进行祭谱、封谱庆典仪式，仪式庄严、隆重、繁杂。祭品包括全猪、全羊、五谷、果子及香烛等。并请和尚、居士诵经化楮，请吹班迎接宗亲及外姓佳宾。

祭谱仪式在祠堂举行。将新修的族谱迎放于祭桌上，排上祭品。祭祀开始，吹班将主祭、协祭在各自家中迎请到祠堂，与族长、房长一起等候典礼。

典礼开始 鸣炮、奏乐，引生引导主祭、协祭在祭祀厅右边太师椅入座，父老、理事、房长、先生、其他参祭人在相应位置入座。礼生提示并引导参祭人净手、红布缠身。待吉日良辰到来，祭祖封谱典礼正式开始。鸣炮、上香、点烛。由主祭上第一炷香、协祭点烛。击鼓三声，开祭，先生宣读祭文，完毕，祭文与元宝一同焚化。

献祭 主祭、协祭从左到右一字排开，由传生在供桌上捧出祭品，传给主祭三献，再转给协祭三献。礼生依次献茶、献酒、献果、献牲、献粢、献素、献帛、献斗灯等。

拜祭 主祭、协祭、各房宗亲按顺序拜祭，行三跪九叩礼。

封谱 由二位辈份最小的族孙，锁谱箱。化楮冥财，礼生唱吉祥语，发鞭炮。

全部典礼完成后，开宴席，演戏等。

礼仪习俗

节　俗

春　节

春节（俗称做年）农历正月初一至初三日为春节，岁序之首。初一日，男女老幼皆穿戴新衣服，早上开大门放鞭炮，吃糖茶，尝一年甜头。早餐大多数人食素斋（有部分人素食三天），象征家庭平安。并且到亲戚朋友家拜年或到郊野玩赏，参加灯谜等文娱活动。正月初一说话要求吉利。初二日，称“白年”，祭奠死者的日子。初一日下半夜十二点后，备祭物礼为上年过世的亡灵祭祀；当天忌串门，不能放鞭炮。初三日，继续年事喜庆活动。

元　宵

元宵节（别称上元节），是农历正月十五日，俗称“做元宵”。按本地风俗，上年有生男女的喜户，到正月十五元宵佳节，都要乐喜；族祠中登记喜事，由宗族组织送喜报（“喜票”），贴在喜事人的厅堂壁上。到本族祠宫里供奉通天圣母，俗称“请奶娘”。乐喜时备供品一桌，有大公鸡一只（也有人用其他物品制作彩色公鸡，配上小彩灯）、大粢一块、小粢一盘（也有人做饭粢五丸）、荤素菜八盘、元宝、大烛、香灯、干果、鲜果、茶酒等，各家巧饰比漂亮。也有人乐喜做戏，庆贺神祇，晚上办酒席宴请亲朋好友。

各祠族在元宵节日，迎请林公忠平侯王回宫，请法师作下马供。晚上通天圣母神祇出巡，各家接神祇香火回家，焚化元宝、放鞭炮。街道闹花灯、乐喜做戏。各宫的大烛如林，烛蕊透夜光。宫殿香烛直到正月二十日散福，香烛点后剩下的小部烛蒂接回家中，保一年四季平安吉祥。

清　明

清明是祭扫祖墓日。大留人祭祖墓一年两次，民间相传清明祭财，冬至祭喜。每年清明、冬节（冬至日），人们都要到祖坟前扫墓、烧纸。祭祀要先把坟墓野草清除干净，打扫清洁后才开始。扫墓祭祀仪式分大小。

大祭仪式：用一张方桌，放在坟墓拜坪中间，排上八盘供品（盘担八盘，四盘生，四盘熟，鲨鳍、鱼脑、猪头、鹅等），烛一盒、香各盘点一支、茶十盅、酒十盅，果子一架（一盘内装五件），桌上供品面朝墓碑。坟墓左边福德正神龛位，排一架三牲礼（全头鱼一尾、过斤肉一刀、熟蛋五粒、腐干五块、糍粑五块），果子一架、茶三盅、酒五盅、烛一盒、香三支、元宝一球、艮银十封。坟墓右边金银财库龛位，排一架果子、茶三盅、酒五盅、烛一盒、香三支、元宝一球、艮银十封。墓碑前果子一架、茶三盅、酒五盅、烛一盒、香三支，一切排完毕，放发鞭炮，后裔点香向祖宗通口状拜祖坟，香点过半后，宣读祭文，然后焚化冥衣、纸钱、锡箔、往生经。

小祭仪式：不用方桌，也没有八盘供品，其他同大祭仪式。

清明扫墓祭文：踏青人去，进麦饭于春郊，已届分烟，桐花初放，柳絮将绵，化纸钱于绣陌，今于某月某日某某谨致祭于□□显某某考太府君妣某太夫人之墓，曰：维吾先德，高厚并天，报本难忘，旧章宜守，瞻封茔而祭扫，觉孺慕之弥深，谨具菲仪，粢盛与夫苹蘩蕴藻，荐修祭典，以慰先灵，尚飨。

端午节

农历五月初五日，俗称端午节、午节、五月节。家家门前贴午节联，挂菖蒲、艾草、椿叶、芒萁（细芒、龙芒），包煮粽子送亲朋好友，办一桌好荤素菜，过午节吃午饭。午饭后，点雄黄香、洒雄黄酒、门上写“卍”字、煮雄黄蛋等，采午时青草药（传说青草药灵效比常时胜过几倍）。男女老少到江边看竞闹龙舟。

新婚者，到丈母娘家及老婆亲戚家拜午节。第一年叫送头年节、第二年叫送二年节、第三年叫送尾年节，送大黄鱼。三年内新娘娘家，端午节前择好日子，挑一担红布袋，扁担头挂两头白鲫鱼、一壶老酒、一个猪蹄；布袋装一担箩，箩内装节饼、一套服装、一把油扇、五色花线到女婿家送节。

中元节

中元节是农历七月十五，俗称“七月半”“祖宗节”“鬼节”“盂兰盆节”等。相传，农历七月初一鬼门大开，阎罗王特许阴间的鬼魂回到阳间接受后人祭祀。每年七月初一至二十日，都可以为祖宗过节，多数人选在十三至十五日。届时在厅堂八仙桌上排八碗供品（鱼、肉、鸭、汤、菜等），上面放一个祖宗牌，果子一盘，七层糕一盘，羹汤一碗，茶十盅，酒十盅，汤匙十把，筷十双，烛点一合，每碗供品都要点一支香。香点后，要通告各祖宗回阳间过中元节，约点三炉香时间，再焚化冥财、冥衣、纸钱、往生经、锡箔等。祭祖祭最近三代，每个祖宗祖妣，要写一份“钱标”，与冥财等一起焚化。钱标要写明收领的先人名字和给付阳男的名字。

中秋节

八月十五日是中秋节，又称“团圆节”。节前女婿向丈人家送中秋礼品。亲戚朋友互赠中秋月饼，祝合家团圆。旧时中秋晚餐后，女眷大多去喝茶赏月，男人则集队举行滑石比赛（推石犁）。

重阳节

每年九月初九是重阳，是日举行登高活动。大留及周边村镇民众大多于凌晨攀登莺歌山，到达山顶后，向南北极星君焚香叩拜、化疏文，祈一年四季合家平安。大留有制作“重阳粢”，吃食牛肉、芋蛋（芋头）、重阳酒等习俗，说是吃了不怕冷。

冬　节

冬节，即冬至日，又称下元节。是日家家户户都吃“冬节丸”（搓丸，汤圆）。大留人有冬节祭墓风俗，民间说：上季祭丁、下季祭财。祭墓仪式与清明节同。

冬至墓祭文：管灰初动，知青松翠柏之耐寒；弱线频添，映碧榆丹枫而竞秀。惟兹冬节，岁祀宜修，令于某月某日某某谨致祭于□□显某某考某太府君妣某太夫人之墓曰：追念先型，感怀祖德，礼重报本，旧典难忘，瞻邱墓之在望，宜祭扫之惟敬，谨修苹藻，并洁粢盛，荐诸先灵，用伸虔告，尚飨。

七夕节

每年七月初七又称乞巧节、七巧节、七夕祭、巧夕节。大留习俗：丈人要送七夕茶（水果、糖果等）到女婿家，给外孙、外孙女吃；家家户户将炒米、炒豆、炒花生撒到栋面青瓦上，供麻雀啄食；早年端午节时系在小童腕上的花线到“七夕日”解下，系上花生等，然后扔上屋顶供鸟啄食。

祭　灶

农历十二月二十三或二十四日晚，各家以祭灶糖、酒菜等供奉灶神。并准备酒菜，相互邀请亲友喝祭灶酒。当年有喜事的人家特别热闹。

除　夕

每年农历十二月三十日，家家洒扫庭院，清洁卫生，贴春联，封仓封具等。晚餐合家吃年夜饭（“做年暝”）。午夜零时，焚香放炮，接“年驾”，吃“半暝顿”（夜宵），长辈给小孩“压岁钱”；此外还有守岁等习俗。

福水宫清代木雕

婚　嫁

说　媒

托媒提亲　大留村旧有婚俗，男大当婚，女大当嫁，做父母的看到儿女已经成长，就托媒人为其寻找一个年龄相当的对象。这就是“父母之命，媒妁之言”。

开生庚　媒人介绍双方家世、人品等基本情况，经双方父母同意后，女方请来先生，把女方的生庚八字写在一张红纸上，“生庚八字单”字数要求合长生。媒人将女方生庚单交给男家，双方认识后，彼此满意，男方需备果子、猪蹄、烟酒去女方提亲，大留村至今风俗仍存。

合婚 男方取回生庚八字后，先将生庚红纸单放在灶神前，经三天至七天后，家庭没有什么不祥之兆，就可以合婚。即把男女双方生庚，送到算命先生坛前，测算双方八字，判定是否相合。

订 婚

小定 合婚后男方父母认为满意，男方及家人、伴友、媒人去女方家，与女方父母商量开礼单，礼单格式竖写，内容开头：两姓联婚，凭媒相约，乾坤合德，秦晋之好。下面以四字言词开列礼单，如礼金如锭，金鳞满载，轿肉几担、礼餅几担、金银首饰等等，最后写上吉祥语“天设地造，赤绳系足”。这就是小帖定礼，又名小定，表示这家女孩再也不能另许他人。

大定 就是订婚盟。送小帖后一段时间，男家选择吉日，送大帖。根据小帖礼单约定，备送女方大人拜帖、金手指、银牌、手镯、骹镯、衣裤、干果、婚盟香饼、吉祥玉弹、猪蹄，鞭炮。

送日子 男家择定吉日，写成龙凤红帖，备好贺担、贺盒、红布袋、礼金、礼饼（其中饼头 4 块、娘奶饼 24 块）、礼果、金鳞、轿肉、方肉、金镯、项链、衣料、裙袄、旗袍、鞋袜、公鸡（2 只），还有茶树枝等。所有首饰、服饰缝固在被单上、帖盒内装拜帖、芝麻、谷米、红枣、花生、桂圆、橘子、冰糖、红线等，贺盒内装果子包、玉弹（蛋）、红豆、黑豆、果糖等，列队送到女方家门。女方收下聘礼后，回屏袋、烟袋、五代糕、回盘饼、玉弹、果子包，送男方金项链、新郎阁（新郎衣服），男方父母金手指，并给送礼人红包，女家备午餐酒席招待。下午回男家，晚上办酒席宴请亲朋良友。送日子后，双方成为亲戚关系，互相来往。

迎 娶

抬杠 按大留风俗，抬杠提前一天，当天凌晨男方宰杀猪一头，放在三光之下，先生请神问杯，还全猪福（祭天地神祇，早年有许神宫愿，即今要全部还清福愿）。早上邀亲戚邻居来食“宰猪饔”（早饭）。将上担猪肉（轿前肉），猪蹄、猪大油、方刀肉（方刀肉要另买没有还过全猪福的生肉，女方请奶娘用）送给女家，此外还应备娘奶花财、护杠、锁箱、缝鞋、梳头、上轿等红包。

迎杠 收下男方礼物及“轿前肉”的当天，女家父母将新置的嫁妆，分别摆列于方桌上（被床帐、苎布、甘草、龙凤、橱、箱、桌、锡酒瓶、锡罐、茶盘等）。最后一杠，叫粗杠（木制大骹桶、小骹桶、腰桶、腰桶屉、鹅桶［马桶］、灶头桶、蛎桶仔），由抬杠人用轿杠捆抬，两人一架，将这些杠头列队，热热闹闹抬回男家，这就是“迎杠”。抬的都是女方的陪嫁，所谓“赔三十六杠满路红”。

迎杠当晚，新郎、新娘在各自家中，虔备祀礼、双杯（两个煮蛋）酒、香烛，祭拜祖宗。

接亲 接亲时，男方带领接亲的媒人、接亲男女、抬轿人、放炮人，提灯、提牌人等。送嫁嫂（伴娘妈）带米筛镜、压身镜、轿前符、纸伞、麻手指、吉籽袋、龙尺等去女家接新妇。花轿到达女家，新娘辞别父母和亲属时要哭嫁。据说哭得越伤心，越可以避煞，出嫁后两家更兴旺发达。

分家契 新妇上轿前与娘家兄弟告别，也叫分爨。送嫁嫂手拿茶盘，上放谷头米、十双红筷，唱吉祥语。接着端来二碗饭、二碗面、一碗肉，两双筷，新娘和兄弟各捧一碗面，相互用筷子把面分到对方碗里，送嫁嫂边教新娘边唱。上轿前，新娘遮上盖头红布（四角缀铜钱），轿夫开轿门，唱吉祥语，由新妇兄弟姐妹搀扶上轿，关上轿门，轿夫再唱上轿吉语，起轿出门，轿前灯前导，送嫁嫂在轿前护防冲轿。

接亲当天中午，男女双方均备办酒席，女家办“出门昼”（午饭）请诸亲友；男方办“新妇昼”，只请女眷。

婚　礼

拜堂 男方提前在厅堂中庭挂一面同族好命人寿序，八仙桌围上桌帏，桌上放二支喜烛、一个斗灯、一个香炉、一个果盒，果盒装五样果子、一盘鲜果、双杯二合及茶、酒。八仙桌左右各放二条椅子，铺上绣有龙凤福寿图案的布垫。

花轿到达男家门前，事前请一位“长辈好命人”，揭开轿门，新人下轿，进入厅堂，送嫁嫂唱吉语，轿前符及元宝放在门头外焚化。二位“子弟倌”（小男孩），提灯三次请新郎官下楼与新娘拜堂。新郎身缠红布，揭去新娘盖头布；子弟倌再三次请新郎父母来厅堂，点香、献双杯、献茶、献酒、献果子等。父母、长辈及亲戚接受新郎和新娘叩拜，叩拜毕，长辈给新人觌仪祝贺。仪式后，新娘入新房。一个子弟倌提灯前导，后跟一个好命人抱一支喜烛，中间一个长辈好命人手捧斗灯，面向新娘，新娘手扶斗灯入新房。斗灯放床上，后由佳期人移到房中桌上，并唱吉祥语。

赴佳期 大留村旧式婚礼，新婚之夜，备办酒席（“吃媒人暝”），宴请宾客。酒席后至晚间八九点开始，又办佳期酒（“下更酒”），直吃到凌晨。赴席者共八位，称“佳期客”，俗称“八仙”，皆为“好命”年轻人，由男家预先发贴选邀；再推选一位善言吉语者为“佳期头”，另选二位提灯，请新郎（“状元郎”）入席。

佳期酒有许多讲究，慢慢上菜，慢慢饮酒，礼节繁缛，名堂多多，中间还要穿插“八仙闹洞房”节目，一切都是围绕着早生贵子和荣华富贵的主题进行。其中“猜拳”

“传花”“喷床”等游戏活动尤为精彩。吃吃喝喝，闹闹玩玩，直到凌晨。佳期酒结束，婚礼仪式圆满完成。

下灶兜

新婚头一天，新娘开始下厨煮饭，叫“下灶兜”。新娘穿戴冠服，在送嫁嫂陪同下，办“下灶兜”仪式。由新娘漉（捞）起头一笊篱饭，待蒸。送嫁嫂在旁把吉利话说得连连不停：“新妇过门限，生子做知县；水缸清又清，贮银又贮金；灶头抑一抑，饲猪三百八；‘蜂斗’（盛猪食的器物）撸一撸，养猪成牛牯。鼎（锅）盖量一量，新妇做事有商量。前鼎通后灶，新妇会听教。前鼎烧，后鼎沸，新妇卖（不会）多嘴……”

择　日

大留村民有一个习惯，每遇做红白丧喜等事情，都要请先生选择良辰吉日。

择日子，正名叫做“选择吉课”。登门求师择吉者，要先具报择何吉课，择日吉课分项很多，有祭祀、开光、订盟、纳彩、嫁娶、动土、建造、移徙、入宅、安门、造灶、上梁、盖屋、修坟、安葬等。登门者报二十四山筹头坐向字后，择日先生识别筹头坐向，按流年大利或小利（坐利或向利），或坐煞或向煞。根据办事者具备后，先生按利方选择良辰吉日。

择订盟、嫁娶日子，首先具报父母生庚，男女双方出生的年月日时。然后先生选择利月及良辰吉日。

择建屋、入宅日子，首先具报房屋鸿基二十四山筹头坐向字，再报全家生庚年龄，然后先生选择月令及良辰吉日。

择修坟、安葬日子，首先具报坟茔山头二十四筹头坐向字，再报全家生庚年龄，然后先生选择某月吉利及良辰吉课。

卷五

古村风貌

卷五　古村风貌

民居老厝

民居特点

传统民居

20 世纪 80 年代以前，大留村的民居基本上是传统的木构建筑，建造年代多数是清代和民国，也有 1950 年以后建造。早年的老厝有一部分已成危房，多数在继续发挥其使用功能的同时，也成为珍贵的文化记忆。

大留的老厝多为合院式建筑，具福安的传统民居特色。

正房习惯称作“当座”或“正座”，是民居主体建筑。以最常见的四扇厝为例，可分为左中右三个部分。中间部分为明间，用中堂壁隔为前后厅，前厅即“厅堂”，是整座住宅的中心，家族的各种重要仪式都在这里举行；后厅为老人百年后安放灵柩之处，平时放些杂物。左右为次间，前后各有 1 间居屋，分别为厅堂间和后厅间，共 4 间，厅堂间为正房。厅堂间向天井面开设窗户，窗前空地叫鼓手厅，办大事时这里是鼓箫班的场所，平时是过道。四扇厝多为二层，楼上分隔出数个仓间，稻谷、薯米、红糖、家酿酒等都储藏在这里。规模较大的六扇厝在次间外侧还有厦间（梢间），这样，正座就有 8 间居屋。正座屋顶多为悬山式（两面坡，坡面悬山出墙）施鹊尾脊，也有硬山式（两面坡，坡面不出山墙）或者歇山式（九条屋脊，形似畚斗）。次间或梢间两侧与围墙之间为边房，堆放农具杂物等，猪舍常设在这里，楼梯也多设置在此。

正座前后各有一天井，两侧是廊庑间（前后廊庑）。前廊庑面对天井，与门楼间相连，多为“四水归堂”制式以利排水；后廊庑常用作厨房、砻米间、柴火间、杂物间、猪舍等。正座山面与廊庑山面常设置马鞍式、虎头式或虾蛄形的封火墙。整座建筑由正座、前后两侧廊庑和前后天井，围合成“H”形。

门楼间有大门、二门。二门平时关闭，避免进门就对内宅“一览无余”；大门开在外墙上，财力好的人家增设楼饰、匾额，雕花画鸟，精心装扮。

受场地或其他因素限制，有的住宅大门不设在中轴线上，而是根据“风水”说法，开在外墙适当的方位。

大留村现有木结构的传统民居 145 座，其中大留路 89 座、东山路 56 座，清代建筑 42 座、民国后建筑 103 座。

新建民居

20 世纪 80 年代以后，新建民居迅速增多，这些建筑都是砖混或钢混构造。部分村民拆旧建新，多数是在新址建造。1993 年以前建造的新屋，占地面积较大，此后建房批地多控制在 100—120 平方米。

大留村新建的房子多为“六间地”，即将地基分为左中右三个部分，第一层的中间部分作为前后厅，左右部分各有前后两间；楼梯位设在后厅，或两侧前后间的中间；

大留民居鸟瞰

厨房多设在第一层的后间。

多数建筑为砖混结构，即在地基和两层之间浇灌钢筋混凝土环护梁（横向承重梁），用砖在环护梁上竖向垒砌承重墙体，楼板、屋面板等均采用钢筋混凝土结构。少数建筑采用钢混构造（框架结构），这种结构综合了钢结构和钢筋混凝土结构的特点，档次和造价都比砖混结构高些。

大留村现有砖混（钢混）结构的新居576座，其中大留420座、东山156座。

表5－1　大留民居统计表

（单位：座）

分布地点	传统木结构			砖混（钢混）结构
	清代建造	民国后建造	共计	
大留路	32	57	89	420
东山路	9	47	56	156
合计	41	104	145	576

古村老厝

老厝分布

大留村的现有老房子中，建于清代的41座，其中大留自然村32座、东山自然村9座。分布如下（这些老宅多为多户共有，下文取其一为代表）：

大留路6号（林允龙厝），78号（阮初胜厝），81—1号（阮裕明厝），90—1号（阮坛福厝），102—3号（阮成光厝），102—1号（阮锦祥厝），70号（张祖成厝），58—1号（张铃生厝），61号（张位德厝），62号（张以发厝），43—3号（张瑞基厝），49号（连厝厝），43—1号（张祥荣厝），201号（尤水良厝），202号（尤日其厝），210号（张安妹厝），294号（张润生厝），311号（张国清厝），166－1号（刘耀松厝），166号（张健全厝），张贰妹厝，刘绍弟厝，216号（阮祥发厝），175号（张羽寅厝），77—1号（林顶锋厝），5—2（林耀良厝），96号（张坛灼厝），89号（张孟枝厝），155号（张义声厝），72号（张瑞平厝），51号（连成茂厝），53号（连宝全厝）。

东山路491号（刘石全厝），485号（杨荣仔），411—2号（陈玉章厝），417—1号（刘康成、丁老三厝），438号（杨聪其厝），420—2号（刘田如厝），453—1号（刘素兰厝），454号（刘惠成厝），462号（刘发弟厝）。

大留90—1号阮氏厝外景

阮氏老厝

大留村90—1号老厝，建于清乾隆年间（1736—1795年）。坐西北朝东南，土木构穿斗式单檐歇山顶合院式建筑，三合土地面，占地面积806平方米。主座建筑面阔5间，进深3间，有门楼，户对，前后廊庑，两边厦间，前后天井；外墙大门与住宅大门不在一条中轴线上，住宅大门外还有一个天井。该建筑曾有楹联、围屏（屏风）36片、绸缎锦序一幅，现存“户对”一副，清嘉庆十八年（1813年）福安知县卢继祖题赠的“春晖照帨”匾额，道光二十四年（1844年）福安籍浙江龙泉知县李枝青题赠的“婻彩长辉”匾额。此厝是福安市古代民居建筑的代表之一，2013年被福安市人民政府公布为第三次全国文物普查登记不可移动文物，2017年被公布为福安市文物保护点。

张如翰故居大门（2011年）

张如翰故居

张如翰故居位于大留村南，建于清朝光绪年间。坐北朝南，大门向东；土木结构，三合土地面；进深37米，面阔18米，占地面积666平方米。该建筑风格与众不同。进入大门，依次是散厅、通道、台阶、正座。正座面阔3间，中为厅堂，后厅有个二三平方米的天井；通道两侧各有一个小天井，小天井靠正座墙的窗台上有“屋檐”装饰，“屋檐”下方是芭蕉叶图案泥塑，上有墨书，东“墨池”，西“花径”，充满书卷气。正座东厢为别舍，由散厅右

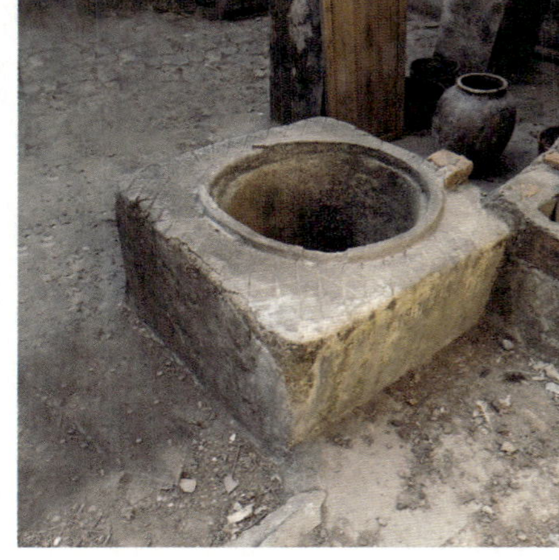

张如翰故居的水井

手进入。这是一个阔 9 米、深 13 米的两层小洋楼，有阁楼、观月台，东西合璧，很是雅致。小洋楼四周高墙，前有天井，采光良好。右小门边有一口水井，至今水仍清冽；左小门与母宅、前面叔伯兄弟房子的小门相通。张如翰育有六男二女，该建筑解决了人丁兴旺带来的安居难题。后因长期失修，渐成危房。2015 年后圮毁，现存遗址。

祠堂建设

张氏宗祠

张姓于五代后梁二年（908 年）以后迁入大留，迄今逾千年。其间经历宋末到明初（12 世纪后期至 14 世纪前期）长达二百多年社会大动荡，“民不堪命，贤隐愚奔；正人君子俱各流离播迁，吾族尤甚。所以远去则迁江南，徙温州；近奔则逃西隐，移保（宝）洋，潜施洋、穆水等地，笔难枚举。爰是而祖父所遗谱书荡然无存。凡二百余年无人倡及斯议。”① 明永乐后（15 世纪初）社会安定了百余年。自明嘉靖始至清康熙前期（16 世纪前期至 17 世纪后期），大留张族又遭遇一百多年的流离失所，“正（统）嘉（靖）时倭寇侵扰，族姓被其蹂躏，逃亡者不可胜数。”② “明末海氛未靖，室庐废弃，人去其井，坟冢倾塌，典籍无存；更加耿乱两迁，村地荒丘。”③ 直到康熙二十二年（1683 年）后，大留社会才再次安靖。

康乾以后，大留张族分“井头、园里、下店三房，厥后仅析东宅、西宅，二支祠亦东西两建……派虽各出，水实同源”④。因而大留现有两处张氏宗祠，园里房祠管园里、下店二房，另一处是井头房祠。

园里房张祠

据园里房《大留张氏族谱》记载，唐末张氏先祖张演（字怀谅）兄弟从王潮、王审知入闽，居福州乌石山、南台两处，于五代初的后梁开平二年（908 年）迁到今福安市下邳村。不久张演长子定生再迁大留，但具体时间未详。大留张氏自肇基以来，早在北宋太平兴国间（977—984 年），已有修谱记载。至南宋建炎间（1227—1230 年），

---

① 明·张镣《张氏宗谱续修叙》（永乐九年），载园里房《大留张氏宗谱》清同治七年（1868 年）重修本。

② 张如翰《大留张氏重修族谱序》，载园里房《大留张氏宗谱》民国 2 年重修本。

③ 清·刘万概《清河张氏重修家谱序》（雍正二年，1724 年），载园里房《大留张氏宗谱》清同治七年（1868 年）重修本。

④ 《大留张氏（井头房）族谱重修序》，载井头房《大留张氏族谱》光绪三十年（1904 年）重修本。

已建立祠堂，奉祀历代祖先。此后，宗族繁衍，科第蝉联，名贤辈出；史志所载，炳若日星，盛极一时。至元季中原鼎沸，豺狼当道；迨明季又遭倭患，更加战祸频繁，民不聊生。其祠堂也因社会震荡不安，几经兴废。

园里房张祠外景

现祠于道光元年（1821年）建中座，道光十六年建前座戏台等，仍在原址，俨然屹立。祠基坐东朝西，背靠鳌峰，金峰坐拥。祠貌雄伟壮观，祠宇南北宽18米，东西长42米，建筑面积756平方米。园里房张祠建筑的规制比较完整。祠前建有学士桥、泮池（又称“吕”字池）、旗杆坪（供作历代中乡举以上人物建旗杆的场地）。祠后堂是“墨庄家塾”，墙上饰有相传为慈禧题写的“人游霁月光风表，家在廉泉让水间”联句。祠大门对面的正中有一“理学名宗”匾额，为清光绪壬辰年（1892年）宛平郡邵松年所题。据旧族谱载，祠外修有六角大井即“张公井”，还有酒井、茶井；立有“申明”“戒谕”二亭；又建祖上留侯庙，勒石垂记。至今除六角大井尚存外，其余俱废。

祠内名人赠匾甚多，其中包括民初大总统黎元洪为张如翰题褒的“乐育功深”匾额。光绪三十三年（1906年），如翰董祠事，对年久失修的祠宇进行重修改建。将原先上下座大栋左右向外的三尺飞檐式，改建为风火墙包栋式，才避免了民国22年（1933年）冬的火灾（这场火灾张祠右边烧毁民房4座，受灾33户，张祠安然无恙）。民国21年（1931年）以张蔚枚为首再次对祠堂进行修缮，使其更加完善。民国27年（1938年），张祠被大留小学占用，一直延至1988年新校舍建成才迁走。由于祠堂长期被占用，年久失修，“文革”时期更将祖先

园里祠外墙照壁题匾

牌位及赞颂匾额、名人楹联墨宝均当作“四旧”破除殆尽，宗祠濒临倒塌之势。改革开放后，旅台宗亲回乡拜祖，眼见祖祠破旧不堪，首倡重建。择吉于1994年正月初三动工。同年十月初十新祠落成，并举行隆重庆典。该祠至今保留重建后的雄伟壮观。2004年该祠被公布为福安市首批文物点。

井头房张祠

井头房《大留张氏宗谱》对大留张族的肇迁与园里房谱有不同的叙述。认为张演“生五男：长定生公，居下邳；次承业公，居温州钱塘横溪；三释公，居大留；四邦本公，居连江中鹄里；五伯公，讳良，独觉禅师，号浮蓝”①。

井头房张祠旧址

历史上井头房张祠的修建情况不详。现存重修于清光绪三十年的井头房谱有裔孙张铨于崇祯六年（1633年）撰写的《井头房祠宇之重修》一文，说明井头房祠堂到明朝崇祯六年至少修过两次。

现井头房张祠仅余旧址，该祠建于清咸丰年间。1950年代，因祠堂年代较久，祠宇破旧，有族人倡议举族重修。1958年，全民开展“大炼钢铁”运动，由公社牵头，井头房张氏祠堂的木料被拆下，送到位于龙兴寺（水尾庵）的“钢铁厂”炼钢铁。后来公社在这里办大食堂，食堂结束后，祠堂就此荒废，后为大留市场。

如今井头房张祠旧址仍在，颓墙残壁，屋宇破漏。族人准备易址重建，议定于2020年正月起工。新祠建筑面积约525平方米。

张姓自肇迁大留至今已传44代。2019年，大留园里祠约2100丁，井头祠166丁。

（张坛灼）

附：《大留张祠宗谱志》简介

《大留张祠宗谱志》由刘佑生、张胜现编写于2000年，打字油印，全书130页，约66000字，共分5个部分。

---

① 《井头房祠宇之重修》，载井头房《大留张氏族谱》清光绪三十年（1904年）重修本。

（一）乡土志：包括地理位置与气候，地域隶属与沿革，宗教信仰与风俗，历史乡学与现代教育，计 11 页。

（二）大事志：从唐大中三年（849 年）记到 1993 年，计 9 页。

（三）传记志：包括世系源流考，肇迁建祠记，人物传，封赠志，人物表，艺文志，诗词，论述，序文，计 81 页。

（四）文物故迹与传说：包括莺歌塔顶山，昭应宫，鸣仔墓的传说，青山寨，烟墩与塘汛，酒井的传说，张公井，七层塔，演禅寺，福水宫，计 9 页。

（五）同宗别派名人选登：从唐尧时代的张果老，到清光绪时期的张謇，共选录中国历史和传说中的张姓人物 77 名，计 20 页。

《大留张祠宗谱志》的两位编撰人均是大留本村人。据大留村民刘昌荣介绍，刘佑生（1928—2011），1949 年秋任村农民协会主任，并当选福安县第一届人大代表，退休前任福安市造纸厂政工科科长，享受离休待遇；张胜现（1938—2014），1958 年入伍，在部队曾立一等功一次、三等功七次，1964 年因伤残转业，曾任村党支部宣传委员。

（申如玉）

阮氏宗祠

据《大留阮氏宗谱》载，大留阮氏始祖阮能“广明间，因巢寇之难，由光州迁光寿；乾宁初，随王潮入闽，方谋厥居”。抵长溪，生七子，其三子希畋迁大留。具体年份未详。“宋祚将终，元兵四发。吾祖以大留地居孔道，为往来必经之冲，有兵旅蹂躏之患，复谋迁于漳江（樟港）”①。明末清初，一支从樟港返迁大留。

大留阮氏宗祠外景

大留阮氏宗祠建于清乾嘉年间，俗称“十八户盖祠堂”，现宗祠于 2010 年重修。宗祠坐向庚甲（坐西向东）。宗祠面宽 17 米，进深 48 米，外观富有闽东传统建筑特色，外围墙体是封火墙，四周道路皆是鹅卵石铺成，并且有水沟。门头栋是太子亭建筑，仪门（二门）前有旗杆坪，宗祠内里分前、中、后三座。

① 明·阮九棘《漳江阮氏宗谱重修序》（崇祯十年），载《大留阮氏宗谱》，2003 年编修。

前座是戏台、天井、左右两边回廊，并且有三个大门。中门前有两尊憨态可掬的石狮守护，两边楹联“二代双中文武举，一门四及进士第”，说的是宋代大留阮氏有父子文武双魁、父子进士、兄弟登第的佳话，与旗杆坪上的六副旗杆石相印证。中门平时关闭，只在宗族重大节日打开；左右两边大门，供族人平时通行。

大留阮氏宗祠内景

祠堂正座面阔五间、深三间，为单檐歇山顶穿斗式木构建筑，屋脊有两边翘角，中间有彩绘，煞是好看。中间龛座上供奉历代宗亲的牌位。祠宇梁上悬挂牌匾，中间“竹林世家”，左边“文武双魁”，右边“进士”；左右两边挂满多地宗亲赠送的贺匾。每根柱子都挂有联板，联句大多表现历代祖先功德懿范，中有一联嵌有村名“大留”二字：“留郎归天台遇仙为始祖，大小阮竹林同游称七贤。”

后座二楼是宗祠办公楼，供祠堂处理事务专用。

大留阮族经过数百年的发展，现今枝繁叶茂。2019 年，大留阮族约有 400 丁。

（阮坛福）

刘氏宗祠

东山刘氏宗祠坐落在东山村南侧，坐东面西（坐甲加卯）。进深约 38 米，面宽约 18 米，主体建筑面积 672 平方米，总占地面积 1667 平方米；硬山顶屋顶，红砖砌墙，钢筋混凝土结构仿古建筑，前后两座，中间天井。从台阶步入门楼拱廊（在建），依次为正门、左右仪门、戏台、天井、左右侧

东山刘氏宗祠屋顶的“太子亭”

东山刘氏宗祠内景

廊、享堂、祖龛等，整个建筑做工考究细腻传神。正门悬挂功勋书法家刘国权手书“刘氏宗祠”匾额，两侧仪门分别为“入孝”“出悌”。祠内祖龛须弥座嵌“二十四孝”石构件，彰显尊宗敬祖的拳拳之心；八角藻井飞龙在天，八仙画饰栩栩如生，更显古朴典雅的文化韵味。远观飞檐翘角大气磅礴，近看精工细作巍然壮观，太子亭与大门楼、龙牌龛三位一体交相辉映，蔚为大观。

祠堂主体工程于2016年3月6日（农历甲申年正月二十八日）正式动工建设，至2018年12月26日（农历戊戌年十一月二十日）落成并举行晋祖仪式，历时近三年时间。

东山刘氏系中山一脉，源起陶唐，秀于两汉，是五代唐末镇守幽燕（今河北省北部）大燕皇帝刘守光后裔，因同党陷害入闽。隐龙潭，肇甘棠，迁东山，人文炳蔚，子孙绵延。该祠系甘棠谱第二十世祖同孙公支系，递传第三十三世祖次房（禄房）运可公字伯猷行尊一，三房（寿房）运筹公字伯添行亲六，在清康熙二十四年（1685年）从甘棠堡内刘厝巷祖祠肇迁东山，迄今330多年，繁衍380多丁（其中约80人外迁大留、甘棠、外塘等地）。

由于东山村刘氏祠务机构设立不久，谱牒编纂工程尚未启动，目前仍合编在《中山郡甘棠刘氏族谱》，其最近一次于2006年重修。

（刘石尧）

林氏宗祠

林姓于清康熙年间（1662—1722年）肇基大留，迄今三百多年。据《大留林氏族谱》记载，其先祖自光州固始入闽，派衍长溪，“后至万二公在七梆林分派各处，俱系一家之子也。今吾祖威四公生佑公，佑生讷三公，讷三生六公，六公生叔潭公兄弟，分于别地，惟叔潭公迁东山大留而居。良四公生英一公，英一公生五子，长丕显公分寿邑辖下长源而居，乃丕承、丕玉、丕麟俱物放，惟丕麒公从长汀（今属坂中乡）迁居大留村，子孙蕃衍”。

大留林氏是丕麒肇基。丕麒生四子：长元、长兴、长发、长海，族分金玉满堂四房，迄今共历十一代。2019 年，大留林氏祠堂约 130 人。

在建中的林氏宗祠

清咸丰三年（1853 年）夏，大留林姓族人于村后后门岗建祠，初建主座一进，后毁于战火。2008 年，易地在众厅边角重建林氏宗祠。新祠主座面宽 13 米，进深 28 米，建筑面积 364 平方米，现尚未竣工。

据大留谱载，大留林氏最早的族谱修于宋端平三年（1236 年），此后又经历过多次重修、续修。已知族谱有清康熙元年（1662 年）重修本、清咸丰三年（1853 年）重修本、民国 38 年（1949 年）重修本等，最近一次重修于 1995 年。

（阮坛福）

寺庙宫祠

佛教寺庙

玉池禅寺

古称禅寂尼院，又名演禅寺，位于大留村西北面的莺歌山南麓丘陵地带。

玉池寺在建的大殿

禅寂尼院最早见于南宋《淳熙三山志》的记载：“禅寂尼院，沿江里，乾化四年（914 年）置。旧产钱六十文。”明《八闽通志》亦云：“禅寂尼寺，五代梁乾化四年建。”另说宋政和元年（1111 年），由檀越主大留村张氏君诏、君谟兄弟喜舍资金创建。二者相距近二百年。历史上的“禅寂尼院”究竟毁于何时，已无以稽考，期间曾留下许多有关“玉池禅寺”的传说。

1980年甘棠郑氏檀越等鼎力重建，悟智法师董其事。新建大殿时出土残碑一面，曰：“政和元年（1111年）一月一日，缪二十一娘、姚十八娘，舍三百文足，舍五百文足……”又有钝角八棱石柱六根，石柱上镌刻：“信士陈云廼奉舍石柱一根功德圆满，祖妣黄氏三一娘生界次祈家眷平安……留源倪签判李奉舍，信士阮峙舍……从义郎发达融州军列为母亲黄氏安人舍石柱一根祈求……”等字样。还有制作精美的石制箱子一对。还存残碑，云：“□□殿土皆石碑……张□□□□中林二十一娘男道奉为……张大三郎、姚三十八娘舍三贯文元……张□、张诚为考妣□□，为妣□……张七娘、□四十八娘、张二十四娘、□□。为……劝首张君诏立。”大留民谣曰：“玉池十八角，金银堆西北。谁人若能得，福建一大角。”自1982年始，曾经有段时间设福安日用品厂玉池车间，生产佛教用品。

玉池寺现有的建筑规模，系自1980年始，经由释悟智法师通过多年的渐续，在原寺院遗址上逐步改建、扩建而成。现寺院占地面积16亩，坐北向南，气势恢宏；石砌山门嵯峨厚重，大雄宝殿庄严肃穆；寺内还设有斋堂、僧舍、牌坊等，建筑错落有致。寺院周边清幽雅致，景色宜人。20世纪90年代玉池寺住持僧悟智，有僧尼10人。2019年当家尼师为释妙华，有常住僧人3人。

该寺禅寂尼院遗址为福安市文物点。

龙兴禅寺

龙兴寺，原名水尾庵，据传最早是宋神宗时的留峤庵。清光绪《福安县志》载：“水尾庵，在大留。”至清末民初，该庵渐废。民国36年（1947年）曾出家福州涌泉寺（鼓山寺）的大留人张建洲（法名释真行）回乡，与众缘首发心欲重振禅林，将庵址迁至现址重建。此后世事变迁，建筑年久失修，庵又濒临废弃。

1993年，释如智接任住持。1996年再度率众重建，改变原有单层土木结构建筑为二层钢混结构仿古建筑，建筑面积也翻了一倍，扩大到400多平方米。此举得广东省揭阳市双峰寺本通、上

龙兴寺的观音阁

海圆明讲堂释明旸、苏州灵岩寺释明学诸山长老以及海内外信众的鼎力相助。龙兴寺现有大雄宝殿、斋堂、僧房等系列仿古建筑数座，特色架构，新颖设计，建筑精美。寺院后座的观音阁建筑尤见特色，上下两层左右回栏式，主体建筑四柱三开间，传统与现代的有机结合，让人视觉一新。龙兴寺1990年代有僧众7人；2019年有常住尼众4人，当家尼师如智。

慧林禅寺

原名“洙溪庵”，位于大留村前虾山山麓。明、清两代《福安县志》均记洙溪庵与龙首庵“并（在）大留”。民国16年（1927年）《甘棠堡琐志》载：“洙溪庵，离堡北门四里。宋朱子讲学于此。授徒杨复得成理学。庵废基址仍在。”檀越主为甘棠太邱陈氏族人，据乾隆五十二年（1787年）修《甘棠太邱郡陈氏宗谱·产业》载：“洙溪庵一座，系本家檀越，庵后山一丈深，并左右围数坪，俱是庵内之业。”周边信众捐资在附近建“洙溪亭”，以纪念朱熹曾在此留下的足迹。

慧林寺大殿

1995年该禅寺移至大留村下井塘路上虾墓山重建，大殿于2004年落成。现有大殿、僧舍等建筑，大殿供奉的5尊佛像，通体用黄铜制作。2019年当家尼师释定法，常住女众5人。

金刚窟般若密多禅寺

1980年建寺，位于东山自然村的五岗垄（五柄垄）。相传寺址系元末傅贵卿起义时的“东寨”遗址。寺庙占地面积6.5亩，初建时仅有大殿一座，2014年增建僧舍一座。初建时当家僧为释戒俺，现当家僧释宗圣于2013年接任。

金刚窟般若密多禅寺

龙泉禅寺

1980年建，位于大留村莺歌山南坡，海拔270米。四周绿树环抱，环境清幽；一道石径蜿蜒而下，直通大留村。现有三开间大殿一座，附设一厨房。现有僧悟海和其母住寺。该场所未经政府部门核准登记。

龙泉寺

隆福禅寺

又名“卢盘堂”，1996年建，位于大留村西山。靠山面洋，茶园为伴。主座宽22米、深13米，建筑面积286平方米，后门附建土地公祠1座。现有僧玉峰住寺。该场所未经政府部门核准登记。

隆福禅寺

民俗宫祠

福水宫

宫址在大留村东北方向，距村一华里，又名岭尾宫。光绪《福安县志》称为岭柄宫，“在大留，祀临水夫人”。明万历二十年（1592年）建，清嘉庆十年（1805年）重修。该建筑从20世纪50年代开始，长期改作生产队仓库使用，年久失修，残破不堪。1983年由信众集资重建。主体建筑面阔21米、进深38米，建筑面积800多平方米。仿古建筑，红墙黄瓦，外形规式具传统风格，

福水宫的屋宇

内里木构件精雕细刻。主体建筑二进一天井，有戏台、回廊、大殿；戏台宽 15 米、深 10 米；天井宽阔敞亮。宫中保留部分清代文物，包括“通天圣母”“泽沛环江”匾额，以及临水夫人陈靖姑和三十六婆神像等。宫联“闾山法门传正果，岭尾迁宫治妖邪”“元君无私普济万民感应，太后垂慈祷荫千乡之德”等，昭示该宫与临水夫人的关系。

昭应宫

昭应宫的“五月廿八福”

俗称大宫，位于大留村内，是大留的土主宫。建于清道光十三年（1833 年），咸丰六年（1856 年）重修，现建筑于 1998 年再重修。坐南向北偏东 30°，通面阔 14.6 米、通进深 31.3 米，占地面积 457 平方米。中轴线依次由戏楼、中亭、大殿连成，各有藻井，均施彩绘。大殿面阔三间带两廊，进深七柱明间减中柱，悬山顶鹊尾脊，戏台、中亭、大殿的藻井均施彩绘。该宫主祀“当境土主”彭、郑二师公，现存道光《大留彭郑师公》碑一面，为合乡信士同立。该宫建筑很有特色。上座正殿的藻井设有九格，信众视为“九天”，故又名“九天宫”，天花藻井彩绘面积比较大，保存尚好；下座是戏台，但没按常规在正面外墙设大门，戏楼与大殿之间设置中亭，宫门开在左右两边的墙上。以上制式在福安市的宫庙建筑中少见。该宫是福安市文物点。

临水宫

临水宫的戏台屋宇

位于大留街南，又称奶娘宫，始建于清光绪六年（1880 年），现建筑为 2001 年和 2005 年重修。该建筑面阔 15 米、进深 30 米，占地面积 450 平方米。宫墙正门额书“通天圣母”“临水神踪”，门联“功垂千秋崇祀典，德贯万载仰母仪”。正门和仪门之间有一块空地，仪门进去就是戏台，平时紧闭，只有在举行重大仪式时才开，进出一般就走左右侧的便门。整个建筑分三个部分：前座戏台，中间天井，后座为正殿。戏台屋顶为重檐歇山式，上檐收缩成亭状，四角凌空高翘，造型优美；屋脊有“双龙戏珠”彩塑，精工细雕；檐下的“歌响遏云”匾额，与正殿相对。戏台两边与天井两厢的回廊相连。正殿神座上主祀临水夫人即陈靖姑，配祀林、李二元君，黄、杨二将，马六夫人，三十六宫婆神等。殿前楹联很多，包括“临水有花皆益母，闾山无草不宜男”“顺天圣母真威灵，宫中求子必有应”等。《重修临水宫碑记》记载曰：“本境临水宫……历来威灵显赫，遐迩闻名，不仅庇佑乡闾、保护赤子，就是外方信众前来求嗣，极为灵应，必产麟儿。”

虎马将军宫

虎马将军宫

位于大留村中，建于清光绪六年（1880 年），面阔 5 米、进深 6 米，是一座小型单体建筑。该宫崇祀虎马将军。虎马将军是保护妇女生育平安的神灵，村中若有孕妇分娩，都要煮太平蛋（“双杯”）敬奉，祈求孕妇顺产，母子平安。宫门联“保育资生千秋感应，抚危济急万载威灵”，横批“德洽民心”。虎马将军信仰是陈靖姑信俗文化的一部分。据说虎马将军是虎伽锣、马伽锣，均为临水夫人的配祀。由于历史的衍化，一些地方就将此二神分离出来，并称为虎马将军，有的地方或写作“护产将军”或“驸马将军”。

五显大帝宫

五显大帝宫

坐落于东山村南侧。始建于咸丰八年（1858 年）九月，由东山王、杨、刘、丁、陈五姓筹资建造。该建筑进深约 31 米、面宽约 16 米，主体建筑面积 492 平方米。前座戏台，中间天井，两边侧廊，后座享堂神龛；前座屋顶悬山式，后座屋顶歇山式，四围土墙，主体瓦木结构；神龛置五显大帝、奶娘等塑像。宫联“显圣显灵恩波浩淼连五显，济世济民帝泽藜光润双江”。20 世纪 60 年代初，神像被毁坏，神宫改为畜牧场，后又改为造纸厂、糖寮等，至 21 世纪初几近倒塌。2004 年重建，在施工挖地基时发现地下埋有石灰包瓦片等物。现建筑主体为硬山顶，红砖砌体，钢筋混凝土结构，布局参照旧宫，形式不变。

（刘石尧 撰）

土地宫

在大留街南，面阔 4.5 米、进深 10.5 米，是一座小型单体砖混结构的仿古建筑。该宫专祀土地公。土地是农业之本、财富之源，村民对这位白胡子老大爷特别喜爱。宫门对联“福周赤子康泰乐，德感苍天祥瑞临”，表达信众对土地神施恩赐福的殷切期盼。大留村原有一座土地祠，1980 年代毁弃。2010 年后选新址重建，由于村建需要，将地势提升。该宫还建了两次。

忠平侯王宫

在村南时代广场边上，门牌大留路 311 号，面阔 11.5 米、进深 10.5 米，面积约 120 平方米，是一座砖混结构的仿古建筑。该宫专祀林公大王（忠平侯王），宫门对联“威灵显赫六邑同真庇护，神功浩荡千村共沐恩泽”，宫内楹联“六县同欢庆足显神圣，百村结队迎倍加威严”，显示林公大王在闽东一带的影响力，以及信众对这尊神明的敬畏之情。林公大王原本供奉在大留昭应宫内，2009 年从该宫分出，新建一座忠平侯王宫，专祀这尊神明。

土地宫

忠平侯王宫

林四使宫

大留林四使宫建在村南，门牌大留路332号，是一座砖混结构的仿古建筑，重建于2015年。硬山顶建筑，半墙围住正面，门开在半墙左侧。面阔4.6米、进深7.6米，面积35平方米，是一座小型单体建筑。宫门联“林四恩周四海高若天，相公德泽五洲遍闽地”。该宫由来久远，大留张族谱中就有记载，但始建时间不详。龛座前有一石香炉，上刻“民国六年”，当是该建筑曾经的重建时间。该建筑原在村北，近年移建于现址。林四使信仰流传于福安南部乡村，据说林四使是保农家六畜平安的神灵，许多村落都建有林四使宫。

林四使宫

樟仙宫

樟仙宫

樟仙宫在东山自然村，靠近国道104线。该宫建于2007年，砖混结构仿古建筑，大门对联“人杰地灵千古迹，民安物阜万家昌”。宫内小院附设一个“洙溪书院”，是一个供奉朱熹的祠庙。每年中高考前夕，甘棠、罗江、赛岐一带常有学生家长来这里烧拜，祈求朱文公保佑子女考试顺利、金榜题名。

田公元帅宫

在大留村西约1公里的山麓。面阔4.15米、进深8.25米，祀田公元帅雷海青。据《资治通鉴》记载，安禄山占领长安以后，在凝碧池盛奏众乐，乐工雷海青不胜悲愤，掷乐器于地，西向恸哭。禄山怒，缚于试马殿前，支解之。传说郭子仪收复长安时，得雷海青的神灵相助，因战场烟尘遮住雷字帅旗上部，仅露出下面的“田”字，被误认为主将姓田。后被唐肃宗封为“田都公帅”，民间称之为“田公元帅”。闽东畲汉对田公元帅的崇祀相当普遍，奉为本境赐福保平安的神明，座下有郑一、郑二、郑三这三个协侍。田公元帅在其主要职责外还兼戏神、猎神等。大留田公元帅宫联“田公神威振万载，元帅福荫庇千年”。

田公元帅宫

莺歌顶仙宫

莺歌山位于大留村的北面，海拔 526 米。山上可以俯瞰大留及周边各村镇、赛江，直到远处的白马港。山顶有一座小庙，人称“仙宫”，阔 6.5 米、深 4.5 米，面积不足 30 平方米，却供奉着南极仙翁、北极仙翁、镇塔夫人、武彝将军等诸多民间俗神。庙前石柱上镌有宫联“神莺展望南极现，仙鳌卧观北斗来”。除仙宫外，山顶上还散布着许多龛位，供奉各色神祇，包括观音、猴神、土地公、石头神等等。

莺歌顶仙宫

莺歌山是福安南部赛江西岸每年重阳节登高的首选，与东岸的鳌峰齐名。

遗迹石刻

古　迹

古　井

大留先民在长期的历史过程中留下了许多水井，是福安市古井最多的村庄之一。20 世纪后期全村尚余 40 多口水井，村里用上自来水后，许多水井废弃。2019 年，尚余 20 多口古井。

张公井

张公井　位于大留张氏祠堂外坪中。凿建于宋熙宁九年（1076 年），重修于政和五年（1115 年）。井台四方形，宽 4.5 米，占地面积 18 平方米；井口石砌，平面呈六角形。井栏六边，由 6 块高 0.75 米、宽 1.1 米、厚 0.2 米的褐色花岗石榫卯组合构成；六面外侧均有刻字，记录捐舍人名及数额。井深 3.7 米，井内壁用薄砖叠砌，直径 3 米，深约 4 米。该井是福安市已知有文字记载的最早古井。2008 年由福安市人民政府公布为第四批市级文物保护单位。

王厝井　位于东山王厝，方形。旁边约 1 米处配有圆形石槽，槽沿有阴文字刻，文字基本可辨，上有“淳熙玖年”字样。可知该井凿建于淳熙九年（1182 年），并且可证实东山村迄今已存在八百多年历史。

王厝井

王厝井边石槽上镌有“淳熙玖年”

龙泉井 位于大留张厝里，凿建于乾隆四十三年（1778年）。井身圆形，鹅卵石堆砌而成，深3.2米。井沿用几块大小不一的青石铺设，占地面积2.28平方米。井栏用两块半圆形大青石拼成圆形，高0.52米，南半圈外表刻竖字，中间为“创（刱）开龙泉井”，两侧分别为“乾隆四十三年戊戌十一月甲申日”“胞兄弟叁分，张茂华、明、海仝镌”。北半圈横刻“大留”两字，字迹飘逸。井水饮用至今。该井造型独特，具有一定的艺术价值。2004年被公布为福安市首批文物点。

龙泉井

贡生井 位于大留路61号（旧名荔枝坪），凿建于清嘉庆元年（1796年）。井栏圆形，高0.4米，直径0.7米，用整块青石打造。井栏外表有阴刻文字，可辨为“清贡生林长蕃舍（捨）／嘉庆元年五月□日／砌造龙泉井”。据刘昌荣介绍，该水井及旁边房屋的原主人林长蕃是清代贡生，其后人迁居大留附近的南安村。

贡生井

学士桥

位于大留张氏宗祠前，系宗祠附属建筑，始建于宋代，现建筑为清代重建。因该桥跨建在泮池上，将池一分为二，被村民形象地称为“吕字池”。桥为单孔平梁石桥，东西走向，全长11米、宽2.5米，面积约为26平方米。桥基座两端以块石垒砌，桥中部高，两端为缓斜坡；桥面以条石铺就（后人用水泥加固），两侧设石护栏；护栏望柱柱头分别饰以狮子、梭形、圆形等石雕图案。整座桥构造精巧，造型优美。2004年被公布为福安市首批文物点。

学士桥

遗　址

崎头山遗址

1987年发现，称为大留岭尾宫崎头山遗址。位于岭尾宫（福水宫）东面。为一个北面山脉延伸的不规则山头，相对高度40米，遗址面积约6000平方米。采集有石锛、石镞、石戈和夹砂灰陶片、黑彩红陶片、灰硬陶片、釉陶片。陶片纹饰有席纹、方格纹、黑彩条纹、斜条纹、圆弧纹，可辨器形有罐、尊、豆、釜等。这些历史遗迹说明三千多年前就有早期先民在此活动，对研究福安市早期人类活动历史具有一定的参考价值。2004年被公布为福安市首批文物点。

福安市博物馆彩陶片

烟墩遗址

位于大留西向山上。烟墩是古代福建沿海报警用的军事设施。明朝中后期后，倭患日益严重。赛江两岸山上设立多处墩台；若遇海警，“昼则举烽（烟），夜则举火”（《墨子·号令》），使数十里外的驻军和民兵迅速了解敌情，准备迎敌。大留山上尚余2处。

古烟墩遗址

古码头遗址

大留村位于长溪下游赛江的西岸，古时候江水和潮汐可以直达大留，北宋甘棠洋未围垦之前，大留地依山濒海（江），村前白浪滔滔。南宋《三山志》将大留村名写作“大流港”。今大留东山公路管理站南侧尚存古码头遗址。

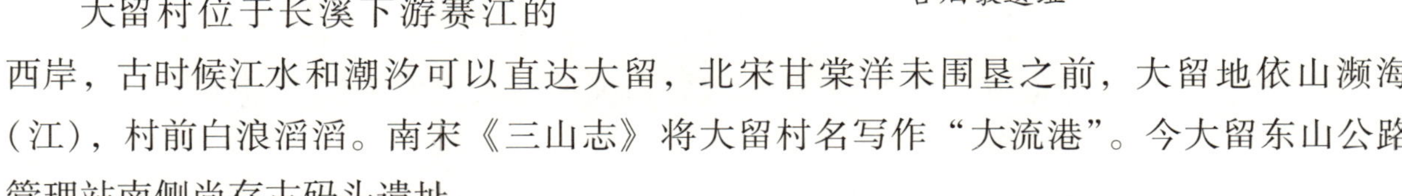

古官道遗址

在未通公路之前，“大留地居孔道，为往来必经之冲”（《大留阮氏宗谱》）。

县际官道　一条连接宁德和福安两个县城的古官道经过大留。这条官道起于省城福州，经宁德县的闽坑到福安县的上塘，再经大留，经填里，过渡到廉首，再经白鹤、柳堤，从江家渡过渡到溪口，抵达福安县城。路宽4至6尺，块石铺就，福安境内约140里。1956年1月福分公路（福州至福鼎分水关）通车后逐渐废弃。

县内支道　甘棠经大留、北山、林洋、西隐、洋头、洪口抵溪填（溪潭）。全长30里，路宽3至5尺，块石路面。

古官道遗址

墓　葬

阮大用墓

位于大留村西面金字峰山麓。墓主系大留阮氏第十世祖省元阮大用，始建于宋嘉定甲戌年（1214 年），距今 800 多年。墓平面呈“风”字形，宽约 6 米、深约 30 米，坐西向东。墓前有 26 级石阶，阶石长约 2 米，通山下。墓经多次修葺，最近一次在 2006 年。该墓葬现由大留阮族负责管理，保护良好。

刘俊八墓

位于大留村南面约 500 米金字峰山脚。墓平面呈“风”字形，坐西向东，占地面积 150 平方米。墓碑直立墓丘前，花岗岩青石雕刻，高 1. 25 米、宽 0. 43 米、厚 0. 10 米。从碑文内容可知该墓主人叫刘俊八，苏江人。查考苏江族谱，可知该墓始建于明代弘治年间（1488—1505 年）。2013 年由福安市人民政府公布为第五批市级文物保护单位。

阮大用墓

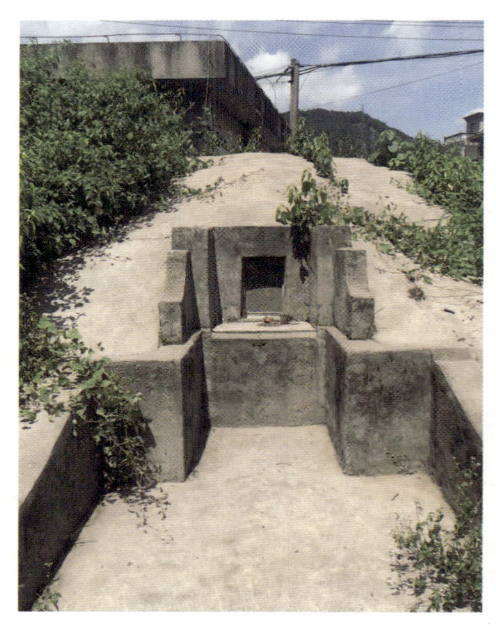

张姿九墓

张姿九墓

位于大留村土名长墩头地方，系大留张氏园里房的祖墓，建于明正德五年（1510 年）。张姿九，号进斋，配徐氏。该墓历经多次修缮，最近一次重修于 2000 年，保护良好。每年清明张氏族人均到墓前祭奠，并打扫坟墓。

张实谷墓

位于大留村金字峰，系大留张氏井头房（上张）的祖墓，修建于清乾隆四十三年（1778 年），大留村口尚存墓道碑。张实谷，又名天忻，行智五，故该墓又称智五公墓。该墓保护良好，大留井头房张氏族人每年清明均到墓前祭祀。

张实谷墓

林渐磐墓

位于大留莺歌山南向下平岗，墓主系南安村贡生林渐磐，建于清同治十年（1871 年）。该墓葬规模较大，做工讲究，保护较好；占地三四亩，有 8 个墓坪，三合土包面。大留人称为“福龙墓”，今福水宫旁仍存“林渐磐墓道碑”。

张如翰墓

位于大留村西南向 500 米处山脚下。建于民国 21 年（1932 年），坐西向东。平面呈“风”字形，三合土构筑，面宽 14 米，进深 24 米，占地面积 336 平方米。墓丘前有三级墓坪。一级墓坪屏墙上刻楷书“乐育功深”；二级墓坪屏墙正中嵌“内务部奖章”石雕；三级墓坪的供台两侧墙上镶石碑：左刻民国大总统的褒词，右刻内务部给张如翰颁发奖章、证书的文告。该墓于 2004 年由福安市人民政府公布为第三批市级文物保护单位。

张如翰墓

石　刻

张公井石刻

正面：熙宁九年丙辰岁/张公井/劝首张庠、张该立。

其他面：

◎林十三娘与男张秘、张应、张庹、张庠，奉为张一郎、詹卅八娘舍分五贯，及构亭一所。

◎张睽与男表，陈十娘与张樍，孙廿二娘与男张旦，各为所生父母共舍一贯文、童行布辙同募。

◎姚卅八娘、郑六娘与男张君诏、张君谟、张该、张谌，奉为张二娘、郑卅五娘、张大郎、张四郎舍分三贯，张七娘舍分五百文。

张公井井栏石刻之一

◎薛二娘舍石一匹，张六娘、张贵、张妲、张逵、张周、张羡、张莅、李士英各舍谷五十。

◎张舍与男张僙舍五百文，欧阳卅一娘舍谷一石，张仁、张清为妣亲林十六娘舍火砖一千。

禅寂尼院遗址石刻

◎信士陈云廼奉舍石柱一根功德圆满，祖妣黄氏三一娘生界次祈家眷平安……留源倪签判李奉舍，信士阮峙舍……从义郎发达融州军列为母亲黄氏安人舍石柱一根祈求……（柱刻）

◎政和元年一月一日，缪二十一娘、姚十八娘，舍三百文足，舍五百文足……（碑刻）

◎□□殿土皆石碑……张□□□□中林二十一娘男道奉为……张大三郎、姚三十八娘舍三贯文元……张□、张诚为考妣□□，为妣□……张七娘、□四十八娘、张二十四娘、□□，为……劝首张君诏立。（碑刻）

东寨遗址石刻

位于东山与甘棠后岐交界的山坳，人称“牛岗垅”（牛岗垅、五柄垅）处，据说为元代福安县东山村人傅贵卿发动农民起义的“东寨”遗址。现寺内保存有重建时发掘出有几块褐红色花岗石雕构件，有麒麟、盘龙浮雕等，錾雕精美。

东寨遗址石刻

昭应宫土主碑

大留彭郑师公：

立公约合乡　等为公抽厘金积贮以赠香灯事。

窃思人以神为主，神以祀为光。吾乡土主彭、郑两尊神钦庇吾乡，显声濯灵，诚云久矣。报功崇德，吾侪明其深心。而隆祀赠光，取资实难共济，为首人等崇报心切，爰鸠同人于九年春公议积贮厘金，至十一年，置有田产壹石，所收租粮，为连年新正香灯、戏文之计。自兹以往，凡我共井之人，务必同心协力，处诚致诚。现谋虽兆于此，日踵事实，望乎将来。庶几人人同心，自可扩前。模而光大，灯灯续焰，何难赠神辉而永耀也哉。谨勒诸石，以垂不朽。

昭应宫土主碑（局部）

计开田号坐落本洋：一田坂头洋伍斗，一田宫面前伍斗。

共载租叁拾秤大其苗粮，合叁钱贰分正。

道光十三年癸巳岁次正月　日暨合乡人等仝立吉旦。

张如翰墓石刻

民国大总统褒词

大总统褒曰：昔子产为政，东里有善人之称；陈氏厚施，齐国衍世家之泽。兼而有之，尤足异耳。尔福安张绅如翰，生有善念，人无闲言；庇寒士而欢颜，筑少陵万间广厦；俾饥民能赎命，舍青州再熟良田。此身是鲁殿灵光，巍然不坏；再拜宣衡阳德意，仁者之言。名溉万郡，望隆泰斗。如兹，允宜褒扬，行列左班于社稷。於戏！以公积阴德，自知子孙代兴司马，英风到处，儿童传颂；旌之绰缀，光乃高门。

中华民国十一年三月　日（荣典之玺）

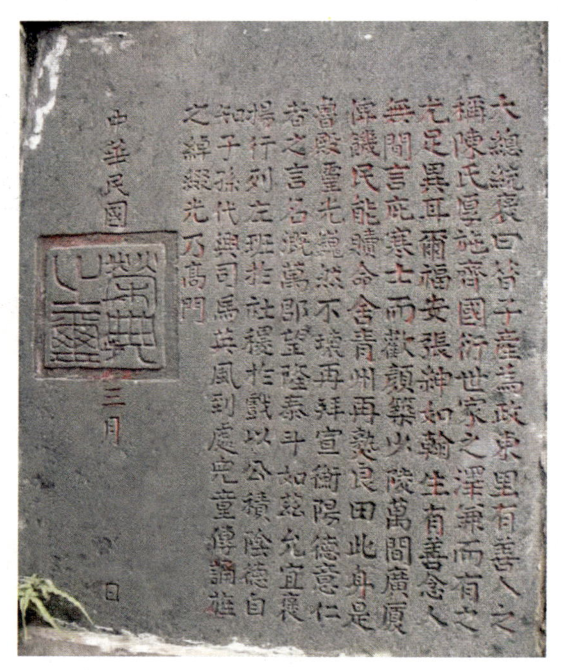

民国大总统褒词刻石

内务部颁奖证书刻石

张如翰墓志铭

陈海梅（闽县解元）

公名如翰字慕鲈，行祥八，予丙子乡榜同年。家世业农，至公始以儒术显，髫年嗜学，即究《心经》，籍依舅氏家肄业。弱冠，入邑庠。馆于穆，黄晋铭、林元恺均从受业。公殚心讲授，每以先器识，后文艺相勖勉。丙子秋闱，与四齐同贱，鹿鸣虞丞，亦以己卯乡榜，接踵而起，皆公循循善诱力也。甘棠镇起建天后庙，公拓庙后地创建仰山书院，并置膏伙田，身任教授，学子成就实多。己丑大挑，以教谕用，历署连江、罗源、晋江。所至均振兴文教，月课试艺，捐廉奖给，多士乐就之。戊戌计偕入都，值清廷变法，广开言路，公条陈开农科，朝旨嘉纳，交部议行。卒以维新中辍，寝其议。辛丑丁刘太宜人忧。公任职晋江，闻讣奔丧，哀毁尽礼，时年逾艾矣。福安钱粮浮征倍数，民受朘削。公穷其弊，向所司陈诉减免溢额，民困以纾。甲辰补授建安教谕，莅任后手编《福安乡土志》及与舆地教科书，以供小学之用。戊申开缺，入都截取，以直州同，分发广东。时封翁届九旬，尚健在，公不忍远离。适福宁中学延聘校长，公主校务凡七载，悉心擘画，建筑一新，学子毕业已臻四级。民国六年，郡校改归省立，公解职家居，犹极力为乡里谋公益。是秋，营寿域于本都朱栖庵山麓。元配李宜人，育男三女一，以光绪十五年三月卒，享年三十有八；继娶陈宜人育男三女四，均叙后。壬戌三月，乡京员胪公行实呈内务部，蒙大总统奖给褒章，上膺宠锡，乡里荣之。爰作颂语以表其略：

公以勇于任事，不惮烦难。遭时不遇，终老儒冠。热心公益，教育输丹。得邀荣典，褒语濡翰。今营寿域于南麓，既固既安，培松柏而荫芝兰。

中华民国十二年岁在癸亥八月初七日，年愚弟陈海梅 撰。

附：大留村市（县）级文物一览表

名称	年代	位置	保护等级
崎头山遗址	商周时期	岭尾宫东面	市文物点
张公井	宋代	张氏祠堂外坪中	第四批市文保单位
学士桥	宋代	张氏祠堂前	市文物点
禅寂尼院遗址	宋代	村西北300米山脚	市文物点
刘俊八墓	明弘治年间	村南面500米金字峰山脚	第五批市文保单位
阮氏厝	清乾隆年间	大留路90－1号	市文物点
龙泉井	乾隆四十三年	大留村张厝里	市文物点
张氏祠堂	清道光元年	大留村中心	市文物点
昭应宫	清道光十三年	福达路8号厝后	市文物点
张如翰墓	民国	村西南向500米处山脚	第三批市文保单位

卷六

艺文著述

焉雖百世可知也此譜文之修可大補于將來後之子孫倘從而討論之修飾之潤色之不亦隔世而愉快哉故立身後世以顯祖宗者孝也不惟昭示今日且俾後來咸知我祖辛勤也倫錄始末流傳萬古敬爲序

宋端平三年丙申歲十一月 日

十三世孫進士 翊 拜撰

泳公正學論

學也者自天子以至庶人皆所不廢也天子有天下也天子不學則天下不治諸侯有社稷也諸侯不學則社稷不固卿大夫有宗廟也卿大夫不學則宗廟不保士庶人有四體也士庶人不學則四體有虧然則學也者內而修德外而修身近而齊家遠而治國平天下莫不由學而至也特是學有不同者矣有曲學者而曲學者自以爲直也有僞學者焉而僞學者自以爲真

卷六　艺文著述

诗词楹联

诗　词

◆张如翰

别福宁中学

生涯苜蓿久劳尘，六十年余复问津。
弹指光阴逾七载，惊心来去际三春。
世情变幻多殊态，人事推移总夙因。
最喜同堂相款洽，联班学子见莘莘。

骊歌未唱赋将离，话别销魂作去思。
马自识途宁恋栈，兔能营窟愧冲篱。
任劳本为光前计，创业当谋善后贻。
珍重一声归去也，殷勤执手恨临歧。

◆张俊生

大留祖孙心有灵犀

祖父如翰公（1849 年 5 月 18 日生，1923 年逝），曾任福宁中学校长，1919 年辞职时赋诗二首。2002 年 11 月 2 日，俊生（1927 年 5 月 22 日生）为祖父墓请准以文物古迹保存赋诗二首，呈福安一中苏校长锦绣先生代向福安市府陈情。此诗多处巧字巧位，堪称祖孙心有灵犀一点通了。

毕业渡台将甲子，九十年代三探亲。
瞬息时光又十载，幸会韩阳暖如春。
世事多变成历史，人情去来政治因。
最喜校庆相邀洽，全校学子共乐升。

典礼报告宴别离，同拜祖茔藉作思。
校长能陈相帮助，古迹存留绿化篱。
请求是为前人计，敬祖荣乡子孙贻。
慎重一声拜托呀，圆满恩准再回歧。

（张俊生：大留村旅台子孙，曾任职台湾省政府会计室主任）

张如翰题赠的匾额

◆薛为河

大留十景

南坂景史

文明村落已名扬，千载民居瓦屋墙。
古井禅林遗迹耀，石桥官道远源长。

马鞍春绣数张画，鸭塚時传百首章。
人杰地灵风物懋，园区鼎盛业繁昌。

古井传奇

村中古井迩遐扬，卅口方圆琐故章。
寄汲轻清明若镜，鸣泉朗润韵犹锵。
扶栏六角遗镌史，石甃千秋钩沈乡。
佳话遥传仙点化，酒茶无酿自成浆。

莺歌仙迹

仙缘此地果循环，日丽瑶台鹤雾间。
赫濯神威彰境域，巍峨圣德耀人寰。
霞舒界外莺歌顶，尖露云端宝塔山。
访古寻踪胸旷荡，将军托迹动人攀。

龙潭禅韵

龙潭皓练挂千寻，奔泻飞珠兴致淋。
雾起群山飘素旆，雨来万壑奏禅音。
身归乐土慈悲发，法护尘凡梵贝吟。
耸翠疏林灵气远，净居天竺垢无侵。

玉池灵刹

巍峨古刹殿金姿，紫气千重护玉池。
蕴秀幽藏生净域，留踪印迹显丹墀。
三乘觉悟明真谛，一叶如来发大慈。
法雨垂空尘俗荡，梵经耐读化顽痴。

金蟹沫珠

鳌岫当年已著名，长戈铁甲尽横行。
禅师入化金山梦，南坂流称活蟹营。
古有传奇留踵迹，今无数据证真情。
紫岩翠浪呈新簇，四顾如图遍地荣。

灵岫悬钟

远岫连霞若挂钟，松篁风卷舞苍龙。
坪台有树排成阵，镛石无声化作峰。
雾散群峦呈秀色，云开万壑露神容。
妍姿吐艳岚蒸蔚，幽径几丛嫩绿浓。

古塔烽墩

云笼古塔郁苍苍，盘磴缘跻兴致昂。
树木参差藏岭色，岚烟隐现混山光。
烽墩峭壑青松立，亭影岔门时鸟翔。
遍地芳菲奔眼底，风篁迥韵荡悠扬。

天鹅孵蛋

烟峦叠翠景无边，一垅梯田似趸船。
孵蛋天鹅繁衍化，通邻牛豸好逑牵。
奇闻俗语羲之墨，清唳元声楚管弦。
永逸精魂腾振翅，身姿优雅著名川。

东山锦屏

屏峰对峙景生辉，叠嶂层峦揽翠微。
百态横空龙欲舞，千姿弄影凤如飞。
东来紫气常临境，西映长庚尽入围。
史谍传奇留胜迹，天然秀色野芳菲。

水龙吟·纪念仰山书院开创者张如翰

力行教化闽东，福宁创校声隆瀚。文明博学，育贤培德，结缘文翰。润物甘霖，一生心血，杏坛名显。更兴黉重教，长怀黎庶，良师志、终身献。　　思梓心如春暖，返家园、仰山开建。精心著述，安民固本，兴邦发展。“乐育功深”[①]，弘儒立节，革新思远。熠光争日月，留馨百世，铸辉煌绩。

①当时的民国大总统黎元洪，为张如翰题赠“乐育功深”匾额。

眼儿媚·咏乡贤张如翰

“公车上书”[①]救家邦，疏谏史昭彰。一心忠义，精神不屈，报国华章。　　编书立说明方略，教化立新墙。乡贤惠泽，高风树德，万古流芳。

①张如翰当年参加中国近代史上的“公车上书”。

◆刘昌荣

闽东福安醉美家乡

闽海观潮逐浪沙，东瓯问道蔚朝霞。

福存大雅千秋颂，安享和平百姓夸。
醉景描来添画彩，美图绘就著芳华。
家园筑梦康庄路，乡土人文锦上花。

敬和薛社长《重九登高》韵

西风萧瑟扫残阳，节转深秋日渐凉。
雁字回时临暮色，菊花开处洒幽香。
高攀峰顶心胸阔，咏唱河山岁月长。
壮志凌云人未老，铅华洗尽写篇章。

仰山书画社揭牌成立有感（新韵）

千三举子上书呈，史载公车醒世惊。
漫道词林窥豹变，耕耘墨海看蛟腾。
尊儒树理崇宗庙，解带留衣祀考亭。
乐育功深垂典范，兴农重教振家声。

龙泉禅寺

龙潭胜境客常临，泉润青山绿意深。
禅坐莲台观自在，寺传贝叶涤尘心。

悟海禅师

心怀感悟观沧海，觅得龙泉供佛台。
独处深山人寂寞，通幽曲径鸟徘徊。
庭前翠竹凌云舞，院外寒梅傲雪开。
莫道参禅修炼苦，菩提树下拜如来。

白马潮声

辟土开疆五代唐，闽王凿港赐甘棠。
水乡泽国鱼虾美，沃野田畴稻菽香。
白马桥横观六印，乌山日正俯三塘。
黄金海岸丝绸路，千里江河入梦长。

◆张爱庄

大留千年张公井

进村先瞩张公井，六角玲珑位侧坪。
外撰文书知史久，内流泉水涤尘清。
小时还见鱼潜底，回首犹闻木桶鸣。
一口乾坤名远近，纷纷颂德感贤英。

咏乡贤张如翰

清朝大儒史文呈，变法维新未盛行。
倭寇摇旗戈北上，公书谏革梦难更。
精图治学归宁夙，乡有斯贤引为荣。
乐育功深千古传，玉池墨涌仰山情。

昭应宫

大殿年年香火盛，神龛列位本相公。
九天仙界长溪护，一梦缘成代代崇。

昭应宫：又名九仙天宫，俗称大宫，祀彭、郑二神，有“五月二十八福”的传统习俗。

大留村的元宵喜糍

每年一度元宵节，紫气东来百事津。
不问亲疏同远近，唯求愉悦共享真。
米糍凝聚千家福，喜报纷呈万载春。
乐道莲台圆子梦，龙门又出状元身。

附注：喜糍即糯米糍。每年元宵，大留村民只要谁家有添男丁，就用稻米做成喜糍，印上喜庆图案，分给村民和亲朋好友，共享这份喜悦，收到的人家就会送上几句吉祥祝福语，以表庆贺。剩下的就端到剧场供桌上当“做喜”时用。

◆**林奶旺**

满庭芳·大留村遗迹探寻

十里风情，千年村落，历经沧海桑田。井斟神酿，神庙曰“九天”。张阮刘宅故宇，衍无数，志士仁贤。交游处，尤为惊羡，恰似梦魂牵。　　周边、探遗迹，山间立塔，宝刹寻禅。玉池现奇石，碧瓦青砖。多少人文景物，待吾辈，启后承前。净心处，聆听天籁，逸趣化诗笺。

◆**陈瑞康**

大留村迎请林公侯王

迎神兴致浓，队伍满街红。
鼓乐喧天响，炮声震耳聋。
少年擎彩帜，壮汉舞金龙。
烛香祈福祉，信众拜林公。

◆**吴石光**

敬仰先哲张如翰

一

闽东先哲张如翰，立志兴帮赴北洋。
参议维新摧腐制，功成青史姓名香。

二

百日维新燃火炬，先贤推帝政更新。
国富民强功于教，喝水常思挖井人。

◆**林忠平**

咏张公井

大者留之张氏井，纷纷慕访寻遗迹。
心中古意若犹存，新水自当润史笔。

◆林少雄

赛江诗社大留村采风行

春来绿野大留游，鼓舞迎神望不休。
山寺采风传铁史，玉池修月接江流。
村边碧水心情畅，云外青峰气象幽。
古井张公垂宇宙，居民乐业起歌讴。

◆郭燕兴

新春大留行

雾雨迎春沧海田，张公故里写诗篇。
玉池宝藏千秋在，酒井醇香万古传。
永镇河山呈瑞气，流长社庙重才贤。
今朝喜闻莺歌唱，岁岁元宵不夜天。

◆刘冬树

咏张如翰先生

先生救国举人名，百日维新上北平。
开辟福宁桃李育，功深兴教业繁荣。

◆陈　鸿

和薛社长《赛江诗社大留村采风活动》步原韵

春雨多情顾大留，古村探胜溯源流。
玉池焕彩题新句，石柱重光出故丘。
官道千秋云雾锁，烽台独向岭岗抠。
迎神做喜敦民俗，好戏连台欢乐稠。

◆郑长信

千年古村大留元宵节

大留今日彩旗红，鼓瑟箫笙礼炮隆。
开道鸣锣驱秽气，沿街叩拜请林公。
滋生万代张公井，泽被千秋昭应宫。
演戏祈神民众乐，赠糍做喜冠闽东。

◆薛为洪

赛江诗社大留古村采风行

一

慢步村中景色怡，青山映翠水逶迤。
聆听阮氏文坛史，瞻仰张家理学师。
官道沧桑寻旧韵，民居古朴觅新词。
农商并贸蓝图展，厂笛高歌致富诗。

二

步入楼牌透酒香，春和觅韵古村庄。
莺歌胜迹斟明史，宝刹残碑展宋章。
祖庙家风儒典耀，张公笔润杏坛扬。
新居旧巷辉相映，景色怡然醉八方。

◆林仙兴

赛江诗社文明实践大留村采风活动

大留村见闻

牌楼矗立气轩昂，别墅豪车琛旧房。
后唱莺歌声婉转，前吟埴曲韵悠扬。
最欢慈禧墙书在，更喜天祥匾字藏。
古迹繁多观不尽，千年村落更辉煌。

大留村元宵节

“做喜”糍粑分户发，林公迎请返宫虔。
龙衔火树沿街舞，鸡戴金花在殿骈。
演戏遗风成习俗，观灯故事得神传。
感人各姓同和洽，佳节狂欢不夜天。

◆刘茂金

赛江诗社新时代文明实践大留采风活动感赋

一

大留佳境生贤杰，显赫神僧救祸灾。
古迹传奇难释透，村庄代代出人才。

二

张公如翰贤才德，忧国忧民费忖量。
诸举上书推旧制，功深乐育永名扬！

◆张灿生

大留采风行

一

唐兴早建大留村，历代名人尽感恩。
追故千年寻祖魄，祠前古井岭烟墩。

二

张公史上好名宗，观泳忠贤父子功。
为国献谋封受禄，名宗理学古今通。

三

玉池遗址复仙陀，考古石雕景象多。
圣地千年存古迹，大雄宝殿念娑婆。

四

阮氏宗祠探古今，旗杆盛迹显恩荫。
方知祖上人文萃，及第名贤众所钦。

五

新兴时代百花开，传统村庄出茂才。
文化千年存气魄，赛江诗友采风来。

六

大留美景最风流，古井烟墩自古留。
国道大门迎百福，乾峰生气贯千秋。

◆**王顺德**

大留村采风行

石桥倒影显张祠，阔步王陈[①]叙述知。
如翰举人施国路，福宁树德育新枝。

①王陈：王瑞凌、陈鸿老师。

◆**王裕铭**

缅怀前贤张如翰

孚望惟于德，贻芳只在能。
上书期国振，重教企民兴。
豹变安无象，蛟腾总有凭。
功深堪上赐，乐育世人称。

◆**张宜武（江西）**

大留村获千年古村落殊荣喜贺

罗江街辖地，村落越千秋。
官道长溪远，玉池古寺幽。
南迁思祖德，北望忆源流。
赫赫名题榜，泱泱誉大留。

◆王梅凌

如椽大笔书大留

一

大留，是张良血脉繁衍的大书，
是文天祥抗元啸傲于征途，
是张如翰激情四射的公车上书。
理学名宗，义照乾坤；
墨庄家塾，乐育功深。
一千多年的耕读，
都化作振兴乡村的金黄稻菽。

二

大留，不仅只有昔日拜侯昭书，
还植入了张观抗金的风骨。
大留人，背负青天，朝拜英雄，
身心无不流淌敢为人先的热血！
每一滴血汗里都有梦想。
将梦想打开，就是水墨大留；
将梦想拓展，就是文化大留。
从赛江粼粼碧波到浓郁大留书香，
铸就了文明古村的厚重成熟，
奏响了新时代奋进的特色音符。

三

大留，如椽大笔书写的大书，
每一次下笔都是新的章谱。
从美丽新村建设到精准脱贫致富，
从希望的田野到喧腾的车间，
从文明街道到风景阡陌，
长风浩荡，把大留人心扉吹拂，
也提升了大留人的内心温度。
每次呼吸，每次心跳，
都与新中国奋进同步。

以大留人特有炽热笔锋，
抒写崭新的华章，
赋予大留全新的丰富内涵。

楹　联

◆大留张氏宗祠

清河长流流长万里；
大留发族族发四方。

子孝孙贤宗功祖德；
酒泉茶井源远流长。

矢志为民学优治国；
毕生执教乐育功深。

祖传无价宝文章道德；
胤继有良谋好学谦虚。

砚涤池头池鱼知笔墨；
风行水面水藻会文章。

研黄石兵书运筹帷幄为天子师；
精朱子理学设帐闽馆作诸生范。

“媊彩长辉”，清嘉兴府同知李枝青为阮张氏题

◆大留阮氏宗祠

二代双中文武举；
一门四及进士第。

留郎归天台遇仙为始祖；
大小阮竹林同游称七贤。

商周泾川立国陈留始称郡；
唐宋竹林后裔大留方肇基。

书有元瑜传万古；
乐得仲容播千秋。

三朝入阁名声远；
九省封疆宗祖长。

晋代隐高贤仰瞻国族衣冠裔；
熙朝开甲第还羡宗坊礼乐家。

“春晖照悦”，清福安知县卢继祖为阮谢氏题

◆东山刘氏宗祠

汉室开大业文章华国；
禄阁启人文诗礼传家。

禴祀蒸尝千秋盛；
兴邦教化奕世隆。

卯金支繁丁财旺；
中山派衍富贵全。

御龙赐姓书传天禄祖功垂福泽；
卯金封地集者中山宗德衍家声。

家自幽州入闽龙潭棠堡承一脉；
族兴东山耕读商贸科第出群贤。

◆大留村门楼

唐代肇基耕读传承逾千载；
今朝发展农工并举富万家。

村中古井证民风古朴；
岭上烟墩栖紫气烟霞。

（张任生 撰）

◆仰山书院

有志竟成看墨海腾蛟词林豹变；
无书不读恰屏峰月上印屿潮来。

（张如翰 撰）

◆张如翰宅门

鸳鹭文章先泽远；
蓬蒿门径敞卢幽。

◆大留登高小憩亭

莺歌胜迹参天地；
南坂人文贯古今。

八面芳林传鸟韵；
四围幽境泛春光。

龙潭飞瀑清音远；
蟹岫浮岚悦目宽。

（薛为河 撰）

◆**龙兴禅寺**

万法皆空明佛性；
一尘不染证禅心。

无我无人观自在；
非空非色见如来。

积德虽无人见；
存心自有天知。

◆**后岭堂**

福起缘慈德被无畏此事大雄尝露布；
源溯鹫岭道归性海是理飲光相续来。

心外无法法外无心心自己心亦无无心者；
道中有体体中有道道世间道尚有有缘人。

应当发愿愿往生客路溪山任彼恋；
自是不归归便得故乡风月有谁争。

◆**玉池禅寺**

翠竹黄花尽含祖意；
青山绿水全露法身。

福慧庄严成无上道；
慈悲广大度有缘人。

真心静寂浑无迹；
妙相尊严倍有光。

万法皆空明佛性；
一尘不染证禅心。

妙相圆融即色即心遍十方而示现；
法身常住无来无去历万劫以长存。

清净坐蒲团守一片冰心只诵菩提萨埵；
虔诚修佛国热几條香气长念波罗蜜多。

◆隆福禅寺（卢盘堂）

修竹千竿寒月当门摇琐碎；
清溪一曲晴云绕户映空明。

◆龙潭禅寺

见月休观指；
归家罢问程。

文章选录

大留苏维埃红色政权

刘建荣

大留人民具有光荣的革命传统，土地革命斗争时期，大留村曾是中共安德县屏潘区委、安德县屏潘区苏维埃政府和大留村党支部、大留村苏维埃政府所在地。早在1933年，大留村就燃起了革命火种，先后出现了一批以张燕生、张最兴、刘吾弟为代表的革命志士，在大留村建立红色政权。大留人民在波澜壮阔的革命战争中，前仆后继、英勇战斗，留下可歌可泣的一页篇章。

20世纪30年代初期是闽东苏区发展的鼎盛时期，中共福安中心县委（中共闽东特委前身）相继于1933年10月23日和1934年1月1日领导革命武装举行了著名的“甘棠暴动”和“赛岐暴动”，沉重打击了国民党反动势力，动摇了甘棠反动政权的统治地位，鼓舞了广大人民群众的革命信心，为甘棠苏区发展，奠定了基础。1934年1月起，中共安德边县委改为安德县委，由阮英平同志任县委书记。同年2月，县委机关从甘棠迁往观里村。这时，随着下南、屏潘两个区苏维埃政府的成立，所属乡、村苏维埃政府也普遍建立，红色政权遍及甘棠镇。大留村隶属于屏潘区，也同时成立了中共大留村党支部、大留村苏维埃政府，由张燕生同志担任村党支部书记。屏潘区苏维埃政府于1934年2月成立于樟港村，谢应坤任主席，张燕生为副主席。中共屏潘区委、屏潘区苏维埃政府机关于1934年4月从樟港村迁入大留村，一时区警备连、肃反队、村贫农团、赤卫队等各类基层革命组织林林总总，充盈大留村落，大留村广大进步青年纷纷加入革命队伍，革命势力空前壮大，可谓“风展红旗如画”，大留村一度成为屏潘区的革命中心和政治中心。

在安德县委、安德县苏维埃政府和屏潘区委、屏潘区苏维埃政府的领导下，大留村党支部、大留村苏维埃政府依靠贫雇农，成立评议委员会，划分阶级成分，公布分田政策，插牌子分田地，烧毁财主的地契。据统计，大留 2 个自然村普遍贯彻分田政策，有 90% 的农民分到了土地。村苏维埃政府提倡男女平等、婚姻自由、废除缠足和买卖婚姻，男人剪长发、留短发，开展识字运动，宣传禁赌、禁吸毒（指鸦片），打击偷盗，广大群众无不拍手称快。然而，国民党反动派不甘心他们的失败，从 1934 年 9 月起，国民党重兵多次大举“围剿”闽东苏区。军事上采用四面合围、分途推进的战术，政治上实行“环保连坐”、自首自新和烧杀相结合的策略，甘棠苏区遭到了空前未有的破坏。区、乡、村各级苏维埃政权在敌政治、军事两面夹攻下解体，党组织也停止活动。1934 年 10 月，屏潘区苏维埃政府副主席、大留村党支部张燕生不幸被国民党匪军杀害，1934 年底屏潘区委、屏潘区苏维埃政府转入地下活动，大留村党支部、大留村苏维埃政府被迫解散，大留村重陷白色恐怖之中。

大留村苏维埃红色政权虽然只存在短暂一年时间，但大留革命群众却为闽东乃至全国的革命事业做出了卓越的贡献，建立了不朽的功勋。据统计，新中国成立以后，大留村共有 21 人被追认为革命烈士，他们是：杨时弟、刘嫩弟、阮细弟、王堂现、阮第二、杨荣弟、阮第四、郑嫩仔、张旺其、刘吾弟、郭兰英、张燕生、张五弟、林奶灿、阮永加、王成妹、张长寿、张最兴、阮清祥、张清妹、连阿振。

（刘建荣：福安人，曾在中共福安市委文明办和文明委任职）

千年古村话人文

刘建荣

福安市罗江街道大留村，原名后坡，据《大留张氏族谱》记载，大留张氏肇始于五代后梁，迄今已有一千多年的历史。走进这里，就仿佛走进了一座悠久的人文城堡：九百多年前，宋代著名理学家朱熹、杨复曾在此（大留洙溪庵和邻村倪下的上东庵）讲学，成就了一段千古佳话。当你行走在松林竹海间时，一边是山上的鸟语花香，一边是赛江的碧波荡漾，不仅可以感受到考亭书院深厚的文化底蕴，还能领略到朱熹等先哲倡导的“留衣”与“解带”的境界。

宋庆元年间，朱熹为避伪学，曾流寓长溪授课、讲学，传播理学，在福安留下了众多的文化遗址和朱子遗迹，诸如甘棠上东庵、阳头黄氏宗祠、环溪书院、社口林柄村、龟龄寺和市区察院寺，往往成为人们津津乐道的话题，而大留“理学名宗”的事迹却鲜为人知。其实，大留也是福安一处重要的理学胜地，它在传播理学方面的贡献，同福安乃至闽东其它著名理学名村相比毫不逊色，甚至有过之而无不及。大留村张氏宗祠照墙上由宛平县邵松年题写的“理学名宗”四个笔力遒劲大字，就是最好的证明。

邵松年（1847—1924 年），字伯英，号息盦，江苏常熟人，祖籍安徽休宁。因祖父邵元章寄籍顺天，故他是以顺天府宛平县学廪膳生的身份踏上科举之途的。清同治九年（1870 年）举人，授内阁中书；光绪九年（1883 年）进士，选庶吉士，授翰林院编修；光绪十七年任河南学政，光绪二十一年归田奉母。像邵松年这样进士出身、具有史官背景的人物为大留张氏宗祠题写“理学名宗”，自然更有说服力。

明万历二十五年版《福安县志》人物志“理学”栏中列举 5 名理学大师，大留村学子杨复、张泳榜上有名。光绪九年秋，福安知县张景祁在重修《福安县志》序中赞誉福安：“安邑虽僻处一隅，而山川神秀，代生伟人。微特补阙之贞廉，监押之忠勇，参军之节烈，信斋、墨庄之理学，足与日月争光。即耆年硕德，幽人高躅，深闺苦节，载诸简册者，亦皆卓乎可传。”把大留人杨复（号信斋）、张泳（号墨庄）视为全县理学伟人。可见，大留村朱子传人在福安传播理学的历史进程中所发挥的作用之大，影响之深。

大留村悠久的历史蕴藏着丰富的文化古迹，具有浓厚的古文化积淀。目前，村里有张、刘、阮、王、林、连等 30 余姓，其中张姓最早入驻大留村，也是村里人口最多的家族，为缅怀远祖汉代名臣张良拜封留侯，将原来的“后坡”地名改为“大留”，以此铭记先祖的功德。

大留村乡学教育历史悠久，早在唐代迁居时，张怀谅父子，兄弟连荣朝端，其后裔人材辈出，历久不衰。至宋庆元五年朱熹流寓大留，设帐课徒于洙溪庵、上东庵，传播理学思想，题赠“留衣韩伯人如玉，解带苏公价值金”佳联，把书院变成弘道之场所，更是把大留乡学教育推向了巅峰，并使这一穷乡僻壤成为一处文化高地。据不完全统计，仅宋代时期，大留村进士及第者就达 10 多人，为宋代福安境内最为兴盛的村落之一。

大留村之所以成为福安乃至闽东的理学胜地，主要得益于朱熹、杨复等人在此讲学活动的历史影响。杨复、张泳两个朱熹的得意门生对弘扬、传播理学的重大贡献，以及近代教育家、大留名儒张如翰毕生致力教育事业，创办仰山书院，革故鼎新、乐育功深，把朱熹理学进一步发扬光大等因素。大留民间流传这样的说法：宋代朱熹流寓长溪，设帐课徒于大留村洙溪庵和距村二公里的上东庵，张泳与里人杨复、黄幹、刘子渊、陈日湖俱师朱熹，一时洙溪庵、上东庵学者云集，时常聚首切磋义理。这一段佳话还写入 1996 年的《大留张氏宗谱志》。

八百多年来，朱熹流寓洙溪庵讲学的事迹在二十九都一带百姓中广为传颂，至今不衰。洙溪庵位于大留辖区内的 104 国道东山公路站，1955 年 8 月因公路建设被毁，20 世纪 80 年代后期当地村民又在洙溪庵旧址樟树旁兴建了一座樟仙宫，纪念朱熹，供奉香火。近年来坊间流传樟仙宫的神明是文曲星化身，保佑学子升学很是灵验，因此，香火十分旺盛，每每高考前夕，赛岐、甘棠一带十里八村的学生家长都络绎不绝前来烧香祈祷，以期实现望子成龙的美好愿景。

杨复（1164—1234 年），字志仁，号信斋，秦溪乡倪峤（今甘棠杨岙村）人，居住大留村。他是朱熹的学生，曾就学于古田蓝田书院，朱子理学闽学学派的重要弟子之一。

真德秀任福建安抚使期间，曾在福州三山郡学创建贵德堂，聘请杨复前往主持教务，一时追随者很多。杨复秉承朱熹义旨，用图示的办法，著成《礼仪图》17 卷、《礼仪旁通图》1 卷，深入浅出地解释阐扬儒家的礼治思想，既本朱子说原义，又有所创新发展。杨复殚精竭虑，陶冶后秀，名震一时。杨复的历史功绩就在于运用贵德堂郡学平台，推崇朱熹理学，并推行于全省。朱熹在大留的另一位学生张泳在传承、弘扬理学方面的表现更是卓尔不群，令人敬仰。

张泳（1163—1238 年），字潜夫，号墨庄。早年锐志濂洛之学，造诣精深，家居时曾招徒讲学，从游者甚众，学者称他为墨庄先生。门中多有理学名流。宋庆元间，朝廷禁伪学，朱熹避难长溪，张泳从游，得其真传，与杨复、黄幹、林缇、高松、陈骏、郑师梦、龚炎深受朱熹赏识。宋庆元六年（1200 年）时“伪学”尚未弛禁。恰值各州郡孝廉进京会试，主考官以“言性论策，问伪学”为试题。张泳力排异说，力主朱熹之学为正宗。阅卷官员赏识其文，“以为冠场”，但不敢例取。

张泳因坚持自己的政治信仰而丢掉了功名，但是他的道德文章却在民间传为佳话。仕途失意后，闭门谢客，专心致力为地方办乡学，招徒课艺，力倡理学，并著述《墨庄文集》若干卷和《正学论》行世。此后曾在福州养正书院讲学，师从甚众。其学子与晚辈在张泳禅心竭力的培养下成名的有张翊、张滨子等六人。张泳《正学论》全文虽仅短短 762 字，但言简意赅，字字珠玑，析理入微，见道极高，堪称论学之千古佳作。今大留张氏宗祠将《正学论》全文抄录，悬挂在在厅堂壁上，供后人瞻仰。

近代教育家张如翰在弘扬理学方面的成就同样可圈可点，光彩照人。张如翰（1849—1923 年），字少鹰，号慕鲈，福安甘棠大留村人。清道光二十九年（1984 年），生于农家，家境清寒，但力学不倦，于光绪丙子科（1876 年）中举。时闽东地处海隅，风气闭塞，教育落后，有志之士多为环境所困，未能得伸抱负，如翰先生深感治国之道莫甚于育人才，君子如欲化民俗其必由学乎。故他中举后，初则在邑之甘棠创办仰山书院，广收学子，培育人才。嗣又筹集公款，设置义仓，济助地方贫困。其后历任罗源、连江、晋江等县教谕。

清光绪二十四年（1898 年），戊戌变法，如翰先生三次赴京都上书当道，陈述废科举兴农学的主张。他认为，我国地大物博，幅员广大，农产丰富，应以农为立国之本。废科举，兴学堂，必须开创农学学堂，培养农业技术人才，以达到地尽其利，人尽其才，奔上强国富民的光明大道。遗憾的是“戊戌变法”失败，他的主张未被采纳，这篇疏文后来被编入《经世文编》。

宣统元年（1904 年）四月，张如翰出任福宁中学校长，1915 年出任仰山初等小学（遗址在现福安六中内）校长。因长期从事教育工作，艰难力任，扶掖后秀，卓有业绩。民国 5 年（1916 年），大总统黎元洪特予褒奖，亲题“乐育功深”匾额赠之，同年内务部又授他银质奖章。张如翰学识渊博，终身不离翰墨，文风老成持重，为闽东的教育事业做出了杰出贡献。

（原载南平市朱子文化研究会《朱子文化》，2019 年第 6 期）

大留村印象

李　志

大留，一座赛江沿岸迁居繁衍、农耕生息的普通小村，又是块厚积乡土教育、频送科第贤才、参与福安析县与京城“公车上书”活动、奉献闽东现代教育先驱的千年耕读文化之乡。

登上大留村背面西北向的莺歌塔山俯瞰，东向远处一抹横线的赛江，烟波浩渺，船坞罗列；山脚下即大留，它所处的长溪下游盆地小平原，田畴平旷，村居与厂房错杂铺陈，南北走向的 104 国道公路横贯其间；南接工贸发达的福安市重镇甘棠镇；北毗几连一片的北山村、桥洋村。

大留地处福安市的西南部，公路距县城 32 公里。因处盆地，海拔多在 20 米以下。西北部山岭起伏，最高峰莺歌塔山海拔 526 米。现有村辖面积 4. 85 平方公里，其中耕地面积 724 亩，园地近 983 亩，林地面积 3770 亩，人口 3000 多。

大留农作物和土特产，一如赛江沿岸拥有的种类集成，但也自具小地域生成的个性特色。传统粮作主要为水稻、小麦、番薯豆类之类。特别是番薯，具有不择土地肥瘦、耐旱、低成本、价廉等优点，福建自明万历年间引种之后，迅速在八闽推广开来，数百年间在田少人多的沿海更充当了主食的角色。番薯米（番薯丝干）全蒸是家常便饭；番薯米与稻米对半蒸属“改善生活”（福安有句熟语“虾苗拌糟，芥菜连头，番薯米对半拌”，也正是 20 世纪 80 年代以前大留人追求达到“足食”的目标），且米饭主要留给老人小孩或病人、客人吃，“主食”承载的分量可见一斑。大留土地属沙质黏土，气候又温热，加之精耕细作，故该村番薯个大质佳，番薯米甘甜绵软，“好吃”名声远近闻名。蔬菜以“田头瓜”（黄瓜）享誉，黄绿肥粗，多汁香甜，故有“甘棠的做水蜊（浸水海蜊），大留的田头瓜”之戏比。山地多种茶、竹、蔗等经济作物，其中种蔗制糖历史可远溯至清朝以前（福安种植甘蔗至明清时期已遍及各乡镇）；蔗种多为糖蔗，供熬糖之用。冬令砍伐，送入村人自建的榨糖寮，令牛拉石磙挤压出蔗汁，倒入大铁锅熬煮，再浇铺于竹垫凝固，割成板状糖块。至改革开放前后，榨蔗动力方改为电动生产。大留曾建有两座糖寮，最高年产糖量的1978年曾达到300多担，1985年熄火停产，村民所种的糖蔗送往国营㡛山糖厂做原料收购。相对于耕种生产的与天谋食，流蜞这种美味土特产的馈赠，算是“老天爷”给濒海而又无缘牧渔的大留人的一份眷顾。每至农历的五至八月份，大留人会提了纱网鱼罾，到毗连海涂汊港的稻田里去捕捞流蜞。长期的渔捕经验，让他们认识并掌握了流蜞独具一格的生活习性：此小虫只生长于咸潮倒灌过的水田里，只存于种有水稻而不施农药的稻田里，只按照周期的时间有规律地集体繁殖出来，比如本月是初一、十五前后，下月则也是初一、十五号前后，如此推衍。每个时代它都是餐桌上的高价品，有运气的人一天可捕上成百斤，按现价计算则值成万元。对于一般村民来说，这盘土味丰富了餐桌菜肴，多了份送礼的贵重，也增添了季节性的小收入。流蜞的学名叫环节动物疣吻沙蚕，长约3～6厘米，太长会自动断节，体色集黄、蓝、绿、红、白于一身，极似五彩斑斓的蜈蚣，形象可怕。但其无骨刺，高蛋白，味鲜美，可炒可煮可晒干，“流蜞炒蛋”更成为福安特色佳肴的一张名片。直至今日，赛岐至甘棠这一段赛江流域，仍是此种尤物的主产区域之一。

有族谱记载的张姓、阮姓两支先民，前后接踵来到长溪县后坡（大留）开发定居。张氏大留开基祖叫张定生，字安溪，唐孝廉，授宣议大夫，升秘书丞，是张演的长子。父张演，字怀谅，唐大中三年（849年）封为端国公，领东南节度使。张氏祖籍河南光州固始县，张演父子兄弟俱从王审知入闽，始迁福州，后梁开平二年（908年）举迁长溪后岐，并改后岐为“下邳”，以表缅怀先祖张良避难隐居徐州下邳，后得以出仕之意。张定生支分迁后坡定居后，其后人也将后坡命名为“大留”，以表崇敬张良官拜留侯之寓意，大留始得其名并沿用至今。阮氏大留开基人叫阮希畋，为其族入闽第二世祖，曾任泉州千总。其父一世祖阮能，祖籍河南陈留，随王审知入闽，封国公；抵长溪，其后七子散居各地。大留希畋这支生息至元朝，兵燹突起，全村惨遭元兵追杀，阮氏举族外迁至附近的漳港。到第三十世祖阮履复时，再返迁大留，从此安居乐业，延嗣至今。上下千年间，还有刘、林、尤、王、连等姓陆续迁入该村，各姓杂居相处，团结和睦，未发生重大的种姓冲突或械斗事端。

张氏族人秉承祖上重教倡读之风，乡学教育代代传承，耕读文化根深叶茂，科第人才辈出，出仕入将绵延，教育名家纷呈，忠义之士屡现。如以“宽厚敦信为本”见长的福州府通判张权；抗金英雄、秭归县尉张希绍；忠义之士、新城令张观；理学大师张泳；福安建县有功人士张过；近代教育家张如翰等，都青史留名，可圈可点。

阮氏虽历经进出大留的几番迁徙，现有祠谱散佚不全，记事简略，然其大留先祖也曾英姿勃发，独步当时——南宋时连出父子文武双举人（父阮瑀，隆兴元年武举正奏名，官邵武巡检；子阮大用，淳熙元年文举特奏名，官同安主簿）、父子双进士（父阮宾，嘉定四年进士，官建宁令；子阮文子，字叔野，嘉泰二年进士，博士，官判肇庆府）、兄弟双高第（兄阮国宾，字彦猷，宝庆二年进士，官吴江尉；弟阮国威，字彦昌，武举，官知封州），此份傲世纪录，亦属福安科举史的奇观。

大留古今均位处交通要道，夹居赛岐、甘棠两大镇中间。改革开放后又列入赛岐经济开发区，故土地大量被征用，村道、山坡、湖塘多被挖掘或改造，村貌也全新改观，故所剩古建物质遗产保留无多，尚存张公井、七层塔（倪下塔）、福水宫、演禅寺（禅寂尼寺）、张慕鲈（如翰）墓和烟燧遗址等几处。

“沉舟侧伴千帆过，病树前头万木春”。是的，执着千年的耕读传承有如赛江的不息长流，而进入当代社会的大留正演变为耕读与工读并举立村，今后也可能又转型成另一种模式局面，但不论如何变法，勤苦聪慧的大留人已再度启航，满载荣光与希冀，直挂云帆济沧海。

（原载李志《行囊与破茧》，团结出版社 2018 年版。有改动。
李志［1949—2018］，福安人，福安职业技术学校高级讲师）

岁月沧桑说东山

刘石尧

东山自然村位于大留自然村东 1 公里处，两村同属大留行政村。东山东与港岐山交界，东北与加招交界，南与甘棠镇接壤。104 国道就从村前穿过，交通非常方便。

宋淳祐五年（1245 年）福安建县后，东山村隶属灵霍乡沿江里。明清两朝属秦溪乡沿江里上二十九都二图。民国 18 年（1929 年）属甘棠区大留乡。民国 25 年属第四区（甘棠区）大留联保（第二年改为双留联保）。民国 31 年属三塘镇双留乡。民国 35 年属三塘镇大留保。1952 年成立互助组，1954 年成立东山初级农业生产合作社，1957 年成立东山高级农业生产合作社。1958 年 8 月成立甘棠人民公社东山大队。1961 年东山生产大队属双江公社（小公社），有 6 个生产小队。1966 年东山整合为 3 个生产小队，合并到大留大队。1984 年废除人民公社体制，东山属甘棠乡（镇）大留村（行政村）。1988 年闽东赛岐经济开发区成立，大留村（含东山、大留）划归闽东赛岐开发区。2012 年罗江街道成立，东山自然村属福安市罗江街道大留村，直到现在。

1950 年，东山有 45 户 170 人，2019 年有 133 户 559 人。七十年间增加 88 户 389

人。户数约扩大3倍、人口增长3.3倍。

1950年，东山有农用土地297亩，其中耕地255亩、农地42亩。1972年响应上级的号召，全村劳力上山开茶山80亩，分布于鹿通与五角垅山。1978年架设电网安装变压器并通电，从此结束了点煤油灯的历史。

20世纪80年代改革开放以后，东山发生了更大的变化。原来东山百姓住的都是土墙木结构的老屋，到2011年建设东山新村，建成17座钢筋混凝土结构联建房，可入驻130多户；现在的东山沿国道全部是钢混结构的新房。

因国家开发建设需要，东山农田土地全部被征用。其中104国道拓宽建设征用105.6亩，下河69亩入驻企业东百科技（工业路58号），海福诺尔（工业路59号），富硅铼公司（工业路60号），上河102亩入驻企业洪泰铜业（工业路61号），巨龙电机公司（工业路62号），坑柄垅、凤尾山47亩入驻企业一洲动力（工业路88号）、力源电机公司（工业路89号），崩章里49亩入驻企业环球电机等企业，东山公路站地块赠与使用。

村后面靠山，土名"土龙头"和南侧的"岔门兜"各有4棵大榕树（其中"土龙头"地方有一棵因树根部水土流失被台风刮倒而枯萎），树干苍劲，枝繁叶茂、郁郁葱葱，经专家鉴定已有400多年树龄（1996年立牌）。

据目前的发现，王厝井边有一水槽，槽缘刻有"淳熙九年"等字样。淳熙九年系公元1182年，以此推算东山建村至今已有800多年历史。历史上东山村曾经历过大起大落，元末傅贵卿起义是东山历史的顶盛时期。傅贵卿拥有相当的兵马，传说练兵场由东山村马栏下出石门闸，往岔门兜上曝谷岗、横路面、五角垅、拎岩至当顶岗头后脑转鹿通直下至坑柄岭头，到村面前石板路回马栏。这条石板路由坑柄岭至岔门兜，宽3米，总长约1.5公里，用石板材铺砌。石板材长1.3米、宽0.4米、厚0.15米，左右横铺中间一条直铺而成，俗称"穿心石"，整条岭路用近万条石板材铺设成。20世纪50年代因修建104国道和建畜牧场取材需要，将该路拆毁。

东山有一处路段，据说是傅贵卿率部长期练兵的产物。山体侵蚀，形成一条2～6米宽的不规则马路，人称"马路槽"，有的段落至今还完好。20世纪六七十年代山上不见草木，站在庵下亭位置向东往山上看，可以清晰地看到"马路槽"的轮廓。

离旧村100多米处（现洪泰铜业厂门口）有一座石桥，桥面用8条长7米、宽0.7米、厚0.4～0.5米、单条重约5.8吨的方柱状巨石从东向西铺设，桥底东西两头用条石砌成拱状；桥面离地面3.6米，东西两边有七级石板台阶供上下桥。据《甘棠镇志》记载，该桥建于元代，与傅贵卿时期相吻合。近年因建设需要，该桥已被拆除，石构件置于洪泰厂门内左侧。在交通闭塞又没有起重设备的古代，要完成如此浩大的工程，是很不容易的，这也让我们不得不佩服古人的智慧和胆略。

古建筑壁画

大留的元宵节

刘昌荣

一年一度的元宵佳节是中国民俗传统文化最隆重的节日之一，在福安大留村也不例外。村中民俗首事是：早早聘请了省内著名戏班，已于正月十四日进驻本村众厅开始演戏。同时，村民自发组织前往周宁杉洋迎请忠平侯王林公神祇的相关活动也已圆满完成。由于在节前做了充分的各项筹备工作，而且还特别邀请了福安开发区、甘棠镇文化馆、赛江诗社、仰山书画社等单位和社团进行古村落观摩采风，今年（2019年）的元宵节民俗活动，举办得更加隆重热闹。

新年伊始，喜事连连，大留村不久前被省民政厅、省发展和改革委员会、省住房和城乡建设厅、省文化和旅游厅及相关单位评定为福建省地名文化遗产第一批“千年古村落”。这是一份莫大的荣誉，可喜可贺！为此，大留村两委以此为契机，结合新时代文明实践活动，加强保护和传承好地方优秀文化遗产，进一步推进文化强村建设。

大留村自五代后梁肇基建村，历史悠久，文化底蕴深厚，在千年的发展过程中，逐渐形成了独特的地方文化和民情风俗，其中过元宵节就极具代表性。凡当年村中有做“喜事”者，当年十六岁或五十岁以上逢十男女寿星、建房、乔迁、做墓、进墓、结婚、添丁、高考及第者等，都必须在元宵节演戏时，在众厅后座神殿供案前点上喜烛、寿烛，以叩谢神明恩赐添丁发族、健康长寿、家道平安……

尤其元宵节“做喜”的习俗更是引人注目，凡在当年首添男丁的年轻父母都要“做喜”。大留村人把添丁“做喜”看作是头等大事，这也许源自古人的“不孝有三，无后为大”的传统思想影响，或因与大留苦难的村史有关的缘故（在元明之季曾经历过屠村之殇）。因此，人丁是否兴旺，事关一族兴衰存亡。

现在，随着人们生活水平的提高，“做喜”者通常都要做七八百斤甚至上千斤的糯米糍粑（福安话称糯米餈），分送给全村家家户户乡亲，每户分发三块，以喻“添丁发财，时来运转”之意。同时“做喜”者还要宰洗一只大公鸡，用传统手艺金铂纸或彩纸之类布置，加以现代科技电光设备，裹扮成一只只瑰丽多彩的大雄鸡，昂首挺胸、曲项高歌模样，摆满众厅后殿供案，案几上香烟缭绕、烛光摇曳，更加光彩夺目，单等礼炮燃放，戏一开场，霎时鼓乐齐鸣、金鸡高吭、电光辉映、遥相呼应、精彩纷呈，美不胜收。

灯树千光照，花焰七枝开。每当元宵做戏节，“箫鼓喧，人影参差，满路飘香麝”（宋·周邦彦《解语花·上元》）。四邻八乡的人们都慕名纷纷前来赏喜观戏，好不热闹！

元宵节之日，凡村中当年有喜事者，族中父老还要用大红纸写的喜报，组织人员用乐器吹吹打打送到喜事主家中，然后粘贴到厅堂壁上，以示庆贺，俗称“送喜票”。是夜灯火阑珊，喜事主用丰盛的美酒佳肴，盛情款待乡亲朋友。人们不亦乐乎，东家喝酒刚半醉，常被西家亲友邀请继再续喝，上厝喝罢了到下厝喝，直至酩酊大醉方可罢休，俗称喝“喜票酒”。

元宵节庆，村中另一项民俗特色，就是举行庄严隆重的迎神活动，祈求新的一年风调雨顺，国泰民安。在节前三天，由村中民俗首事组织几百号信众队伍，一行浩浩荡荡驱车前往周宁杉洋迎请忠平侯王林公神祇。待次日黎明时分，当迎请队伍回到村前牌楼门时，男女信众会倾村而出，一时礼炮齐鸣、锣鼓喧天、仪仗奏乐、秧歌欢舞……其热闹场面甚为壮观！人们争相把迎请回来的香火接回家中，以祈保新年里风调雨顺、家道兴旺、人丁康泰。与此同时，迎请队伍也把林公神祇迎回众厅后殿，与本境土主及各路神明依其坐次，各自就位，一同赏喜观戏。至此，整个元宵节民俗活动达到高潮，以至达到天地和谐、人神同乐的美好境界！

八仙佳期闹洞房

薛为河

大留旧式婚礼，拜过堂、吃过媒人暝后，晚间八九点，厅堂上又一场叫“佳期酒”的宴席开始。因一直吃到凌晨三点左右，故又称“下更酒”。

酒宴开始。“佳期头”率“八仙”（“佳期客”）入席，并唱：

吉日凡间喜事多，八仙贺奏《击壤歌》。
高朋满座新倌伴，凤舞龙飞拂晓河。

接着放鞭炮迎接新郎（“状元郎”）入座，“佳期头”唱：

高堂彩烛正双辉，一曲宜家出御闱。
秦晋联姻春意暖，鹊桥共渡会星妃。

各位佳期客“安位”后就开始吃酒。酒过数巡，菜出数道，开始“闹洞房”。

一进新房

送嫁嫂（也称嫁嫂、伴娘妈或老嫂）见人来闹新房，将新房关上。佳期头便唱起《开门歌谣》：

南山起竹北山栽，今日状元请我来。
一把金匙交我手，能开金锁进瑶台。

唱后送嫁嫂开启新房，佳期头领队进房，即唱：

脚踏兰房祝贺歌，手提灯火看嫦娥。
萌生春意今宵月，攀桂喜乘龙凤舸。

八仙轮番通过唱“本仙”歌谣，报上仙名，同时对新婚夫妇表示庆贺和祝福。

众佳期客依次进房落坐，送嫁嫂端来糖茶、喜果。佳期头唱；

瓯烹泛绿满盘中，茶又鲜甜味又浓。
一啜留香醇爽口，嫁嫂端来各一盅。

唱后即问：“众位仙友看这凤凰山（指新房）景致如何?”八仙齐答：“真是作佳

（漂亮）。”这时佳期头将新人床上的斗灯移到桌上，唱：

看龙床、新斗灯，东方日出起鲲鹏。（众答：好啊）

斗里灯台好景致，金银财宝日时增。（众答：好啊）（下同）

斗灯移后，看新人，但送嫁嫂不让随便看。佳期头唱起《十看新人》：

一看新人头上冠，珍珠玛瑙饰螭盘。
孔雀开屏多美丽，鸳鸯戏水起情澜。
二看新人头上妆，绢花鬟髻玉鸳鸯。
青丝绾发湖边柳，钿翠金钗插两旁。
三看新人窈窕身，桃源洞里一仙真。
唇红齿白秋波眼，落雁沉鱼貌有神。
四看新人一合手，左螺右箕才识有。
理计治家巧织机，生男育女登榜首。
五看新人左右肩，嫩膀溜臂自天然。
柔条冉冉明珠体，皓腕金环更淑贤。
六看新人身上衣，后凤前鸾绣彩丝。
八角莲蓬香佩带，罗裳锦缎玉柔姿。
七看新人百褶裙，面绣牡丹带祥云。
双边绣着梅兰菊，两角妆花赤与纁。
八看新人裙下鞋，鸳鸯比项绣头排。
斜条边度金花线，多籽石榴又对齐。
九看新人好金莲，尖尖玉笋步移前。
蹴蹀轻分灵凤迹，凌波何幸遇婵娟。
十看新人美如仙，千姿绰约貌姗妍。
春风满面深含韵，单等佳人揭珠帘。

大留村还有这样的诗谣，名叫《取花诗》：

第一取花取牡丹，牡丹富丽上金銮。
新娘好比花魁蕊，新郎采去喜欢欢。
第二取花取蔷薇，蕊放蔷薇玉嫩枝。
今夜新郎轻撷采，新娘面上笑微微。
第三取花取海棠，海棠含露赛娇妆。
一抹浓檀秋水畔，芳心吐艳动新郎。
第四取花取芙蓉，芙蓉开艳色鲜红。
今宵合卺双杯酒，玉燕投怀入梦中。

第五取花取紫荆，洞房花烛结朱陈。
秦晋联姻成好合，百年鸾凤日尤新。
第六取花取紫芳，新娘今夜会新郎。
万种情怀鱼见水，一团恩爱蜜伴糖。
第七取花取木兰，芳香靓艳喜人欢。
蛾眉螓首端庄貌，赛过仙女下凡间。
第八取花取丁香，精神风度似新娘。
疏璃叶下琼葩吐，纵放繁枝紫带黄。
第九取花取石榴，金罂结籽发千秋。
一枝秾艳芳心馥，开苞媚丽伴鸳俦。
第十取花取山茶，碗形花瓣悦欣嘉。
今宵喜饮合卺酒，来年定必发一家。

唱毕，送嫁嫂才轻掀新娘珠冠罩，仅让大家们瞥一眼，众佳期客退出新人房。

行酒令

佳期客们回到大厅后，重整酒菜，行令作乐。礼节繁缛，规矩很多。一切都离不开“早生贵子”“吉祥如意”和“美满幸福”“荣华富贵”的主题。

行令时，用六粒骰子去掷，由新郎倌和佳期头各行一次。行什么令，怎么行令，都是有规定的。比如行“直上金銮”令，骰子一定要分别掷出一、二、二、四、五、六。其他酒令如“财存喜露”“财存喜露梅花发”“十八学士随状元”“十八学士迎状元”等，也都有各自的规定。每个佳期友在行酒令时，都要当场吟上一首令诗。令诗形式要由一至十排比，挨次凑句，都不能离开吉利的话。如：

一金鸡飞过山，二龙凤采牡丹，
三麒麟来到此，四金刚贺状元，
五梅花开后又栽树，六部尚书贺状元，
七仙姑下凡生贵子，八仙过海小登科，
九世同堂共一家，十全大发会团圆。

也有简短令诗。如：

一个女子貌如花，二十年前在娘家，
三寸金莲移銮步，四才君子去求她，
五百年前天注定，今日来到六郎家。

二进新房

酒又过数巡。众佳期友第二次进洞房“看景致”，佳期头对洞房、桌上陈列的喜烛、斗灯、酒爵、果盒等，看一件，唱一件。如：

看新娘：

脚踏门前进洞房，房中一位美新娘。
良缘佳偶绵绵意，含露新荷蕊放香。

看喜烛：

双双喜烛亮堂堂，恩爱夫妻天地长。
一刻春宵须爱惜，来年桂馥亦兰芳。

看书桌：

四角方方四角长，五经四书摆桌中。
代代儿孙勤苦读，上京得中状元郎。

看妆台：

妆台宝镜照新娘，日暖蓝田玉润香。
逍遥坦荡眉开丽，爱爱恩恩比项鸯。

看龙床：

日暖龙床拥玉人，佳期正值小阳春。
金莺枕侧如花语，万缕柔情遇谛真。

看罗帐：

绮幕画屏新梦悄，芙蓉帐暖度春宵。
人间福慧皆君是，风采丽姿金步摇。

要做到看什么、问什么，都要用诗来对答。如事前预料不到，要临时随口编答。

传花

看过洞房景致后再回到厅堂上，重整酒席。接着玩“传花”游戏。传花位次有松、竹、联、烛、萍、莲、茶、梅、柚、桂，共十位，其中柚是佳期头，桂是新郎倌，余下的各有所属。传花时由佳期头传令，说出其中一个的隐语，对应的佳期客就要应答，一个传一个。如说“腹里藏梳的人喝一杯啊”，“柚花”就答“我柚花不饮酒耶”，其他人问“何人饮耶”，“柚花”回应“节节生枝喝一杯啊”，“竹花”应答“我竹花不饮酒耶”……一直传去，谁答不上花名就罚酒一杯。

三进新房（喷床）

行酒令、传花游戏结束后，酒又过数巡，佳期们第三次进新房，这一次是为了“喷床”。进了洞房，佳期头唱：

脚踏兰房步步高，手提灯火看嫦娥。
家中财宝居盈库，喜气重重富贵多。

送嫁嫂用茶盘端二杯糖茶过来，佳期头看了又唱：

嫁嫂端茶进洞房，金杯执手蜜和糖。

左边龙床披锦帐，右边喜烛透天长。

佳期头接过送嫁嫂的二杯糖茶，相互勾兑，同时唱：

糖交蜜，蜜交糖，夫妻恩爱百年长。
一喷新人新兰房，新人进房满处红。
堂上画眉开孔雀，闺中绣凤引芙蓉。
二喷龙床锦帐开，夫妻本是天送来。
姻缘乃是月老定，五百年前注定来。
三喷新人好牙床，结配夫妻如天长。
上有黄金堆满屋，下有百子发千孙。
四喷红罗满帐新，红罗帐里结朱陈。
麒麟入梦高魁中，子智孙贤出贵人。
五喷斗灯一盏芯，斗灯斗里出黄金。
黄金满屋家豪富，百子千孙好士钦。
六喷新人宝镜台，新人本是天送来。
待到来年花正发，花开玉燕喜投怀。
七喷床中毯共毡，福禄寿喜满房间。
房间乃是银烛照，两姓夫妻同百年。
八喷红罗锦帐门，红罗帐里会团圆。
和气一团生贵子，金榜题名中状元。
九喷斗床如意般，九世同居共一家。
国瑞凤毛熊梦兆，麟趾呈祥吐奇葩。
十喷新人真作佳，树到春来正发芽。
桂子呈祥多厚福，兰荪毓秀瑞祯嘉。

*

共商勤俭好持家。花开并蒂玉兰芽。
六亲九眷齐贺喜，多谢喜酒多谢茶。

*

天成佳偶结良缘，枕上鸳鸯人月圆。
口饮喜酒左喷右，四方财气福寿添。

*

一喷东、牛郎织女会成双。
二喷西、夫妻恩爱此日齐。
三喷南、凤凰百鸟朝荆蓝。

四喷北、男才女貌两相得。

东西南北都喷尽，后来再喷状元郎。

喷、唱完毕，佳期头转身把新娘床上被角打开，唱道：

凤凰凤凰，蛋生四方，

仙人搭去，赐生状元！

接着开箱，新娘把锁匙交给佳期头，开箱时佳期头说唱：“手把金匙开金锁，亲家亲颜（亲家母）真要好，陪的礼物新又好。”

取出灶兜裙，交给送嫁嫂时，佳期头说唱：“嫁嫂嫁嫂真真好，今年来做伴娘妈，来年来做接生婆。”

佳期酒结束，佳期头又唱：

卺酒交杯两玉夸，洞房红烛耀光华。

多谢喜酒多谢茶，八仙回转又发家。

最后是“送房”。八仙该送新郎回洞房歇息了。大家簇拥着新郎，唱送房酒令。厅堂外鞭炮声起，婚礼仪式圆满完成。

回到福安，回到家乡

张志扬

福安，多么陌生又熟悉的地名！我在台湾出生后，这个地名就出现在身份证的籍贯字段上。从父亲的口述中得知，赛江岸边一个叫做赛岐的市镇，是他的出生地。1949 年寒假（正月），父亲从赛岐搭船来到台湾探亲度假，后来因为内战的原因，两岸交通中断，无法返回福安。再后来，台湾就成为父亲的第二个家乡，他在这里生活，工作，娶妻，生子。

福安是父亲常常挂在嘴边的地名，他在家里会教我们说简单的福安话，述说赛岐老家的景象，给了我关于福安的最初朦胧印象。2009 年间，我被派驻在广州工作，遇到一位福安老乡陈志远先生，双方一见如故。陈先生还从广州打电话到台湾和我父亲以福安话闲聊，得知我的曾祖父就是清朝举人张如翰先生。此时，想要深入探索福安的意念，已在我心里萌芽。2010 年广州亚运会结束后，工作单位归建回台湾，我仍与陈志远先生经常联系。他力邀我与父亲一同回福安看看，鼓励我应多多了解自己的家乡，追本溯源。可我因工作忙碌，一直无法拨冗成行。

某日，我无意间在网路上看到一篇文章《回到父亲的家乡》，作者在台湾担任牧师，我并不认识他；他是在其父往生后，才捧着骨灰坛回到寿宁安葬，文中叙述回家乡寿宁的一切，惟一一次和其父回家乡，却是要安葬父亲。在看完这篇文章后，心有戚戚焉。父亲当时已 78 岁，倘若我不再和父亲回福安，以后谁给我带路呢？于是激发了我寻根的念头，继续在网路上搜寻祖父和曾祖父的相关文献数据。令我内心澎湃激昂的是，看到李健民老师撰写的有关张如翰先生的史迹。李老师并非张家人，为何比我还了解曾祖父呢？便写电子邮件问候李老师，并向他请教更多关于张如翰先生的故事，李老师亲切地给我回信，还告诉我许多福安的文化史迹。于是我立马着手筹备返乡溯源之旅程。

2011 年 2 月 10 日，父亲和姐姐、姐姐的小孩、我一起从台北出发，开始返乡之旅。姐姐张佩玲，台湾政治大学社会学系毕业后在桃园石门国小当教师，已经退休。当时父亲已经行动不便，我们姐弟俩从台北推着轮椅搭乘飞机前往厦门；在厦门住一晚后，隔日再乘动车抵达福安。厦门属于闽南地区，不论是语言、气候都与台湾相近。厦门市各项经济建设发达，令第一次回到大陆的姐姐感到非常意外；而我长期在大陆工作，一点也不意外。而更令人感动的应该是当地优质的人文素养。我们在厦门火车站遇到阶梯，因为我们三人同时拉着笨重的行囊又推着父亲轮椅，正犹豫是先扛下行李还是先推轮椅时，走近两位年轻女孩，主动帮忙扛下行李，小小善举令人感到十分暖心。当动车经过白马港时，看到许多造船厂，父亲告诉我，就要抵达福安了。抵达福安站后，眼前映入“福安”两个红色大字，这个既熟悉又陌生的地名就这样真实出现在我的眼前。我们静默地看着这两个红色大字，好一会儿后才搭计程车经由高速路前往福安市区，在会展酒店下榻。晚上我们在酒店与亲友们餐叙。大伙儿都是第一次见面，却是一见如故，觥筹交错下，话题源源不绝。李健民老师可能是客气了，没来参加餐叙；待我们回到酒店房间后，李老师伉俪来访，我们一起唱诗歌，直聊到夜深人静。

隔日，我们到大留村曾祖父和爷爷的祖坟追思。祖坟位于104 国道旁，原本计划要拆迁，后台湾宗亲通过海峡两岸关系协会向福建省政府陈情，改列为古迹。接着一起参观张氏宗祠，这是20 年前大留村民和旅居台湾的张氏宗亲共同出资重修的宗祠。父亲坐在轮椅上参观张氏宗祠，巧遇他的小学同学，对方还认得父亲，但父亲似乎已然忘记。接着前往父亲小时候居住的土楼。这是个大宅院，庭院深深，但房屋年久失修，由几户不认识的人家居住。据了解，堂叔终身未婚，没有子嗣，在过世前也是居住在这栋老土楼内。当地的居民应该都是远房亲戚，非常热情地端出热呼呼的甜茶给我们享用。离开父亲的老家后，我们去姑姑家。打开大门的是姑姑，不过父亲和姑姑兄妹二人见面，倒没有想象中的激动，毕竟当年姐弟俩分开时，她才 2 岁。姑姑家比我们在台湾的住家还要宽敞漂亮且豪华，很难想象从小课本里提到大陆人民都是在“水深火热”之中。墙上有好多漂亮的油画，姑姑的儿子还请我们上楼看，还拿了很多画册和画具跟我们聊。他的妻子也非常的亲切。翌日，我们就返回台湾，结束了第一次的返乡之旅。

回到台湾以后，我们对福安的一切，念念不忘。我和姐姐一直在讨论，一定要再次回福安。2012 年 6 月 24 日，我们终于再次成行。这次二姐也从美国回台湾来，两个姐姐和我，连同父亲及母亲，一行人 5 人一起返回福安。下午 2 点，堂弟张振宁和他姐夫开车来接我们。抵达赛岐大街，就看到堂哥张振平在等我们。到他们家里，看到客厅一幅漂亮的刺绣，绣着“家和万事兴”。这是第一次到叔叔家，上次由于时间匆忙，只到姑姑家。后来，姑姑及众亲友们也闻讯赶来，连家在市区的振华阿姨也都赶来了。阿姨当年已 81 岁，虽行动不便，但身体还很硬朗，且声音洪亮。当她说起过世的四叔时，流下不舍的眼泪。她还说，看到我爸爸身体不舒服，心里很难过。阿姨真是一位慈祥又善良的长者。大家都热情地和我们聊天。母亲和振华阿姨一见如故、相谈甚欢，她一直要我们多留几天。晚上去餐厅吃饭，有振平夫妇、振华一家、振华他妹和她女儿、姑姑、振平的一个朋友。本来我要付账，他们却坚持要自己付。用餐后到另一个堂哥振华家拜访，他们两家格局很像，是兄弟俩一起兴建的，只是振华家一楼在做海产加工，所以多了点海产味；当晚我们就住在振华家中。

第二天一早，到鱼市场看振平、振华夫妇。他们每天凌晨 3 点就要去鱼市场工作，虽然辛苦，但甘之如饴。每天开开心心地过日子，对金钱毫不吝啬，真是乐天知命的人。当他们知道我们只住一天时，都不断地留我们多住几天。接着我们参观赛岐小学。振华的小女儿带路，她也是读赛岐小学，是我爸爸的小小学妹。她现在和我们熟了，出门时还能帮我们把爸爸的轮椅拿出门，还帮着推轮椅。因为赛岐小学的前门，是后来才建的，所以父亲没有印象，但后门的阶梯和小门父亲就有印象了。中午满满一桌菜肴，将近有 20 道丰盛的佳肴美食。离别时，振华的太太还送给我们一人一包干贝。振华还帮我们叫车、付车资。依依不舍地跟我们握手道别，振华还对我说，下次回来，一定要住十天以上。直到现在，我们还一直和堂哥保持微信联系，得知他在赛岐又盖了一栋新房子，一直热情邀约我们再回家乡去。

因父亲年迈，身体健康每况愈下，犹如风中残烛，看了内心十分不忍。返台后陪伴在父亲身旁，一起看着两次返乡的相片，只是父亲的体力，已不能经受舟车劳顿，无法再度返乡。2014 年 2 月 2 日凌晨，父亲离开了我们，比我们早一步回到天家，相信将来有一天，我们会在天家相聚。

这次应李健民老师邀稿，借着姐姐的日记拾起这些回忆。心想，是到了再回家乡走走的时候了。等这次疫情结束后，我会带着母亲及妻女再回福安，告诉我的小孩们，这是我们的家乡，千万别忘记我们张家的祖籍地是在福安赛江边上的大留村，我们身上流的血和 DNA 都是源自于这块土地。

（张志扬，台北科技大学管理博士，智冠国际顾问股份有限公司董事长、壹登联合会计师事务所执行长、台北科技大学和淡江大学兼任助理教授）

一个以医教传承的家族

连凤玉

大留西河林氏开基祖林俊德，生于清同治九年（1870年），祖籍福安市溪潭镇吉坑村。少时在溪潭岳秀春宜药行学医，自幼经名师授传指点，精通小儿科及针灸科。光绪二十一年（1895年），26岁的林俊德到甘棠行医，期间在甘棠开药行坐堂。

甘棠附近有大留村，历史悠久，远近闻名；而且民风淳朴、好善宽容。俊德有感于此，遂于光绪二十四年迁居大留。在这里设“羡德堂”，行医为生，建房置业。他还创办私塾，招生授课，张勤现、张庆佺（又名张奶生）等均为他的学生。作为勤现之子的大留村老支书张奶希对这些仍保有记忆。

林俊德后来娶溪潭下庄陈氏女为妻。因妻家信教，俊德也随信奉天主教。俊德与陈氏共生四子一女。

长子林秋生（1908—1948年），毕业于福建省立保训合一干部训练所，曾为师，后任福安县律师所秘书等职。秋生之子林梓清（1944年生），巧手能工，精于音律，擅制乐器，于扬琴、胡琴、提琴制作均有涉猎。一生敏而好学，重教兴文，育二子三女，均有所成。晚年指导外孙子发明“自动翻页乐谱架”项目获省级科技大赛二等奖。

次子林成生（1912—1993年），学从私塾，善用秘方治疗疔疮。甘坪有渔民石成，头面生疔，脸部肿胀如瓜，多方寻医未果，家人悲戚哀恸，已为其准备后事；后经林成生家传治疔秘方治疗乃痊愈，其家人不甚感激，乃结为亲戚。

三子林细生（1916—1954年），毕业于福建省立穆阳师范学校，心系教坛，早年英逝。

四子林京生（1918—2006年），亦毕业于福建省立穆阳师范学校。其子林冲霄生于1954年，毕业于福安二中，父子二人先后任教于溪潭西隐小学；林京生八十大寿之际，福安市教育局曾赠匾“教坛寿星”以表其功。

林冲霄自学成才，在治疗疑难杂症方面颇多建树，现为大留卫生所医生。2001年其《健脑药蛋治癫痫》一文在《国际华陀医药杂志》（2001·1）上发表，《中药微量元素营养疗法》得到《中华华陀医药杂志》主编王清贵博士的关注。其医学成就入编《中国优秀特色专科名医荟萃》（2001·7）、《中国特色专科名医辞典第一辑》（2002·3）、《中华医药金鉴》（香港，2003·5）等。

林俊德之女林善玉（1902—1984年），深得其父真传，擅长治疗小儿疳积、小儿惊风等疑难杂症。凡有儿童食积、抽风，寻其医治，只消一银针，两三副药，便可痊愈，时人称为“善玉姑娘”。父女二人医术精湛，造福乡里，深受乡邻爱戴。

善玉将医术传给侄子梓松（秋生子，1936—2008年）。梓松是林家第三代，一生行医，治病救人，直至终老。

林家第四代孙女林英、林影等人传承祖上的医德医风，为乡亲服务。林英生于1969年，毕业于福鼎卫校，现为大留卫生所医生、福安市第13届政协委员。她的医德医术深受家族的影响，在治疗小儿疑难杂病方面，诊法独特，处方灵验；尤其对小儿慢支、哮喘、慢性腹泻、厌食，夜啼、遗尿、肾病综合征等治疗效果显著，颇受患儿家长的信赖。

西河林氏迁居大留迄今已传五代四十多人。120多年来，林家或治病救人，或教书育人，传承至今。大留西河林氏家族大专以上毕业生5人，现有多人在福安、宁德、福州、漳州等地置业发展。

一根提线心系三代人

——福安提线木偶戏的变迁

周邦在　陈翊群　冯易平

几年前，记者到下白石采访时有幸欣赏到大留张玉林师傅与伙计们在木偶剧场上演的《乾隆下江南》。“你看，这当皇帝的就有皇帝的形象，举手投足之间给人一种不怒自威的感觉。”张玉林师傅滔滔不绝地向记者讲起福安提线木偶剧的“门道”来。眼前的这两尊约60厘米高的小木偶，脸部雕琢得精细传神，女的身披凤冠霞帔，男的头戴官帽腰缠玉带，身上服饰缀着游龙。

据张玉林介绍，提线木偶也称为“悬丝傀儡”，整个木偶由偶头、笼腹、四肢、提线和勾牌组成，高约两尺。木偶头大多用樟、椴或柳木雕成，五官表情丰富；竹制胸腹，手有文、武之分，舞枪弄棒，笔走龙蛇，妙趣横生；脚分赤、靴、旦三种；勾牌与关节间有长约3尺的提线。而木偶演员主要靠十条线牵引，头、颈部三条，右手三条，左手两条，双眼各一条。这些线都是很有讲究的，头部需要左右转动，因此左右耳边各一条牵引，颈部也要一条上下摆动。而表演的关键是右手，因为表演时木偶要拿物体，因此右手指上便多了一条线，这样表演起来更加生动；偶有手臂抖动的动作出现，显得更加的传神。现有木偶四十几个，穿上不同的衣裳，就可以代表不同的人物角色，分别有通天圣母、田公元帅、郑二师傅、文官、小生、花旦等。这些木偶都是剧团三代人花了大量的心血购置的，一起走南闯北几十年，看惯了世事沧桑，见证了剧团的兴衰。

祖辈：择师从业启兴福安木偶人生

清末民初，浙江泰顺一带大量的木偶戏表演师傅深入到福安的乡野阡陌搭台表演，深受人们的喜爱，成为人们生活中不可或缺的节目。特别到民国初期，福安很多名门望族、乡绅大户以看木偶戏为生活习性，在各乡村城镇，看木偶戏的群众比比皆是。逢年过节，喜庆丰收，祈福拜神，嫁娶宴客，添丁祝寿，都搭台演出木偶戏。看客场场蜂拥而至，热闹非凡，连续唱个十天半个月也不足为奇。

就在这个时候，张玉林的祖父被木偶戏深深地吸引住了，随后他拜访泰顺一位木偶戏师傅，聪明好学又年轻的他很快得到木偶戏师傅的喜爱，并得到了真传。出师后，他集合兄弟亲戚组建大留村木偶戏班子，并在村里搭戏台，连演 3 个月木偶戏，日夜连轴转，每天演十多个小时。有的古装剧一次出场木偶人物多达二十三四人，四五个表演者手脚齐动，大家用来提木偶的手腕都肿了。与真人戏相比，木偶剧最难表现的是人物的神态和心理活动，张玉林的祖父凭着精湛的技艺，赋予木偶生命和感情，将木偶演“活”，征服了那些挑剔的老戏迷，后来成为闻名乡里的提线木偶戏表演大师。

父辈：闽剧唱腔演绎木偶戏剧辉煌

张玉林祖父将木偶戏表演从浙江泰顺一带传至福安大留村时，学的唱腔都是京剧。随着木偶戏在当地的深入，京剧唱腔渐渐无法满足人们对木偶戏的理解，木偶戏演出开始出现波折。此时年迈的祖父和父亲便开始思考提线木偶的出路。考虑到乡亲们大多讲方言，而京剧唱的是“官腔”，所以很少有人能够听得懂。经过几年的努力，他们将京剧唱腔转变为以闽剧和当地方言为主的唱腔，由于贴合群众的心声，很快被当地的群众所接受。

张玉林的父亲在农村长大，当初生活非常艰辛，童年时代的娱乐活动少之又少，父亲就跟爷爷那一代人随同身授。提线木偶是一门的艺术，重技巧、勤苦练，需要一次次实际经验的积累才能学成。所以父亲经常自己去空旷的舞台上练习提线，有一定基础后，就跟着祖父一起到外地演出，边跟边学。那些年头非常的累，交通不方便，都得演员自己搬运行装去各个地方表演，欣慰的是表演受到当地群众的热烈欢迎，有些群众还送锦旗给剧团。

20 世纪 50 年代，木偶戏班改为木偶剧团，木偶戏的社会地位和艺术价值得到群众的极大关注，一些剧目传统被赋予新意，现实题材作品不断出现，表现形式推陈出新。据张玉林师傅介绍，近年来剧团表演的一些主要节目都是当时采编的，比如《通天圣母全集》《甘国宝下宁波》《碧桃花》《报恩亭》《采桑记》《乾隆下江南》等。20 世纪七八十年代，造型、音响、舞台等方面都有大胆尝试，一批具有时代精神的剧目出现，使“老少皆宜”的木偶艺术走向辉煌。比如单单一场《红面八仙》剧目就要有 20 多个木偶演员出台，有些剧目用 40 多个木偶还不够。由于提线木偶在表演时每人手上最多只能操纵 4 个木偶，这样一来，表演难度就大大增加，因此平常没演出时，剧团成员也常聚在一起排练，历练自己的基本功，让木偶在表演时更加生动、更加逼真。

我辈：勤学苦练拯救濒危民间艺术

20 世纪 70 年代，17 岁的张玉林初中毕业后，没有安排工作，无事可做的他就跟随父亲的木偶剧团去各乡镇表演。当时的木偶剧团很受欢迎，而且乡镇都设立文化站，剧团每次演出文化站都有补贴，乡亲们都很想有这样一份“稳当”的工作，纷纷投以羡慕的目光。久经耳濡目染，他也渐渐喜爱上了木偶表演。

张玉林说，刚开始时他在后台跑龙套，中午大家休息了，他就跑到幕后偷偷地练习提线活。第一次练习他就全身心地投入而忘了所有，反复琢磨木偶的一举一动、一笑一颦。随着时间的流逝，老一辈木偶戏艺人相继过世，为了让这门传统艺术不被人们遗忘，他们继承了父辈们的行当。20 世纪 80 年代，张玉林从后台走向前台，开始走南闯北的木偶戏表演生活。由于木偶戏剧团的演出以平讲调（本地话）为主，闽剧只是穿插其中的少部分，深受福安乡亲的欢迎，因此我们主要在福安周边的一些乡镇演出。

随着社会经济的发展，休闲娱乐方式进一步多元化，现在已经很少有人会花时间看完整出木偶戏，更没有人会留心欣赏这门艺术的精妙，人们的目光渐渐从木偶戏移开了。曾经风光一时的大留木偶戏剧团每况愈下，往年一年能表演三四个月时间，现在也就正月表演十几二十来天了。剧团不断有人弃艺转行，先前曾有几个年轻人拜他为师，但没有一个能够最终坚持下来。福安的提线木偶戏正面临人才“断层”与后继无人的尴尬。面对这种状态，张玉林师傅显得十分无奈，他希望能有社会力量参与拯救这一濒危的民间艺术。

（原载福安新闻网，有改动）

民居小品

故事传说

莺歌山的传说

刘佑生

赛江的西岸矗立着一座巍峨雄伟的山峰，古时候这里丛林茂密、花果飘香、四季如春，常有莺鸟齐聚，鸣唱高歌，因而得名“莺歌山”。

莺歌山有一个美丽而动人的传说，以至此山自明代以来就在闽东各县乡间闻名遐迩。

相传明朝正统年间（1436—1449 年），阉党恶监王振擅权专恣，结党营私，迫害忠良，无恶不作。驸马曹鼎（大学士，当朝正统帝之妹朱祁仪之夫）秉承正义，上书谏驾揭露王振罪恶。王振知之，怀恨在心，伺机报复。适逢北方外夷兴兵进犯，王振趁此机会欲置驸马死地，于是力保驸马曹鼎挂帅出征。曹鼎出征不利，被困重围，王振向朝廷谎奏曹鼎已叛国投降，并献计正统帝挂榜选武魁招驸马，欲把公主另嫁他人。公主闻之，自知大难临头，连夜出逃。正统帝知悉，旋即派殿前锦衣卫将军跟踪追缉。几经跋涉，终至莺歌山附近，并悉公主已在其山上寺庙削发为尼。将军知情后顿起恻隐之心，对公主的遭遇深表同情和由衷的敬佩。决定不再押解公主回京复命，愿跟随公主身后，效犬马之劳。于是两人一同隐迹山中修行悟道。二人常在山顶设坛普法，庇佑苍生，百姓在风调雨顺中人寿安乐。尔后，驸马凯旋，并知前后事由。此事感动上苍，公主和将军分别被玉帝赐封为“镇塔夫人”和“武彝将军”，镇守莺歌山。后来，当地百姓为感谢二神功德，在莺歌山的东面建有“龙首庵”，奉祀镇塔夫人、武彝将军二神。明宁德县佥事陈褒有《龙首庵诗》：

背郭诛茅盖野庵，半山佳气拥晴岚。
水通石涧循檐落，花饮春风带露酣。
隔坞无台犹梦主，诸天有草亦宜男。
骑牛也欲相从去，何许烟霞是驻骖。

昭应宫的传说

刘佑生

昭应宫，俗称“大宫”；因其大殿藻井上方有九个方格，意喻能通九天仙界，故名亦称“九天宫”。据光绪十年版《福安县志》记载：“昭应宫在大留，祀彭、郑二神。”

相传宋时有瘟疫流行，周边村落都遭其灾厄，疫情甚为严重，不断有死亡噩耗传来。其时，村中有一年长老者，心系全村安危，眼看村民即将遭此瘟疫危害，终日惶惶不安，忧心忡忡。

是年农历五月二十八日晚，老者在睡梦中忽遇二位神人，头戴乌纱帽，身穿蟒袍，腰环革带，足蹬履靴，为官者模样，示各种青草药，并按配方比例口授驱除防治瘟疫之法。老者询问神人尊号，答曰“彭、郑氏是也”，旋即隐去。醒后梦中情景历历在目，记忆犹深。

翌日，老者将神人托梦之事告知村民，大家将信将疑。于是采来青草药，并按照梦中神人所授办法进行治疗。此药果然极为灵验，村民通过治疗后，不久疫情得到有效控制。全村转危为安，化解了一场空前劫难，实为万幸！

为感谢彭、郑二神救命之恩德，村民遂在村中建一宫殿，取名“昭应宫”，并立像崇祀二神。千百年来昭应宫神灵有感，有求必应，威名远播，百姓来此保平安、消灾、祈福的香火经久不衰。每年农历五月二十八日，大留村民还要裹粽、献三牲福礼、请戏班演戏庆贺，以示崇敬，祈保平安。

大留村由昭应宫彭、郑神话传说形成的“五月廿八福”传统习俗延续至今。

鸭仔墓的传说

刘佑生

从前，有一个富裕人家，为尽报孝之心，请了寻龙先生在离大留村不远的笕头山下（现名仙人墓山）觅得一块风水宝地，为其父母营造坟墓。自择吉动土开工以来，就有一乞丐模样之人，常来工地楼房食宿，主人十分热情，待之如客。

待坟墓营造就绪，选择吉日良辰将要进葬之际，那乞丐忽然躺进墓圹不出来，口里念念有词，对主人说“良辰未到”，要“黄瓜（鱼）爬上树、牛骑人、头戴铁纱帽”之时方可进葬，否则不吉利。主人听后，以为此人信口雌黄，一派胡言，置之未理。为不耽误进葬时辰，主人命人将乞丐从墓圹中强行拉出，即时举行进葬。

葬事完毕，忽然天上乌云密布，电闪雷鸣，顷刻之间一场暴雨倾盆而下；路上行人遇此情形，纷纷寻找避雨之处。

此时有一个人到邻村走亲戚，路过此地，将随带的伴手礼黄瓜鱼挂到树上，来到工地寮棚避雨；对面山上有一牧童，未带雨具，只好躲到牛腹下避雨；路上有一个补铁锅师傅，来不及避雨，就将铁锅戴在头上。

主人目睹此情此景，才恍然醒悟：乞丐的预言必有玄机。立刻到处寻找，却不知其踪，唯见路边石头上，留下一行深深的脚印（后人称之为仙脚迹，该迹现犹在）。原来乞丐是神仙化身，前来指点，主人不该不信良言，错失良机，但为时已晚，悔之莫及。

再说其墓山脚下，有两个十多岁的异姓少年孤儿，这天正在田野放鸭，知道有人进葬，便前往山上看热闹，顺便要馒头（用糯米做的饭团，古代进葬时分给路人的食物）吃。返回后，见到两只小鸭无故死亡，两个放鸭少年很难过，便在田垄的土墩上挖了一个小墓穴，模仿山上进葬的仪式，把两只小鸭当成自己的父母安葬。两个小孩觉得很好玩，却没人愿意当“孝子”哭葬。最后由年大的把年小的打了一顿，打得年少的呼天唤地、哭爹叫娘。这时正遇那场暴雨倾盆而下，与乞丐（神仙）预言的时辰相应，两个少年才草草收场，赶忙回家。未曾料想，正是这场不经意的游戏，改变了二人此后不同的人生。

若干年以后，当年的两个放鸭少年已长大成人，年岁大的事业一般，生活平淡。而年岁小的哭葬“孝子”却一帆风顺、财源滚滚，已成为富甲一方的当地大财主，。

一日，“孝子”财主忽然想起自己的父母，在过世时由于贫穷买不起棺材，只是草席裹尸，土葬掩埋，甚是凄凉。如今自己家财万贯，何不再修造一座大坟墓，重新安葬父母尸骸，以尽报孝之心！为此，他到算卦先生那里算了一卦，算卦先生根据卦象告诉“孝子”财主说：你家的财富是因“鸭仔墓”显贵所赐，原本不是你该得的，只因当年当了“孝子”，应了吉日良辰，才有今日风光日子。财主听后，方知前因后果，甚是感激。算卦先生还告诉他：“鸭仔墓”风水大好，非同一般，其父母的骸骨应该移葬此墓中，将来必有大富大贵。

为感谢“鸭仔墓”带来的好运气，“孝子”财主花重金雇工匠，把“鸭仔墓”重修一新，气势宏伟，然后择吉日良辰，风风光光地把父母的遗骸葬在此墓中。此后，“鸭仔墓”的后代果真财运亨通、人才辈出，据说还出过举人或进士之类的人物。

《长溪道中》诗的故事

刘佑生

文天祥（1236—1283 年），名云孙，字天祥，后换天祥为名，改字履善，宝祐四年（1256 年）状元及第再改字宋瑞，因住过文山，而号文山，南宋吉州吉水（今江西吉安县）人。

宋恭帝德佑元年（1275 年），元兵大举进攻东下，攻城掠地，文天祥于家乡起兵抗元。次年临安被围，文以右丞相兼枢密使奉命前往敌营议和，因谈判未果反而被拘，历经磨难得以逃脱，转战于赣、闽、岭等地。临安沦陷，恭帝与谢太后被俘。国舅杨亮节带着二位小王子（益王赵昰、广王赵昺）沿途经长溪古道仓皇向南而逃。不久刚满七岁的赵昰在福州登基做皇帝，史称宋端宗。宋景炎元年（1276 年），文天祥开府南剑州（今福建南平市），集勤王之师。据传文天祥当年曾驻军曾坂、百壁岩等处（今福安市甘棠镇观里一带），还在百辟岩有过战役。文天祥路过福安县大留村时，过访同榜进士张全居处（张全，字伯恭，宋宝佑四年登丙辰科文天祥榜进士），见其祖父张观（字达之，号自山，宋乾道年间进士）诗词遗迹感慨之，并作《长溪道中和张自山韵》诗二首。诗作收录大留张氏宗谱（以下据园里房张谱）。

其一

海潮连地吼，江雨带天流。
宫殿扃春仗，衣冠锁月游。
伤心今北府，遗恨古东洲。
王气如川至，龙兴海上舟。

其二

夜静吴歌咽，春深蜀血流。
向来苏武节，今日子长游。
海角云为岸，江心石作洲。
丈夫竟何事，底用泣神洲。

张观，字达之，号自山，宋福安县大留村人，生于宋高宗绍兴年间。明万历《福安县志·人物志》记载："字达之，入太学。隆兴中，金虏渝盟，侵扰淮甸，观率太学生七十二人上书，请斩汤思退、王望之、尹穑，窜其党洪适、晁光武，而用陈伯、胡铨等，以济大计，其言切直。后举进士，新城令。"

据《福安县志》记载，张观于宋乾道五年（1169 年）登进士。为抵御金兵南下，不辞劳苦，率领士民筑淮甸新城，随即被任为新城令。据传张观告老回乡之际，偶游长溪县接官亭，遇景题诗。该诗收录大留张氏族谱：

一山迎石照，百水纳江流。
骚客登楼赋，渔翁泛棹游。
云霞横远岫，波浪起芳洲。
乍然风雨至，鱼龙闹北舟。

傅贵卿与“东寨”的故事

刘昌荣

“五岗垅”，位于福安市罗江街道大留行政村东山自然村与甘棠镇后岐村交界处的山坳，旧时属福安县上二十九都。据《福安县志》《甘棠镇志》及相关资料载，五岗垅为元代福安县东山村人傅贵卿发动农民起义的“东寨”遗址。

“东寨”在地理上雄踞一方，扼守水陆咽喉要道，与对面甘棠青阳山的“西寨”（青寨）遥相呼应。其时“西寨”不远处，还有古道、烟墩（烽火台）等军事设防。六百多年前的元朝末年，东山村人傅贵卿（？—1363）率领的闽东各地穷苦大众，为反抗元朝统治及地主豪强的压迫，结集兵力盘踞于原官塘境内的“东寨”与“西寨”，发动了一场波澜壮阔的农民起义。

根据有关的历史资料记载，至正八年（1348 年）方国珍在浙东起兵，两年后沿浙东海面南下，尔后进攻大小筼筜（今福鼎境内），在水澳大败元军。至正十二年（1352 年），红巾军黄善部攻陷福宁州城，擒杀州尹王伯颜。八月，徐寿辉部将黄善率红巾军由江西入邵武，复由邵武取道闽东，一路攻州克县，拿下闽东各县城，追随农民达几万之众。地主豪强与官府互相勾结，组织军队，负隅顽抗。

至正十五年（1355 年），福安大饥荒以至“人相食”，又逢瘟疫大流行，走投无路的农民被迫奋起反抗。甘棠境内东山村农民傅贵卿首先率众起义，义军活跃在赛江沿岸，劫富济贫。队伍很快发展到万余人，结“东寨”于东山五柄垅、结“青寨”于官塘青阳山，两寨互为犄角之势，互相救援，攻守严密。义军很快就控制了白沙、水田一带，诛杀元朝官吏，开富豪粮仓广济饥民，深得百姓拥护。

傅贵卿起义震动福建行省并引起统治阶层的极度恐慌，行省当局传撒福宁州严加讨伐。至正十八年（1358 年）八月，福宁州同知袁天禄（今柘荣县城关人）率兵船六十余艘，并命部兵兼程挺进袭击官塘（今福安甘棠镇）。元水师刚抵黄崎（今福安下白石镇），未及列阵，傅贵卿早就率部严阵以待。猛攻船队，元军猝不及防，慌忙应战，纷纷落水，大败而逃。袁天禄方知义军皆是沿江百姓，熟谙水性，难以战胜，于是转而命令部将从陆路向甘棠腹地推进，妄图焚毁义军营寨。傅贵卿早有准备，大开寨门，元兵赶至时因不知虚实，疑有埋伏，急忙撤退，傅贵卿趁其混乱挥师追击。元兵丢盔弃甲，仓皇逃命，义军大获全胜。

元至正十九年（1359 年）二月，福建行省参政观音奴获悉袁天禄败绩，便自恃骁勇，亲讨傅贵卿。傅贵卿举东寨、青寨之兵力予以抗御，于官塘再次击败元军。柘荣太安社和周宁安宁社闻讯前来救援，亦被义军击败，狼狈而逃。泉州路治中袁安文（袁天禄之兄）再次统率大军进剿。傅贵卿集中精力突袭元军营地，将袁安文刺死于官塘后岐附近（后人称将军潭处）。义军声势大振，队伍一度扩充至二万余人，州郡官府为义军声威所震慑，气焰顿时收敛。

至正二十一年（1361 年）正月，袁天禄一方面暗中纳款金陵，一方面为报杀兄之仇再次起兵征剿傅贵卿。后因陈友谅入杉关，福建各路为之震动，其议始罢。

至正二十三年（1363 年）十月，福安县内地主豪强武装与官军联合攻打起义部队，傅贵卿在巡营时被廉村社头目卓仲溪施计擒拿，后被押往太安社。同年十一月，傅贵卿被太安社烹杀于柘荣溪坪。

历经了前后八年之久的轰轰烈烈的农民起义，终被封建王朝和地主势力联合绞杀，最后以傅贵卿殉难而宣告失败。傅贵卿反元的起义斗争，在福安古代革命的史册上，写下了可歌可泣的光辉一页。

玉池寺的传说

刘昌荣

大留村的玉池寺又名禅寂尼寺、演禅寺。明万历版《福安县志》载："禅寂尼寺、中峰寺并二十八都，五代梁乾化年间创。"《甘棠镇志・大事记》称："宋政和元年（1111 年）禅寂尼寺落成，寺址位于大留村对面的北山村与坑门里村中间地带，后该寺改名演禅寺（即玉池寺）。"根据玉池寺出土的残存碑刻文字记载，建寺时间应该在宋政和年间左右，与"五代梁乾化年间创"的说法相差约二百年。此后这座寺庙又沉寂了很长一段时间。玉池寺究竟毁于何时？无从考证！千百年来，沧海桑田，物是人非，只留下脍炙人口的悲怆传说。

相传元朝至正年间，玉池寺有一老禅师，佛法无边，道行高深，尤善奇门遁甲之术。时值毗邻的青岭山中，也有一山妖精，修炼一身好本领，能腾云驾雾，影踪无常。此山妖精虽为妖怪，但还算善类，不会害人，常来玉池寺与老禅师谈经论道，结交甚密。

山妖精喜好财物古玩字画，常潜入于帝都皇宫内窃来宝物，悉数寄存于玉池寺中，数年间金银财宝堆积如山。老禅师多次劝阻山妖精改邪归正，金盆洗手，无奈山妖精不听，依然我行我素，照偷不误。有一天，老禅师自知不日将要圆寂，想道：此山妖精尚若无人约束，日后必定后患无穷。为绝山妖精念想，于是老禅师乘山妖精外出之机，施展法力，念上箴言，顷刻间寺院化为一片汪洋大海。同时把山妖精盗来的财物也化作一对石棱柜，扔在山上乱坟之中（据说石棱之地名由此而来）。山妖精回来后找不着寺院及财宝，坐在山上暴跳如雷，捶胸顿足，放声大哭。引得雷电交加，暴雨骤至，山摇地动，山体滑落，于是玉池寺毁于一旦，从此销声匿迹，无影无踪；以至史无记载，只留下一段民谣曰："玉池十八角，金银堆西北，谁人能得去，福建一大角。"

酒井的传说

刘昌荣

从前，有一对老夫妻在大留村以酿酒、开酒店为生，生意十分兴隆。

相传某日"罗隐"（古时闽东一带的传说人物）路过此店，见店主正在蒸糯米饭，准备酿酒，饭香扑鼻而来，就对店主说：能否赏口饭吃？店主很热情，就给他打上了一大碗热气腾腾的糯米饭。"罗隐"吃完之后，感到很满足。谢过店主起身上路之际，把碗里余下的一小口饭团，随手掷入店前的一口泉井中。奇怪的是，饭团迅速沉下后，井里涌上的泉水，统统变成了浓香的美酒。这对老夫妻非常高兴，便把泉水当酒卖，生活过的十分殷实。

数年后，"罗隐"又经过大留村这家酒店，见到这对老夫妻笑问道："泉水变酒后，生意如何？生活过得好吗？"店主老婆抢着回答道："好是好，可惜无糟喂猪㹀。"罗隐神听到此话，心中有所不悦：原来世上还有如此贪心不足之人。于是走到酒店门前，随手拿了一根晒衣服的竹竿往井底一搅，忽见很多酒糟浮上水面，井水顷刻之间变得浑浊不清。从此以后，该井之水再也不能变酒卖，也不能当水饮用了。酒井遗址在大留村张祠附近。

福水宫的故事

刘昌荣

相传明万历年间，福安南部一带天逢大旱，田地龟裂，饿莩甚众，民不聊生。时有今赛岐镇象环村的陈晋六组织族人横渡赛江，至漳港田头鼻埠头上岸，沿着上二十九都古官道前往古田临水宫祈雨。

行至岭尾宫地界，忽见云头现一女子说："诸位是要到古田祈雨吗？神无所不通，唯诚能达！"语毕授予祝章，然后腾云驾雾，飘然而去。此时，随行的乩童也降神附体，手舞足蹈，口中念念有词……众人见状，方知是临水夫人尊驾降临，慌忙就地摆祭，焚香跪拜叩谢。

福水宫清代木雕

不一会儿，果然看见天上云层密布，一场甘霖沛雨顷刻而至，缓解了当地严重的旱情。

为了感谢临水夫人广施甘霖、为民造福之恩德，晋六公就联合附近大留、小留、桥洋等村的信众募资捐建福水宫，供奉临水夫人及三位大奶娘等。而象环陈氏与临水夫人本系颍川同源，故称福水宫为“太姑婆宫”。此后邑人每逢大旱即前往岭尾宫祈雨，据说十分灵验。

坊间还传说，福安福水宫与古田临水宫、宁德转水宫并列为福建奶娘三大姐妹宫。当年临水夫人陈靖姑斩杀白蛇精时，将此分为三段，蛇头放在古田临水宫，蛇身放在宁德转水宫，而蛇尾放在福安福水宫地洞中。

福水宫清代木雕

樟仙翁的传说

张坛灼

樟仙翁实是千年樟树，位于赛岐开发区大留村庵下亭地方。

据传樟树诞于后周世宗五年（958 年）八月十五子时，宋代哲宗十一年（1096 年）化身为老叟前往文岐卢家讲学五年，教卢员外之子卢志能赴京应试高中状元。卢状元回家省亲，前来长溪沿江里寻找授业恩师章光生，至村遍找并无章姓人家，准备启程乘舟返回文岐。由于寻先生不得，满怀惆怅，蓦然回首，见码头上一棵樟树枝杈上挂着一把白扇，乃是先生多年使用之物，便知樟树即章先生也。立即回身备香灯果酒前来叩谢，同时付资给当地乡里建造一石塔，四时祟祀。卢状元回京奏明圣上，哲宗皇帝曰："此乃活神仙矣！"遂得此敕封。

宋代理宗三十一年（1255 年）樟仙翁化身赴下南兴化府枫亭姚家讲学三年，姚员外之子姚恩赐高中榜眼，官封大夫之职。

明代洪武五年（1372 年），樟仙翁收服原傅贵卿义军东寨、西寨的杨、吴、李、金、钱五位寨主为座前将军，保佑黎民、除妖斩邪，威霊显赫。洪武十一年四月二十五日，玉帝赐封樟仙翁为文曲树仙，加入仙班，此后每年此日为樟仙翁登仙寿诞。

清光绪十一年（1885 年），崇安境苏姓愚人，备带利斧、木矩等砍伐工具要砍樟树，樟仙翁托梦给大留南坂境举人张如翰，说有人要毁你庵下亭产业樟树，你理应出面阻止。张如翰觉得此梦甚为奇异。第二天一早他就带领族人来到樟树下，果然有人来砍伐樟树。张举人立即上前劝解，并付银若干为“辛苦费”，砍树的苏愚人方肯离去，樟树得以保全。

由于该树神奇灵验，四方信服。求功名者络绎不绝，只要诚心具得如愿。至今每逢农历四月二十五樟树登仙寿诞之日，村里信众都要请道士起三层香案，祈保合乡平安大吉，中、高考学子考试顺利，取得好成绩，金榜题名。这一天往来的香客达千余之众，形成独具特色的民俗文化盛会。

大留阮氏厝的故事

阮坛福

相传，清乾隆年间，大留阮族有一个叫太琰的男孩，父母早逝，年幼时流落在外，被湄洋高姓人收养。太琰 16 岁时，高家人告诉他是大留阮氏的后代，希望他能回原籍认祖归宗。

太琰就来到大留，找到阮厝的叔伯宗亲，说起幼年流落他乡的情形。阮厝叔伯告诉他，当年他外出后，叔伯宗亲就四处寻找，但终未寻着。后来族中分给他的家产就由他三伯父光祉代为管理。

太琰就决定回大留生活。由于有三伯代管的家产为基础，克勤克俭，俭朴持家，生活渐渐富裕起来，于是又置办一些产业。后来还娶了田里谢家女为妻氏，生了两个儿子，一个叫廷梠，一个叫廷熙。家里人丁多了，太琰就架屋建房，这就是后来成为福安市级文物保护点的“大留阮氏厝”。

太琰与其妻谢氏感念高姓家人的收养之恩，每年都经常到湄洋去探望高家恩人，并且给他们许多帮助。年复一年，始终如一。阮太琰一家感恩图报的事迹就传扬开了。福安知县卢继祖（四川籍进士）得知以后，为了褒扬他们的善举，于嘉庆十八年（1813 年）桂月亲题“春辉照帨”牌匾，庆贺阮府谢氏六十寿。

阮太琰二子廷熙，娶廉首张氏为妻。两人相亲相爱，相濡以沫，待人和善，乐善好施（昭应宫正座右梁上有捐款芳名），持家有道，育有五男三女。眼见五男一天天长大，廷熙就再起建两座正宅，解决居住问题。这样，加上前面所说的“大留阮氏厝”，合为大留“阮氏三座厝”。道光二十四年（1844 年），阮府张氏六十寿庆，姻姪李枝青（清道光举人，历任浙江余杭、新昌、龙泉县令）题赠“媊彩长辉”牌匾，为“阮府姻伯母张氏孺人六十双庆”庆贺。

卷七 乡村人物

卷七　乡村人物

人物传略

张　权

张权，字有准，宋长溪县西北乡大留村人。生卒年不详。

张权少时聪颖，机敏好学，从小接受儒家正统教育，通读经史，知识渐进，崭露头角。年未及冠已擅长诗文，颇有名气。挥毫为文，下笔立成，文不加窜，而文风“雄浑典雅”，另辟手眼，自成一家。据大留《张氏族谱》载，张权为宋徽宗“宣和六年（1124 年）甲辰举进士”，不久任福州府通判。任上体恤民情，施政以“宽厚敦俗为本”，地方赋役因之得以缓减，风俗也得到淳化，深受当地百姓拥戴。

明万历二十五年编修的《福安县志》卷之七《人物志·宦绩》，清乾隆二十七年编修的《福宁府志》卷之二十五《人物志·文苑》对张权事迹均有记载。

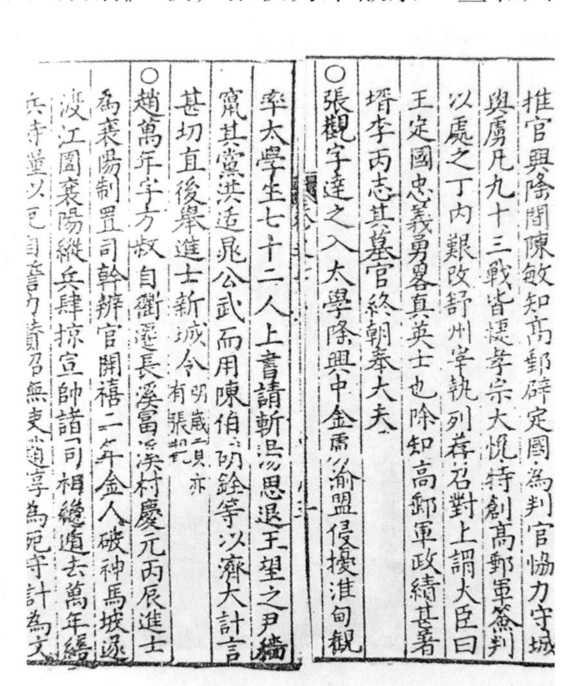

推官與除閩陳敏知高郵辟定國為判官協力守城
與虜凡九十三戰皆捷孝宗大悅特創高郵軍僉判
以處之丁內艱改舒州掌執列薦召對上謂大臣曰
王定國忠義勇略真英士也除知高郵軍政績甚著
晉李丙志其墓官終朝奉大夫
○張觀字達之入太學隆興中金虜以渝盟侵擾淮甸觀
率太學生七十二人上書請斬湯思退王望之尹穡
竄其黨洪适晁公武而用陳伯胡銓等以濟大計言
甚切直後舉進士新城令
○趙萬年字方叔自衢遷長溪富溪村慶元丙辰進士
為襄陽制置司幹辦官開禧二年金人破神馬坡遂
渡江圍襄陽縱兵肆掠宣帥諸司相繼遁去萬年總

万历《福安县志》载张观事迹

张　观

张观，字达之，号自山，宋长溪县西北乡大留村人，为张权侄孙，生于宋高宗绍兴年间（1131—1162 年），卒于嘉定元年（1208 年）。

隆兴二年（1164 年）十一月，张观进太学时，正值金人违背和约，举兵侵扰淮甸，索取北方四郡。宰相汤思退不但不思退敌，反而答应金人的割地要求，甚至遣孙造密告金人以重兵压境相胁迫。而朝中谋臣王之望、尹穑等人又攀附汤思退，极力排斥抗金将领张浚，直罢其职。因此，边防守御松懈，金人长驱直入，无兵抵挡。目睹这种卖国求荣的腐败现状，张观愤慨异常，于是联络宋鼎、葛用中等人，并率领太学生七十二人，上书孝宗皇帝。他首先回顾自从扬州退敌之后金兵不敢南下的往事，阐明“主战则益”；再陈述主战派受压，国事日非的现实，上书请求按国法治汤，王，尹误国之罪，斩此三人，以明示天下。并放逐其党徒洪适，晁公武等人，起用陈康伯，胡诠等忠贞之士，“以济大计”。言辞甚为恳切，举朝震动。

乾道五年（1169 年），张观登黄定榜进士。不久，他为抵御金兵南下，不殚劳苦，率领士民构筑淮甸新城，随即被任为新城令。后告老回乡，在宋宁宗嘉定元年（1208 年）九月，张观病逝于家乡大留，坟葬于二十八都坑门底沙坑山（今甘棠镇何厝村附近）。有诗文行世。明嘉靖间，邑人祀之于县治南的忠义祠。

明·陆以载主纂的《福安县志》卷之七《人物志·忠义》，清·李拔主纂的《福宁府志》卷之二十二《人物志·忠义》，以及《甘棠镇志》、大留《张氏族谱》对张观事迹均有记载。

杨　复

杨复，字志仁，号信斋，宋长溪县二十八都杨岙人，迁居大留。

杨复少年时聪敏嗜学，博学强记。受业朱熹门下。宋庆元间（1195—1200 年）朝廷禁伪学，朱熹避难来到长溪，至二十八都上东庵讲学。杨复与同里人大留张泳、阳头黄幹俱师事朱熹。一时上东庵学者云集。庆元六年，朱熹于建阳病逝，杨复与黄幹、刘子渊、陈日湖等人时常聚首，切磋义理，并各自招徒课艺，力倡理学。

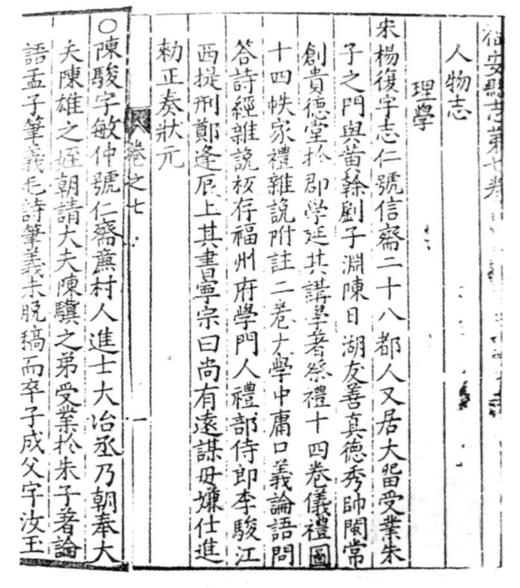
福安縣志第七卷

人物志

理學

宋楊復字志仁號信齋二十八都人又居大留受業朱子之門與黃榦劉子淵陳日湖友善真德秀師閩常創貴德堂於郡學延其講學著祭禮十四卷儀禮圖十四帙家禮雜說附註二卷大學中庸口義論語問答詩經雜說板存福州府學門人禮部侍郎李駿江西提刑鄭逢辰上其書理宗曰尚有遠謀毋嫌仕進勅正奏狀元

卷之七

○陳駿字敏仲號仁齋蕉村人進士大冶丞乃朝奉大夫陳雄之姪朝請大夫陳驥之弟受業於朱子著論語孟子筆義毛詩筆義未脫稿而卒子成父字汝玉

万历《福安县志》载杨复

杨复继承和发展朱熹的哲学成就，他在绍定元年（1228 年）写成的《仪礼旁通图》既本朱熹仪礼学说，又有所创新。宋嘉定年间（1208—1224 年），杨复的学生，礼部侍郎李骏和江西提刑郑逢辰向朝廷表奏，极力推崇杨复。宋宁宗御批云：“尚有远谋，毋嫌仕进。”敕封杨复为正奏状元，授文林郎。宋理宗端平元年（1234 年），真德秀出任福建安抚使，署理福州政务，于福州三山郡学创建贵德堂。因为杨复学识丰富，名望很高，真德秀延请他主持郡学教务。闽郡四周士人多趋其门墙。杨复殚精竭虑地陶冶后秀，终至桃李满庭，名震一时。是年十月，杨复病逝。真德秀捐出自己的俸银，派人为杨复在宁德五都港尾圆明庄（今宁德市蕉城区樟湾镇圆明寺）建造茔冢，并安葬于此。福安儒士于明嘉靖年间（1522—1566 年），祀杨复于县衙南重金山乡贤祠。明崇祯年间（1628—1644 年），祀杨复于黄崎镇兴文书院。清光绪年间（1875—1908 年），又祀杨复于甘棠南门仰山书院。

杨复以其精湛的理学造诣和培育后秀的精神备受时人推重。他去世后，真德秀称赞他："道宗圣贤，学冠古今。推明典礼会通之大，究极天地鬼神之精。虽未获身管枢要，而立言垂世，真足陶冶后学"。明宪宗朝刑部尚书林聪称赞他："析理入微，见道极高。儒绅推动，振古人豪。"

杨复对朱熹著述及先秦古籍"劲读通敏，考察最精"。生前著有《祭礼》《仪礼图》各十四卷，《集注文公家礼》十卷，《〈家礼〉杂说附注》二卷，还有《〈大学〉〈中庸〉口义》《〈论语〉问答》《〈诗经〉杂说》等。民国十六年版《甘棠堡琐志》尚例存《仪礼图·序》《论郊祭》二文。《福宁府志》《福安县志》《甘棠镇志》对他的事迹均有记载。

张　泳

张泳，字潜夫，号墨庄，又号省斋，宋长溪县西北乡大留村人，生年不详。

张泳早年锐志濂，洛之学，造诣精深。家居时曾招徒讲学，从游者甚众，学者称他为墨庄先生。门生中多有理学名流。

宋庆元间，朝廷禁伪学，朱熹避难长溪。张泳从游，得其真传。与杨复、黄幹、林湜、杨楫、高松、陈骏、郑师孟、龚郯等深受朱熹赏识。宋庆元六年（1200 年），"伪学"尚未弛禁。恰值各州郡孝廉进京会试，试天下之言性，策论，问伪学。张泳力抵邪说，推朱子理学为正宗。阅卷官员识其文，"大奇之，叹为冠场而不敢录"。宦途失意后，张泳曾在福州养正书院讲学。其后闭门谢客，专心著述。著有《墨庄文集》若干卷和《正学论》行世。其《正学论》为世人所传颂。林湜称其"识高而心果""与俗悬绝""穷达不较"。张泳于宋嘉熙二年（1238 年）逝世，葬于今罗江街道坑门里村悬钟岭。其门生祀之于福州养正书院。明嘉靖年间邑人复祀于福安县治南乡贤祠，清光绪年间复祀甘棠南门仰山书院。

明陆以载《福安县志》第七卷《人物志·理学》，清乾隆《福宁府志》卷之二十《人物志·道学》有传。

张　过

张过，大留人。据清同治七年（1868 年）大留园里房张氏宗谱的记载，“为太学循理斋内舍，充省进士。”张过在历史上的最大贡献就是为福安建县不遗余力，立下汗马功劳。福安建县提议始于宋嘉定十年（1217 年）。先由韩阳人郑子化以长溪西北乡“地偏难治”为由，向朝廷提出“长溪析县”的请求。宝庆元年（1225）长溪令范夔也向朝廷请求设县，以韩阳坂为治所。几经公文往返，但都是无果而终。淳祐四年（1244 年），身为国子监太学生的张过再一次提请分县，并请求宋廷在尚未分县时，先将“准县衙”级别的办事机构“西尉”移至西乡。五月，尚书省公文下达，地方官项寅孙派员勘查，认为“太学生张过等乞分县系民情，愿输基地木石钱粮，分认架造”，为分县准备了基本条件。九月，朝廷又派郑准亲往韩阳踏勘县治。此间有进士许子大率先捐地，接着有愿献地的，有愿移迁的，“新城之基始成”，分县条件逐渐成熟。

明万历二十五年编修的《福安县志》卷九《宋置县始末》载：“（淳祐）五年正月，都省送吏部、工部，指定限期申丞相范钧判。吏部差官，礼部定名，户部定税，工部铸印，兵部选将，作监定县名。监送提辖文思院奉直大夫黄祀申检，正拟‘福安’为县名。四月奉旨，县之立始于此。”

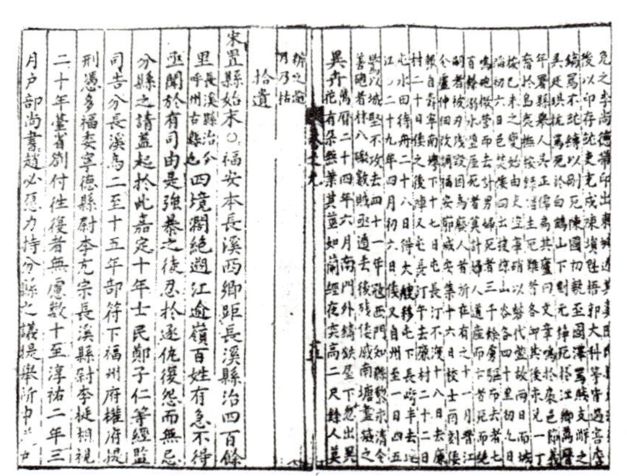

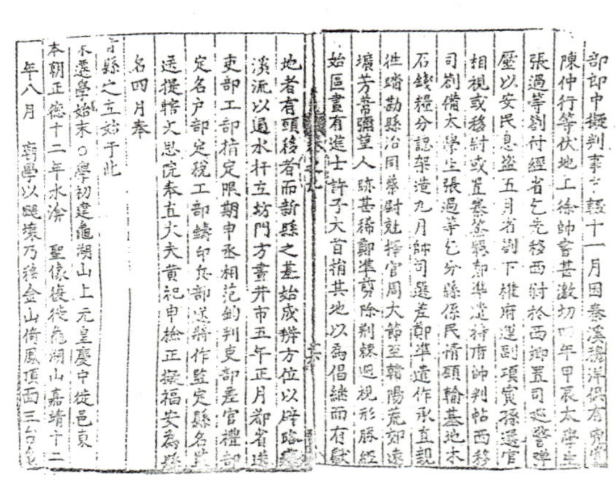

万历《福安县志》载置县始末

傅贵卿

傅贵卿，元代福安县上二十九都东山（今福安市罗江街道大留村东山自然村）人。生年不详。

元顺帝后期，政治腐败，民族压迫和经济剥削日益加剧，全国各地农民起义风起云涌。元至正十年（1350 年），浙江方国珍发动农民起义，尔后进攻今福鼎境内的大小筼筜，在水澳大败元军。十二年，红巾军黄善部攻陷福宁州城，复大败元军，擒杀州尹王伯颜。十五年，福宁州闹饥荒，以至“人相食”。又逢福安县瘟疫大流行，而官府仍搜括民脂民膏，敲骨吸髓。至正十六年（1356 年），傅贵卿在官塘率千余民众揭竿而起反抗官府。起义军结“东寨”于东山五柄垅，结“青寨”于官塘青阳山，两寨互为犄角之势，互相救援，严守严密，并迅速控制白沙，水田一带，诛杀元朝官吏，开富豪粮仓广济饥民，深得百姓拥护。

至正十八年(1358 年)，傅贵卿起义震动福建行省。行省当局传檄福宁州严加讨伐。八月，州同知袁天禄率兵船六十余艘，并命步军兼程挺进袭击官塘（今甘棠镇）。元水师刚抵黄崎（今下白石镇），未及列阵，傅贵卿早就率部严阵以待，猛攻船队。元军猝不及防，慌忙应战，纷纷落水，大败而逃。袁天禄方知义军皆是沿江百姓，熟谙水性，难以攻克，遂焚毁义军营寨，转而向甘棠腹地推进。傅贵卿早有准备，大开寨门，元兵赶至时因不知虚实，疑有埋伏，急忙撤退，傅贵卿趁其混乱挥师追击，元兵丢盔弃甲，仓皇逃命。义军大获全胜。

十六年官塘賊傅貴卿等寇邑至白沙水田大掠
十一月二社合兵攻破三恢賊犁其穴
十七年正月諸鄉各起團社并吞田土民怨有謠
十八年七月福建行省檄州討傅貴卿八月州同知袁天祿
率水兵六十餘艘先至黄崎鎮敗績陸兵深入賊巢焚其
柵寨而還
十九年二月福建行省參政觀音奴討傅貴卿州師敗於官
塘二社赴援復敗泉州路治中袁安文陣亡諸社橫甚縣
尹張師道棄官去
福安縣志　卷三十七　祥異　三
二十三年十月廉村社卓仲溪生擒官塘賊傅貴卿獻太安
社
明
洪武十三年寇亂延安侯唐勝宗遣將士討平之見昭代典則
十九年大水人民淹沒大半田園邱墟邑十數年荒落
正統十四年沙縣寇鄧茂七賊黨兇掠至穆洋曉陽勇士謝
統四剿之
天順開大荒饑殍流散
成化五年七月十四日東平二溪水溢疾風猛雨從之水勢

803

光绪《福安县志》有关傅贵卿记载

至正十九年二月，福建行省参政观音奴获悉袁天禄败绩，便自恃骁勇，亲讨傅贵卿。傅贵卿尽起东寨、青寨之兵抗御，于官塘再次击败元军。柘荣太安社和周宁安宁社闻讯前来救援，亦被义军击败，狼狈而逃。泉州路治中袁安文（袁天禄之兄）再次统率大军进剿。傅贵卿集中精力突袭元军营地，将袁安文刺死于官塘后岐后人称为将军潭处。义军声势大振，队伍一度扩充至二万余人，州郡官府为义军声威所震慑，气焰顿时收敛。

至正二十一年正月，袁天禄一方面暗中纳款金陵，表示归顺红巾军，一方面为报杀兄之仇准备再次起兵征剿傅贵卿。后因陈友谅入杉关，福建各路为之震动，其议始罢。至正二十三年十月，傅贵卿巡营时被廉村社头目卓仲溪用计擒拿，押往太安社。十一月被烹杀于柘洋溪坪。

张如翰

张如翰，字少鹰，号慕鲈，福安大留村人。生清道光二十九年（1849 年）五月十八日。幼年就读于本村墨庄书斋和南安村拱鳌斋书院，接受儒家正统教育。同治八年（1869 年）由邵宗师荐取为县学附生。

光绪二年（1876 年），张如翰参加丙子科省试，考中举人；六年，赴部拣选，候旨授知县用，奈因政局变幻，未接任命；后任连江、罗源、建阳县教谕和晋江、漳平县训导。光绪八年，为振兴乡梓教育与廪生周之翰、附生范宗正、监生陈鸿镳等募建甘棠仰山书院，并任董事。九年，赴京应试进士不第。返乡后一面继续苦心经营仰山书院，同时又任正在编纂中的《福安县志》分校。十五年，仰山书院建成，如翰就开馆设帐，延师课徒，并亲自执教，对请业问难者应接不倦。十九年，出任学篆，始将书院交与廪生刘联康管理。

光绪二十一年（1895 年），再次赴京参加进士会试。时值清政府在中日甲午战争中失败，派李鸿章与日本签订《马关条约》，割辽东，台湾并赔款白银二亿两，举国哗然，群情激愤。康有为、梁启超联合各省上京举子集议于松筠庵，上书光绪帝，力主“拒和，迁都，变法”，史称“公车上书”。如翰目击满清政府的腐败和列强的强盗侵略行径，义愤填膺，也身处其间。但这次上书，都察院以所谓和约已签订，无法挽回为由，并未转奏光绪帝。

其时清政府已是西风落叶，国事日非，如翰忧国之心与日俱增，秉怀书生报国之志，誓为地方除弊兴利，因目睹粮政紊乱，胥吏非法加征。故据理力争，上书痛陈其弊，争议经年，遂获得免。一时声名大噪，为乡人所尊崇。

光绪二十四年（1898 年），如翰北上入都。适值清廷变法，广开言路，如翰认为时机已到，可申所怀。遂上题为《废科举兴农学》的条陈送呈疏都察院，主张废科举，开辟农学堂。广陈我国地大物博，物产丰富，应以农为立国之本，若此必先培育农业人才，充实技术力量，任使地尽其利，人尽其才，始臻富强之道。惜因康梁变法失败，六君子被戮，慈

“乐育功深”，民国总统黎元洪为张如翰题

禧太后再度临朝听政，条陈被留在都察院未能上达，后被列入《经世文编》。如翰上书未果，目睹朝政日非，义愤返乡，继续致力于地方教育与著述。建议将本邑公产悠远塘田租拨充教育经费。不久，出任闽东第一所官办福宁府中学堂监督。民国后改任福宁府中学校长。

民国6年（1917年），福宁中学改归省立。68岁的张如翰由于健康的原因，告别了福宁中学回到福安大留。回乡后他又出任甘棠仰山初等小学校长。由于长期从事教育，艰难力任，扶掖后秀，卓有业绩，民国11年（1922年）大总统黎元洪为如翰题赠“乐育功深”匾额，内务部颁发红紫绶银质奖章，褒扬他对教育事业的贡献。

如翰学识渊博，终身不离翰墨。工于散文，擅长联唱，文风老成持重，且意气甚豪，人称“有排奡回环虚实相生之妙”。曾题仰山书院楹联云：“有志竟成，看墨海蛟腾词林豹变；无书不读，恰屏峰月上印屿潮来。”或实或虚，抒写胸臆，情景交融，读之令人回味深远。如翰生前著作大多散失，今有晚年所撰《地球三字经详注》传世。

民国12年（1923年）八月十五日，如翰在家中逝世。葬于大留庵下亭山麓，闽县会元陈海梅为其撰写《墓志铭》。张如翰墓现为福安市文物保护单位。

张蔚檀

张蔚檀，字履皋，号乐园，生于光绪二十八年（1902年），福安大留人。

蔚檀幼有大志，胆识过人，7岁时就读于甘棠仰山书院，10岁随父张如翰前往霞浦就读福宁中学附属高小。

中学毕业后只身负笈前往北京，考上国立工业专门学校（今北京大学前身之一），专攻电气机械工程，民国12年（1923年）毕业；后补修研究生班，获工学学士学位，派往天津电话局实习管理电话材料，后改工务员，调长途电话兼管电话局机械，参与北京至沈阳电话专线建设。民国19年（1930年）考上全国专门技术人才，派充铁道部北宁铁路管理局电务处任工程师。“九一八”事变后，遂返关内在开滦矿务局维护修理天津至唐山、秦皇岛、山海关电话线路。迨冀东局变，遂返回福建，担任闽省第一电话队队长，在福建各地架设电话专线。其时日寇加紧进行侵华战争。1941年4月21日福州第一次沦陷。蔚檀在福州无法工作，就回到故乡。1944年8月出任福安县立初级中学校长，直到1945年。

抗战胜利后，台湾光复，蔚檀于民国35年（1946年）只身赴台接收台湾纺织公司，并任台南纺织厂工程师兼任代厂长。因管理得力，成绩突出，后调总公司任总务部主任。总公司归并后；入太鲁阁林场任技正，为太鲁阁林场采用索道运送木材献策献力。嗣后赴台北担任国立台北工业专科学校（今台北科技大学）教授，作育英才，颇多贡献，直至退休。

1986 年 7 月 18 日，蔚檀在台北去世。旅居台湾的大留宗亲评价他：一生历尽艰辛，为人正派，涓介自守，从不夤缘攀附，从不浪费公帑一文，为国家建设尽忠尽责。

张燕生

张燕生 1907 年出生于福安县甘棠区大留村的一个农民家庭。自幼读过几年私塾，聪慧过人，性情耿直，嫉恶如仇，敢作敢为。1929 年，受到马立峰等革命先驱的启蒙，思想觉悟迅速提高，毅然参加革命工作。1929 年至 1932 年在大留、东山、加招、漳港一带村庄开展秘密活动，进行革命宣传，组织贫农团、赤卫队，发动群众抗租、抗债，在此期间加入中国共产党。1933 年，闽东革命风起云涌，甘棠各乡村贫苦农民在党组织的领导下，开展土地革命斗争，建立苏维埃政权。1933 年 11 月，张燕生担任安德县屏潘区苏维埃政府副主席，协助区委、苏维埃政府主要领导人全力领导屏潘区的苏维埃运动。同年 12 月兼任中共大留村支部书记，为大留村第一任党支部书记。1934 年 4 月，领导大留村的分田运动。同年 9 月，由于国民党军队对安德地区进行残酷的“围剿”，燕生和屏潘区委、苏维埃政府主要领导率屏潘区游击队转移到山上坚持斗争。1934 年 11 月 28 日，在甘棠的加招村开展革命活动时遭到国民党军包围，为掩护其他同志突围，不幸落入敌手，英勇就义，时年 27 岁。

（刘建荣）

刘耀生

刘耀生，又名刘佑生，字联丰，世居福安市大留村。1928 年 2 月 21 日生，10 岁肄业于大留国民小学，数年后以初中同等学力考取福安师范学校（在穆阳）。

1949 年参加秋征工作，任大留村农民协会主任；同年 12 月，当选福安县第一届各界人民代表大会代表。1950 年 7 月，参加福安专区民政干部学校学习，11 月参加甘棠区土改，12 月参加福建省团校第一期学习班培训，同年加入青年团。1951 年任甘棠区团工委书记。1953—1959 年，历任上潭头区团委书记、闽浙公路工程第三处政工干事、建设鹰厦铁路民工队长、福安县委政检组干部、县工业局重工股股长。1960 年在反右倾运动中受到迫害，被开除公职，清洗回乡劳动。由于他勤劳实干，被乡亲们推选为生产队队长，任职 15 年之久，1972 年光荣加入中国共产党。1974 年任甘棠农械厂厂长。1980 年得到平反，恢复政治名誉，调回县工业局工作，任重工科科长。1981 年任福安县造纸厂政工科长，直至 1983 年退休（后享受“5 · 12” 人员待遇）。

退休后，耀生继续发挥余热，老有所为。先后参加《甘棠镇志》《福安熟语》《福安市志》和《福建省刘氏族谱丛书 · 福安市甘棠卷》的资料收集和编纂工作，兼任甘棠刘氏宗祠总理、族谱分纂，担任《福建省刘氏族谱丛书 · 福安市甘棠卷》编纂委员会顾问等，名列《福建省刘氏族谱丛书·省人物志》。2011 年 2 月 13 日病逝，享年 83 岁。

张国团

张国团，字毓生，号燃生，福安县大留村人，生于宣统辛亥年（1911 年）九月。1934 年参加闽东下南区游击队，1938 年 2 月随叶飞、阮英平领导的新四军六团北上抗日。随后转战江苏、安徽、福建等省，历任新四军军部特务营副班长、五旅十五团班长、五旅十四团排长、军需等职。1938 年加入中国共产党，担任连党支部委员。解放战争时期参加过枣庄战役、孟良崮战役以及平津大战、淮海大战和渡江战役。他致力搞好部队后勤工作，先后担任过七纵六十一团军需、二十五军七十五师后勤处军械股长、后勤处党支部副书记。在诸多战役中出色完成部队的弹药、粮食运送任务。曾荣获 4 次三等功，2 次四等功，为新中国的建立做出应有的贡献。

张国团在长期的艰苦革命战争中多次负伤，积劳成疾，并且患上严重的肺结核病、全身性关节炎和慢性胃炎，无法正常工作。1950 年经部队领导再三动员，才离开工作岗位，到位于安徽的三野五医院休养。经过几年的调理治疗，身体状况仍没有很大的改善，于 1955 年 4 月提前离休离开部队，时年 45 岁。1982 年元月 26 日，张国团病逝世于福安家中，享年 71 岁。

张奶生

张奶生，1921 年 8 月出生大留村张厝巷，世代务农，兄妹三人，兄妹早夭；9 岁读书，10 岁砍柴，13 岁丧母，16 岁种田，21 岁丧父，23 岁被国民党抓壮丁北上江浙半年。

1945 年 6 月，在浙江孝丰县（今安吉县孝丰镇）一带加入新四军第 6 师（后整编为华野六纵）第 48 团，担任 48 团机枪连机枪手，在苏南参加了抗日战争。抗战胜利后，一直在华东野战军第六纵队第 16 师 48 团（后改编为解放军第 24 军第 70 师 210 团，现为首都卫戍部队的王牌团）机枪连、炮连担任机枪手、炮手、通讯员、警卫员。在解放战争中，参加华野六纵司令员王必成（中将）指挥的苏中七战七捷战役中的五次战役，孟良崮战役，涟水、莱芜、南麻、临朐、沙土集、豫东战役以及淮海战役、渡江战役。在多次战役中冲锋在前，不畏牺牲，英勇作战，荣立三等功 2 次。1947 年 8 月在山东光荣加入中国共产党。

渡江战役后，随团南下解放福建，是华野十万大军的一员。所在部队与解放军长江支队、华东南下干部、上海南下服务团和长期坚持地下斗争的福建地方干部组成的“五路大军”参加解放福建、接管福建工作。1949 年 8 月，转隶福建军区第三分区（福安军分区）霞浦县大队（后为独立营、武装部），历任通讯班班长、副排长、排长，政治助理员，参加了肃清国民党残余、剿灭海盗土匪、发展地方武装等工作，恪尽职守，保卫东南海疆。

1954 年 10 月，复员转业回到老家大留村参加劳动，担任大队党支部副书记；1956 年 1 月，组织安排先后担任福安县百货公司党支部副书记，潭头区东岭大队、甘棠区大留大队工作队，甘棠公社工业委员。1959 年 8 月转入福安县商贸系统工作，先后担任福安县商业局马头办事处溪尾站负责人、马头办事处副主任，穆阳供销社、甘棠供销社主任，赛岐食杂批发部主任、甘棠茶叶站站长等职务。1975 年调任甘棠茶叶站站长，任上积极推动高标准茶园建设、优质茶苗培育、茶叶加工制造，为甘棠镇发展成为福安茶叶主产区、全国最大的优质茶树育苗基地和品种最齐全的育苗基地打下基础。离休回村后，参与主持张氏宗祠修谱、大留老人长寿会等公益事业，积极发挥余热。1988 年 12 月病逝，享年 68 岁。

张德品

张德品，别名张熊弟，1916 年 9 月出生于大留。1945 年 4 月，他在山东参加新四军，1949 年 6 月入党。在中国人民解放军第三野战军中，历任纵队班长、军械部消防队长等职务。1948 年参加解放华北、华中、华南战役，1949 年 4 月到 6 月参加渡江战役，1949 年 11 月参加解放西南战役，1951 年参加抗美援朝等战役。在进军西南战役中荣立二等功，在抗美援朝战役中荣立三等功。1954 年 2 月 17 日被选为人民解放军代表团成员，接受全国人民的慰问。1954 年 10 月转业地方，先后在福安地区农村产品经理部、宁德地区盐业公司生产组任职。2007 年 3 月 24 日逝世，享年 92 岁。

阮承庆

阮承庆，1921 年 6 月生于大留。曾参加过抗日战争、解放战争和抗美援朝战争，解放战争中参加过辽沈、淮海、渡江三大战役。后来因为伤残退伍复员，回到家乡参加农业生产。因为伤残，无法参加体力劳动，也没有结婚成家，生活困顿，曾经以贩卖糖饼维持生活。后被甘棠镇民政办送往福安光荣院养老。承庆在这里生活了一段时间，于 1980 年代某年正月初二日去世。阮承庆在部队多次立有战功，曾获得许多勋章和证书。他的侄儿带着这些宝贵的物证前往福安认领叔叔的骨灰，以便回乡安葬。可是回家途中，这些资料全部被小偷扒走，造成很大的遗憾。

（阮坛福）

张永吉

曾名张吉弟，大留人，生于 1928 年 7 月，1936 年在本村简易小学念书，1940 年后在家务农。1950 年 2 月在大留村参加农民协会，同年 5 月参加民兵组织，担任双留乡民兵队长。1950 年 11 月参加工作，任福安县甘棠区土改助手、区公安助理员。1952 年 8 月后任福安县公安局预审股股员、副股长、股长，1956 年 2 月后任县公安局副局长、治安股股长。1957 年 7 月福建省委党校第十三期初级轮训班毕业。1959 年 2 月后历任福安县柘荣公社党委副书记兼社长、城关水电工程处工作人员，穆阳区施洋公社党委书记、溪柄区党委书记、福安县委对敌斗争委员会办公室副主任。1969 年 2 月后历任福安县公交建联社革委会副主任、县拖拉机站站长、县二轻局副局长兼福安县塑料厂书记。1989 年 9 月离休，1992 年 6 月病故，享年 65 岁。

（张坛灼）

张庶弟

张庶弟，1931 年生，祖籍张家山，1942 年随母阮氏迁居大留外家。初小文化。1956 年 7 月加入中国共产党，长期担任大留村干部。1958 年以后，历任生产组长、小队队长、大队管委会成员，1961 年后历任大留大队党支部副书记、书记、大队长、党支部委员等。1990 年代初，樟港村受水涝之灾，自发组织捐粮捐物，资助受灾群众。晚年从事环境卫生和道路清理工作，使大留村街长期保持洁净。2008 年 5 月病故，享年 78 岁。

（张雪景）

民居窗雕

人物简介

阮奶宝

1923年生。1943年任新四军三纵队8支队迫击炮连战士。1945年在对日作战中负伤，伤势严重；在野战医院动过三次大手术，安置地方接受康复治疗。后与部队失联，1948年辗转回乡。2015年获“中国人民抗日战争胜利70周年”纪念章，2019年获“庆祝中华人民共和国成立70周年”纪念章。

（阮坛福）

刘耀祥

1931年生，初小文化。1950年11月入伍，参加福安县外塘、双留乡的土改工作。1952年12月加入中国共产党。历任福安专署公安处直属中队班长、侦察员、区级外勤科员，福安专区东平农场区队长、福安专署公安处政保科员；1969年2月下放松溪县祖屿公社，先后在松溪县革委会保卫组、宁德地区公安处工作；1974年后历任宁德地区公安处政保科长、周宁县公安局局长、中共周宁县委常委兼公安局局长；1984年后历任福安县第八至十届人大常委会副主任，兼任政法委副书记、人大常委会政治法律委员会主任。1992年4月退休。

（刘建荣）

林生容

1945年生，大留村人。1963年12月应征入伍，1965年5月加入中国共产党。1968年5月转业，在泉州市公安局工作。1970年6月调福安工作，历任县公安局治安股副股长、赛岐镇公安派出所所长兼赛岐镇党委委员、溪潭公社管委会主任、溪潭乡乡长、下白石镇党委书记，1993年12月任福安市劳动局局长，2004年7月退休。1981年获省公安厅三等功一次，1988年被省政府评为“福建省计划生育先进工作者”，1990年被省委、省政府评为“抗洪抢险积极分子”。

（刘建荣）

张石兴

出生于1947年，大专文化。从事食用菌研究、菌种培育、生产及加工。1984年担任甘棠镇农村食用菌生产辅导工作，直至1992年。1987年是福建省自然科协会（研究会）福安县食用菌学会会员，现从事营养膳食研究。

（张坛灼）

张云明

1953年3月生，大留人。1968年参加中国人民解放军，在部队入党提干。1978年转业，历任宁德地区无线电管理委员会办公室副主任、主任，福建省政府办公厅无委办宁德地区管理副处长、处长，省信息产业厅莆田市无线电管理局局长、宁德市无线电管理局调研员、福州市无线电管理调研员，2013年3月退休。

（张坛灼）

张挺奇

1953年生，大留人。小学毕业后在队里劳动，队里办起集体厂，他就从做绳索开始，走上办企业的道路。1985年他开始自己做茶，先从办家庭作坊开始；1988年后与人合股创办大留茶厂，生产精制茶，年产值逾百万。大留茶厂收购周边村镇毛茶，精加工后由福州春伦公司等收购销往海外。挺奇作为民营企业家，热爱家乡，不忘带领乡亲致富。2007年，大留村以大留茶厂为“龙头”，以原大队茶园为基地，成立“福安市挺奇茶叶专业合作社”，发展茶业生产，实现“一村一品一特色”。合作社早期年产值几百万。2012—2018年，合作社年产值以千万元计，村民的收益也“水涨船高”。挺奇致富不忘桑梓，热心公益事业，多次为家乡建设慷慨出资。1997年，改造村容村貌，他承担中心街建设需要的全部水泥资金；2000年代修缮张氏宗祠，他也在资金方面作出很大的贡献。

（张坛灼）

孙瑞全

1964年生，大留村人。1980年甘棠中学初中部毕业。怀着年轻人报效祖国的梦想，于1983年11月应征入伍，服役于中国人民解放军江西樟树部队。服役期间努力学习文化和军事知识，表现突出，光荣地加入中国共产党，1987退伍回到家乡。当时茶叶收入是福安农村主要经济来源，瑞全开始学习制茶、鉴茶、窨花、销售等相关知识。1995年到广西经营茶叶生意，经过几年的资本积累和业务拓展，于2014年创立广西横县宜尚茶业有限公司，任董事长至今。

（张坛灼）

张成发

1966年生，1980年至1985年他在村里饲养奶牛兼营米粉加工。1986年开始收购茶青，和妻子阮裕梅共同创业。1993年创办茶叶精制厂，注册福安市云雾康茶厂，销售经过精加工的茶叶产品。1998年增设茶叶初制厂，形成茶叶产业一条龙，年生产销售茶叶1000多担。2002年业务拓展到窨花，产量增加到3000余担。2008年成立福安市云雾康茶叶有限公司，经营外贸出口茶叶4000余担。公司旗下拥有福安市云雾康茶厂和遵义市云雾康茶厂2个生产基地，现任福安市雾康茶叶有限公司董事长。

（张坛灼）

张乃庆

1968年生，大留人。1991年毕业于南京农业大学，高级工程师。2007年至今在上海金兆节能科技有限公司专业从事微量润滑技术研究开发工作。工作期间主持申请发明专利100多项，其中已授权80余项，研发成果大部分已应用于生产。2007—2019年，公司微量润滑技术理论计算已成功阻止30多万吨废弃润滑油剂的排放，为国家的节能减排、环境保护事业做出贡献。张乃庆多次主持和参与国家和省部级科技项目，获得多项省部级科技奖。其中2016年获上海市技术发明奖三等奖、中国机械工业科技奖二等奖，2017年获山东省科技奖二等奖，2018年获教育部技术发明奖二等奖，2019年获山东省科技奖一等奖。

（张坛灼）

刘细章

1967年生，大留东山人。1991年到外地学习船舶室内装修，期间勤奋学习业内各种工艺技术，1994年以全优成绩出师。1995年，时逢闽东船舶行业兴起，细章紧抓机遇，承接船舶室内装修工程，凭着精湛的技术和良好的信誉，赢得客户的信任。2015年注册成立“福安市细章船舶工程有限公司”，2018年又注册成立“福安市舟艺船舶有限公司”。现任这两家船业公司的法人代表、总经理。

（张坛灼）

张以享

1969年4月出生，大留人。1988年7月集美轻工业学校毕业并参加工作。1989年12月加入中国共产党，中央党校函授学院政法专业毕业。1993年10月后历任福安市湾坞乡政府办秘书、穆阳镇党委办秘书、穆阳镇党委组织委员（兼穆阳民族经济开发区党工委委员、办公室副主任）、溪柄镇政府副镇长，福安市委组织部副科级组织员；2005年10月后历任宁德市支前办副主任科员、综合科科长，宁德市政府办支前联络科科长，宁德市经信委支前联络科科长，陆军宁德预备役海防团上尉司务长、少校协理员，期间挂职宁德市信访局局长助理，宁德沈海复线高速公路有限责任公司临时党委副书记、综合部主任，现任宁德市委军民融合办综合科科长，协调督查与法规科科长、一级主任科员支前联络科科长。工作期间记三等功2次，2010年11月获“全省支前工作先进工作者”称号。

（张坛灼）

张　明

1970年10月生，大留人，大学本科学历。1994年毕业于大连海事大学，1994年参加闽东海上安全监督局工作。2009—2011年先后任宁德海事局通航管理处（指挥中心）副处长（副科）、处长（正科），2016年任宁德赛岐海事处处长（正科），2019年任宁德海事局政务中心主任（正科，四级高级主办）。2008年被福建省委、省人民政府评为“防御雨雪冰冻灾害先进个人”，2009年被交通运输部评为“全国海上搜救先进个人”。

（张坛灼）

陈锦基

1974年1月生，大留村人，中央党校本科毕业。1992年12月至2005年3月，在解放军装甲二师服役，历任战士、班长（军校学员）、排长、连长，毕业于南昌陆军指挥学院。2006年3月转业后参加公安工作，历任徐州市鼓楼公安分局民警、副中队长、副所长、纪检干事，徐州市公安局警务督察支队民警、队长、副支队长，2019年11月任徐州市公安局纪委第二派驻纪检监察组组长至今。2006—2007年，连续两年被徐州市鼓楼公安分局评为“十佳民警”，2008年被鼓楼区政府评为“奥运安保先进个人”，被徐州市公安局评为“基层标兵民警”。2008年以来，被徐州市公安局评为“人民满意警察”2次、“优秀军转干部”2次、“优秀共产党员”1次，荣立个人三等功3次。2017年被江苏省委、省政府评为“十九大安保先进个人”，2018年被徐州市公安局授予“优秀共产党员”称号。

（张雪景）

张雪景

1974年出生，大留人，大专学历。1993年为赛岐自来水厂水暖工人，1998年12月光荣加入中国共产党。2003年9月起连续担任中共大留村支部委员会书记至今。

2006—2012 年先后被中共福安市委、市政府评为治安综合治理工作先进个人、优秀党务工作者、“一对好搭档”村级主干。2013 年毕业于中央广播电视大学农业经济管理专业。2019 年被中共福安市委、市政府授予“十佳村级主干”称号。

（张坛灼）

王茂华

1976 年生，大留村东山人，初中毕业。2010 年与妻弟共同创建武汉世纪德安网络科技有限公司，经过十年的拼搏，该公司如今发展成为集动漫、游戏、AI 等于一体的数字娱乐服务企业，分（子）公司分布北京、成都、广州、深圳、上海、宁德等地。公司综合研发能力在武汉名列前茅，产品多次获得国内游戏创业大奖，2017—2019 年先后获金翎奖、天府奖和盘龙奖；产品进入德国、韩国、新加坡、印尼等多国市场，在国内外网络游戏领域享有一定声誉。2014 年又独立创办厦门市华游时代信息技术有限公司。王茂华现为武汉市动游科技有限公司副董事长，厦门市华游时代信息技术有限公司董事长，宁德市创游网络科技有限公司总裁。

（张雪景）

张庆华

1979 年生，大留村人，正科级公务员，农艺师。2000 年于福建农林大学本科毕业，同年参加工作，任溪柄镇党政办主任。2003—2006 年借调福安市电视台、市委办综合科、行政科。2007 年 1 月至 2019 年 7 月，先后任溪柄镇副镇长、党委委员，福安市政协办公室副主任，市政府办党组成员、纪检组长，市十四届纪委委员，市法院人民陪审员。2019 年 7 月任范坑乡人大主席至今。2009 年至今，先后被评为福安市电网先进个人、消费维权先进个人、计划生育工作先进个人、福建省老区宣传工作先进个人，获宁德市革命老区宣传工作特别贡献奖。

（张坛灼）

民居一瞥

人物名录

历代科举功名

进士、举人

张观，宋乾道五年（1169 年）进士，新城令；
阮国威，国宾兄，宋乾道五年赐武举及第；
杨复，杨岙人，居大留，宋宁宗朝（1195—1224 年）敕正奏状元，主持三山郡学；

阮文子，宋嘉泰二年（1202 年）进士，肇庆府判；
阮宾，宋嘉定四年（1211 年）进士，建宁令；
阮国宾，宋宝庆二年（1226 年）进士，吴江尉；
张翊，宋绍定五年（1232 年）进士，太常寺丞；
张全，宋宝佑四年（1256 年）进士；
阮大用，宋绍熙元年（1190 年）文举特奏名，同安主簿；
张滨子，宋绍定五年（1232 年）文举特奏名，国子助教；
阮瑀，宋隆兴元年（1163 年）武举正奏名，邵武巡检；
孙巨源，宋宝庆二年（1226 年）武举正奏名，建宁分司。
张观，明洪武年间（1368—1398 年）贡选，王府伴读。
张辕，明永乐六年（1408 年）举人，应天府教授；
王熊，明永乐十二年（1414 年）举人，浙江平阳训导；
郑儒，明正统六年（1441 年）举人；
张如翰，清光绪二年（1876 年）举人，福宁府中学堂监督（校长）。
（以上据明清朝《福安县志》、清乾隆《福宁府志》、1999 年《福安市志》）

清代生员

例贡：张方华；

庠生：张廷宾、张盛、张杰董、张灿、张杰齐、张文谷、张基、张杉、张世学、张廷周、张绍发、张沛霖、张永炅、张廷辉、张搏霄、张轸、张鸿辉。

（以上据 1992 年《甘棠镇志》）

革命烈士芳名

张五弟，大留人，1884 年 5 月生，大留村贫农团团员，1934 年 11 月在龙潭柘村放哨时被敌杀害；

连阿振，大留人，1894 年 4 月生，屏潘区游击队队员，1935 年 10 月牺牲在福安县城关监狱；

革命前辈讲传统

张旺其，大留人，1896 年 4 月生，大留村苏维埃政府文化委员，1934 年 7 月 21 日在敌围攻时为保护革命同志名单，隐蔽于水井不幸坠井牺牲；

阮清祥，大留人，1898 年 1 月生，大留村赤卫队队员，1935 年 2 月在倪下村一带活动时被敌逮捕杀害于林洋村；

阮细弟，大留人，1898 年 4 月生，屏潘区游击队队员，1934 年 6 月在大留村被敌围捕后杀害于赛岐；

杨时弟，东山人，1898 年生，东山村苏维埃政府交通员，1934 年 2 月被敌捕杀于东山；

张长寿，大留人，1900 年 1 月生，下南区警卫连战士，1935 年 2 月牺牲于大留村土地祠。

革命烈士证明书

張長寿同志在革命斗 中壮烈
牺牲，经批准为革命烈士，特发此证，以资褒扬。

华人民共和 民政部
一九八三年 月三十日

革命烈士证明书

张燕生，大留人，1902 年 6 月生，屏藩区苏维埃政府副主席，大留党支部书记，1934 年 11 月在对敌斗争中英勇牺牲；

郭兰英，大留人，1903 年 2 月生，大留村赤卫队队员，1934 年 10 月被敌杀害于加招村塘楼下；

王成妹，大留人，1903 年 3 月生，屏潘区警卫连战士，1934 年 12 月在坑门里村放哨时被敌逮捕杀害于大留水尾庵；

刘嫩弟，大留人，1903 年生，屏潘区肃反队队员，1934 年 4 月在乘船往樟港村开展财政工作时被敌开枪打中而牺牲；

王堂现，东山人，1905 年生，闽东游击队队员，1933 年 10 月在甘棠北门与敌作战牺牲；

功勋资料

刘吾弟，大留人，1906 年生，大留村贫农团主席，1934 年 9 月被敌杀害于赛岐；

张最兴，大留人，1907 年 7 月生，屏潘区警卫连连长，1935 年 2 月牺牲于大留村大宫边；

阮第二，大留人，1907 年 8 月生，屏潘区游击队队员，1934 年 6 月被敌围捕后杀害于赛岐；

张清妹，大留人，1908 年 6 月生，大留村贫农团主席，1935 年 7 月 9 日牺牲在赛岐；

杨荣弟，东山人，1908 年生，东山村苏维埃政府主席，1933 年 11 月被敌捕后杀害于东山村门首；

郑嫩仔，东山人，1909 年生，东山村赤卫队队员，1934 年 6 月被敌捕后杀害于西隐村；

阮永加，大留人，1912 年 9 月生，屏潘区警卫连战士，1934 年 11 月在龙潭柘村放哨时被敌杀害；

林奶灿，大留人，1912 年 9 月生，屏潘区游击队交通员，1934 年 11 月被敌捕后杀害于加招村塘楼下；

阮第四，大留人，1914 年 3 月生，屏潘区肃反队队员，1934 年 4 月在乘船往樟港村开展财政工作时被敌开枪打中而牺牲。

革命“五老”名录

刘宋波，又名第三，1913 年生，1933 年参加革命，活动地点在宁德赤溪一带，任游击队员；

阮节现，1916 年生，1933 年参加革命，活动地点在大留、穆阳，任游击队员；

刘荣宋，1916 年生，1933 年参加革命，活动地点在甘棠、林洋，任游击队员；

阮钦标，1917 年生，1932 年参加革命，活动地点在大留、赛岐，任游击队员；

林霖，1917 年生，1933 年参加革命，活动地点在大留，任乡主席；

刘庆波，1918 年生，1933 年参加革命，活动地点在观里、林洋，任乡干部；

刘大目，1920 年生，1933 年参加革命，活动地点在观里、林洋，任乡干部；

张智付，1921 年生，1932 年参加革命，活动地点在大留，任村干部；

刘如萱，女，1921 年生，1934 年参加革命，活动地点在观里、大留，任妇女干部。

（以上刘宋波据张石富、张坛灼的回忆，其余据福安市老区办 1991 年 6 月 15 日统计报表资料）

代表委员名录

中共福安市（县）代表大会代表

张石富，1978 年福安县第五次党代会代表；
张奶希，1984 年福安市第六次党代会代表；
张奶希，1987 年福安市第七次党代会代表；
张成增，1990 年福安市第八次党代会代表；
张雪景，2011 年福安市第十三次党代会代表。

福安市（县）人民代表大会代表

刘佑生，1949 年福安县第一届第一次各界人民代表大会代表；
林贵龙，1962 年福安县第四届人民代表大会代表；
张奶弟，1978 年福安县第七届人民代表大会代表；
张成增，1984 年福安县第九、十届人民代表大会代表；
张振春，福安市第十一、十二届人民代表大会代表；
张成昌，福安市第十三届人民代表大会代表；
张俊华，2011 年福安市第十六届人民代表大会代表；
连松贵，2018 年福安市第十七届人民代表大会代表。

福安市政协委员

张建锋，2006 年福安市第九届政协委员；
林英，2016 年福安市第十三届政协委员。

历任乡村干部

乡村干部

1950—1952 年　张荣纯（党支部书记、乡长）、刘荣宋（农会主席、乡长）、刘佑生（农会主任）、林霖、阮节现、张二妹、邹美容（女）、张奶弟、刘则奇（团支书）；

1953—1955 年　刘则（作）奇（党支部书记）、刘积波（乡长）、张二妹、阮节现、林贵龙、刘第三、张忠其；

1955—1957 年　杨奶康（党支部书记）、张奶弟（乡长）、林贵龙、张细全、刘土现、王秀梅（女）、林承香。

生产大队干部

1957—1961 年　张奶弟（党支部书记）、林贵龙（大队长）、刘积波、张石富、张庶弟、张赛妹、杨奶康、王秀梅（女）、刘土现、钟冗顺；

1961—1967 年　张庶弟（党支部书记）、张石富（大队长）、刘积波、林贵龙、王金顺、张步进、刘银增（女）、林奶贤；

1967—1973 年　张石富（党支部书记）、张庶弟（大队长）、王金顺、林贵龙、连云灼、刘银增（女）、尤细三、张奶希、刘积波；

1973—1979 年　林贵龙（党支部书记）、张奶弟（大队长）、张庶弟、张奶希、尤细三、张振和；

1979—1982 年　张奶希（党支部书记）、连云灼、陈秀庄（女）、刘学尧、张赛妹。

（以上 1950—1982 年名单据大留老村干部集体回忆）

村“两委”成员

1982—1988 年　张奶希（党支部书记）、张成增（村委会主任）、连云灼、尤承美、刘银珠（女）、张开铃、刘学尧、张铃增、张学顺、刘惠明、张奶弟、阮瑞发；

1988—1991 年　张奶希（党支部书记）、张振春（村委会主任）、尤承美、连云灼、刘学尧、刘佑生、张铃增、刘银珠（妇女主任）、阮瑞发（民兵营长）、林贵龙、刘惠明（团支书）；

1991—1992 年　张奶希（党支部书记）、张振春（村委会主任）、刘佑生、张成增、张养生、连云灼、刘银珠；

1992—1994 年　张成增（党支部书记）、刘学尧、尤承美、张瑞平、刘银珠（妇女主任）、阮瑞发（民兵营长）、张玉堂（团支书）；

1994—1995 年　张成增（党支部书记）、张坛灼（村委会主任）、张发弟、刘奶祥、张碧云（妇女主任）；

1995—1997 年　张瑞平（党支部书记）、阮瑞发（民兵营长）、张玉堂（团支书）、刘惠明、刘章寿、张养生、孙瑞全、张瑞平、张礼仁；

1997—2000 年　张瑞平（党支部书记）、张成昌（村委会主任）、张养生、刘乐如、张礼仁、张铃增、张坛灼、郑丽娇（妇女主任）、张廷发（民兵营长）、阮锐安（团支书）；

2000—2003 年　张成昌（党支部书记）、刘耀华（村委会主任）、张坛灼、张养生、刘乐如、张瑞锋、阮祥发、郑丽娇（妇女主任）、张铃增（民兵营长）、阮锐安

（团支书）；

2003—2006 年　张雪景（党支部书记）、刘耀华（村委会主任）、张成昌、张奶希、张坛灼、张铃增（民兵营长）、刘章寿、张养生、郑丽娇（妇女主任）；

2006—2009 年　张雪景（党支部书记）、刘耀华（村委会主任）、张成昌、张奶希、张坛灼、张绍华、刘章寿、张养生、张挺奇、连凤玉（妇女主任）、张凯敏（民兵营长）；

2009—2012 年　张雪景（党支部书记）、张俊华（村委会主任）、钟书君（女，党支部副书记、团支书）、张学容、张坛灼、刘耀华、连凤玉（妇女主任）、刘章寿、张绍华、张凯敏（民兵营长）；

2012—2015 年　张雪景（党支部书记）、张绍斌（村委会主任）、刘石尧、张坛灼、张玉兰（妇女主任）、张绍华、张学容、连丽（女，团支书）、张飞（民兵营长）；

2015—2018 年　张雪景（党支部书记）、张绍斌（村委会主任）、张坛灼、刘耀华、张瑞平、刘三平、刘石尧、张学容、连松贵、张飞（民兵营长）、连丽（女，团支书）、张义丽（妇女主任）、阮巧燕（专职村干）；

2018 年至今　张雪景（党支部书记）、连松贵（村委会主任）、连凤玉（党支部副书记、团支书）、张瑞平、张利锋、刘石尧、张坛灼、张玉兰（妇联主席）、张绍华、刘耀华、阮巧燕（专职村干）。

插队知识青年

张平清，男，家住赛岐，原籍大留，1973 年福安二中高中毕业，同年 7 月插队大留；

刘肃宾，男，家住赛岐，1974 年宁德地区民中高中毕业，同年 6 月插队大留；

王幼珍，女，家住赛岐，1974 年福安二中高中毕业，同年 6 月插队大留；

王培春，男，家住赛岐，原籍大留，1974 年福安二中初中毕业，同年 7 月插队大留；

刘成梅，女，家住甘棠，原籍大留，1974 年甘棠中学高中毕业，同年 7 月插队大留；

张建平，男，家住赛岐，原籍大留，1975 年福安二中高中毕业，同年 7 月插队大留；

陈建江，男，家住福安城关，原籍江苏，1975 年福安一中高中毕业，同年 7 月插队大留；

刘普荣，男，家住福安城关，原籍大留，1976 年松溪中学高中毕业，同年 6 月插队大留。

县市以上表彰

以下人员按年份、姓名、表彰内容或称号、表彰或授奖单位的顺序编排。

1990 年　张奶希，1988—1989 年度政法工作帮教先进工作者，中共福安市委、市政府；

1991 年　张成增，优秀共产党员，中共福安市委；

1993 年　张成增，优秀共产党员，中共福安市委；

1995 年　张坛灼，农村黑板报工作先进个人，中共福安市委；

1999 年　张坛灼，计生协会工作先进个人，中共福安市委、市政府；

2002 年　张坛灼，计生协会工作先进个人，中共福安市委、市政府；

2003 年　张坛灼，计生生育先进工作者，中共福安市委、市政府；

2004 年　张坛灼，计生生育先进工作者，中共福安市委、市政府；

2006 年　张雪景，2005 年度治安综合治理工作先进个人，福安市委、市政府；

2006 年　张坛灼，人口与计划生育先进工作者，中共福安市委、市政府；

2007 年　张坛灼，人口与计划生育先进工作者，中共福安市委市、政府；

2008 年　张坛灼，先进平安中心户长，省综治办、省人事厅、省委农村工作办、省总工会；

2009 年　张坛灼，计划生育协会先进志愿者，中共福安市委、市政府；

2011 年　张雪景，优秀党务工作者，中共福安市委；

2012 年　张雪景，“一对好搭档”村级主干，中共福安市委、市政府；

2012 年　张俊华，“一对好搭档”村级主干，中共福安市委、市政府；

2016 年　张乃庆，上海市科学技术三等奖，上海市人民政府；

2017 年　张乃庆，山东省科学技术二等奖，山东省人民政府；

2018 年　张乃庆，教育部技术发明奖二等奖，国家教育部；

2019 年　张雪景，十佳村级主干，中共福安市委、市政府；

2019 年　连凤玉，优秀共青团干部，共青团福安市委。

科级以上公务员（已知）

刘耀祥，男，1931 年生，曾任福安市第十届人大常委会副主任兼政法委副书记；

林生容，男，1945 年生，曾任福安市劳动局局长；

张云明，男，1953 年生，曾任福州市无线电管理局调研员；

张以享，男，1969 年生，宁德市委军民融合办公室综合科科长；

张　明，男，1970 年生，宁德市海事局政务中心主任；

张文明，男，1972 年生，中国人民解放军某部上校；
陈锦基，男，1974 年生，徐州市公安局纪委派驻纪监组组长；
张文忠，男，1978 年生，中国人民解放军某部中校；
张庆华，男，1979 年生，福安市范坑乡人大主席；
张良利，男，1986 年生，中国人民解放军某部少校。

高级技术人员（已知）

张乃庆，男，上海金兆节能科技有限公司高级工程师；
阮锦发，男，福建建工集团总工程师；
张清春，女，中国科学院青岛海洋研究所副教授；
邱丽梅，女，中国科学院青岛海洋研究所副教授。

高等学历人员（已知）

大留村高等学历人员一览表

（学历取得时间为 1950—2019 年，含户籍不在大留者）

姓名	性别	出生年	毕业院校
以下博士（4 人，男 3、女 1）			
张志扬	男	1972	台北科技大学
张清春	男	1977	青岛中国第一海洋所
邱丽梅	女	1978	青岛中国第一海洋所
陈万泽	男	1986	厦门大学
以下硕士（19 人，男 9、女 10）			
谭群华	女	1974	上海财经大学
林　婕	女	1981	武汉理工大学
张　丰	男	1982	美国凯洛商学院
张　今	女	1984	上海理工大学
高廷金	男	1984	中国科学院研究生院
陈巧玉	女	1984	厦门大学
张　斌	男	1984	福建医科大学
张良利	男	1986	国防科技大学
刘仙金	女	1986	江西师范大学
张　辉	男	1987	贵州大学
刘瑞娟	女	1987	湖南大学

续表

姓名	性别	出生年	毕业院校
刘力行	男	1987	西安交大
刘玉丹	女	1989	中国政法大学
张　洁	女	1989	福建农林大学
张铃华	男	1990	英国罗伯特戈登大学
林　坚	男	1991	南京理工大学
张媛媛	女	1993	福建中医药大学
邵晴薇	女	1993	南京理工大学
张志友	男	1994	英国华威大学
以下本科（214 人，男 109、女 105）			
张品容	男	1962	福州大学
张寿清	男	1963	福州大学
竺春玲	女	1964	华东石油学院
阮坛福	男	1965	福建农林大学（函授）
张乃庆	男	1968	南京农业大学
张成团	男	1969	华东交通大学
张菊琴	女	1969	宁德师范学院
张以享	男	1969	中共中央党校（函授）
张奶奇	男	1969	中共中央党校（函授）
刘子松	男	1969	西南师范大学
林耀茂	男	1969	福建农林大学
林松清	男	1970	福建教育学院
张安发	男	1972	福建莆田医学院
张文明	男	1972	福建林业学院
阮锦发	男	1972	华北水利水电学院
阮美凤	女	1972	中国政法大学
阮绍华	男	1972	福州大学
张雪娇	女	1972	闽南师范大学
刘子团	男	1973	中央广播电视大学
林松茂	男	1973	中国科技大学
陈锦基	男	1974	中共中央党校
黄羽宁	女	1975	北京邮电大学

续表

姓名	性别	出生年	毕业院校
倪文影	女	1975	西南交通大学
李　华	女	1975	西南师范大学
林妙红	女	1975	河南财经学院
张瑞光	男	1976	东南大学
林立锋	男	1976	集美大学
张妙娟	女	1977	福建师范大学
张光晖	男	1977	武汉纺织大学
刘娟娟	女	1977	集美大学
阮友锋	男	1977	福建师范大学
张文忠	男	1978	空军工程大学
王建斌	男	1978	闽江学院
陈士勇	男	1978	福建医科大学
林素云	女	1978	中央广播电视大学
张文瑞	男	1979	厦门大学
张庆华	男	1979	福建农林大学
郭　少	女	1979	福建师范大学
张勇金	男	1980	福建师范大学
张　亮	男	1980	漳州机电大学
刘美芳	女	1980	国家开放大学
阮华苹	女	1980	福建师范大学
张爱萍	女	1981	福建师范大学
张玉平	女	1981	福建师范大学
吉　威	女	1981	重庆工商大学
汤月秀	女	1981	国家开放大学
张　斌	男	1982	集美大学
王　惠	女	1982	中国农业大学
张缩影	女	1982	福建师范大学函授
张铮荣	男	1982	福州商业大学
张惠清	女	1982	浙江理工大学
张亮华	女	1982	集美大学
张智发	男	1982	仰恩大学

续表

姓名	性别	出生年	毕业院校
郑灼云	女	1982	福建师范大学（函授）
丁文娟	女	1982	福建中医药大学
陈　亮	男	1982	井冈山大学
张利敏	女	1982	重庆交通大学
林永锋	男	1983	中国农业大学
张妙安	男	1983	漳州师范大学
刘　毓	男	1983	江苏科技大学
刘晓平	女	1983	长春师范大学
王晶晶	女	1983	福州大学
罗雅妃	女	1983	福建教育学院
童　菲	女	1983	成都信息工程学院
陈　垚	女	1983	河北医科大学
林　健	男	1983	集美大学
张　洁	女	1984	福州大学
张廷富	男	1984	厦门大学
张冉冉	女	1984	福建农林大学
张晓洁	女	1984	中央民族大学
张娅婷	女	1984	福建师范大学
王少琴	女	1984	华南热带农业大学
丁章江	男	1984	集美大学
陈细妹	女	1984	福州大学
阮丽铿	女	1984	华侨大学
陈立红	女	1984	宜宾学院
陈　雯	女	1984	闽江学院
张兴锋	男	1985	南京师范大学
张　辉	男	1985	福建师范大学
张灿辉	男	1985	重庆大学
张建全	男	1985	福建师范大学
阮铃斌	男	1985	泉州华侨大学
陈　鑫	男	1985	厦门大学
林于山	男	1985	中南林业科技大学

续表

姓名	性别	出生年	毕业院校
张楚楚	女	1986	漳州师范学院
刘玉娟	女	1986	漳州师范学院（函授）
王晓锋	男	1986	同济大学
吴恋恋	女	1986	福建中医药大学
张细登	男	1987	福州大学
张　晟	男	1987	武汉科技大学
张　历	男	1987	福州公安大学
张庭雄	男	1987	集美大学
张　洁	女	1987	福建广播电视大学
刘　玲	女	1987	闽江学院
杨金霞	女	1987	厦门大学
陈荣通	男	1987	青岛大学
汤金彩	女	1987	中央广播电视大学
阮　昊	男	1988	厦门大学
张　玉	女	1988	福建农林大学
连　任	男	1988	四川理工学院
连　姬	女	1988	漳州师范学院
陈妙美	女	1988	漳州师范学院
王铃芳	女	1988	漳州师范学院
陈云丽	女	1988	泉州师范学院
林泽锋	男	1988	广州大学松田学院
张文忠	男	1989	空军工程大学
张亚华	男	1989	厦门大学
张　惠	女	1989	景德镇学院
张　亮	男	1989	厦门美术学院
张　璐	女	1989	福建农业大学
阮文镛	男	1989	泉州师范学院
阮琳玲	女	1989	福建医科大学
张思曼	女	1989	苏州港大思培科技职业学院
陈　琴	女	1989	福建医科大学
林昱晨	男	1989	南通大学

续表

姓名	性别	出生年	毕业院校
张　逸	男	1990	福建师大协和学院
张婷婷	女	1990	福建三明学院
张松霖	男	1990	安徽计算机大学
林　皓	男	1990	福建农林大学金山学院
张　冰	女	1990	福建农林大学
连　丽	女	1990	福州大学
连谷音	女	1990	闽江学院
连　泽	男	1990	集美大学
高鸿铃	男	1990	国家开放大学
刘芳芳	女	1990	福建师范大学
刘哲文	男	1990	泉州仰恩大学
孙巧璐	女	1990	福建农林大学东方学院
杨碧霞	女	1990	三明学院
丁碧月	女	1990	湖北大学
阮茜娜	女	1990	福州阳光学院
魏　倩	女	1990	龙岩学院
林心怡	女	1990	赣南师范大学
林　皓	男	1990	福建农林大学
张文杰	男	1991	福州大学
张忠杰	男	1991	莆田学院
张卫斌	男	1991	苏州科技大学
连　滨	男	1991	福建师范大学
连　晶	女	1991	武夷学院
刘东杰	女	1991	安徽财经大学
刘雯雯	女	1991	周口师范学院
王　利	女	1991	广西师范学院师园学院
王媛媛	女	1991	西安交大城市学院
阮广辉	男	1991	西安思源学院
阮琳君	女	1991	福建农林大学金山学院
阮伟杰	男	1991	集美大学
吴　玲	女	1991	福建工程学院

续表

姓名	性别	出生年	毕业院校
张铃宝	男	1992	福建医科大学
张婧婧	女	1992	福建农林大学
张　力	男	1992	中国石油大学
刘年东	男	1992	福建农林大学东方学院
刘　晖	男	1992	上海政法学院
杨文斌	女	1992	福州大学
刘　潇	男	1992	南京工程学院
阮　英	女	1992	云南红河学院
李　婕	女	1992	邵阳学院
刘奕奕	男	1992	闽南理工学院
张　蕾	女	1993	福建医科大学
张培洪	男	1993	厦门嘉庚学院
钟莉敏	女	1993	山东师范大学
张琳炜	男	1993	宜春学院
连　莉	女	1993	大连外国语大学
丁春发	男	1993	南昌工学院
林　琳	女	1993	福建农林大学
林　瑾	女	1993	湘南学院
林晨露	女	1993	泉州师范学院
张森焱	男	1994	福建师范大学
张亚芳	女	1994	福建工程学院
张奶钰	男	1994	桂林大学
连　萍	女	1994	福建商学院
杨文晓	男	1994	闽江学院
王蕊平	女	1994	安徽财经大学
阮凯强	男	1994	天津大学
张舒仪	女	1995	福建师范大学自学考试
张佳佳	女	1995	长春理工大学
张　峰	男	1995	福州外语外贸学院
连凯锋	男	1995	福建农林大学金山学院
连　靖	男	1995	厦门大学嘉庚学院

续表

姓名	性别	出生年	毕业院校
刘陈坚	男	1995	福建农林大学
刘友锋	男	1995	福建师范大学协和学院
王李斌	男	1995	福建中医药大学
王艺翔	男	1995	福建师范大学
王晓洁	女	1995	福州大学阳光学院
王锦瑞	男	1995	河南大学
丁友康	男	1995	黄河科技学院
林　晓	女	1995	福建医科大学
林　敏	女	1995	福建师范大学
连　娜	女	1996	闽江学院海峡学院
阮钦祥	男	1996	闽南理工学院
阮佳敏	女	1996	仰恩大学
张智娴	女	1997	天津外语大学滨海外事学院
张纪恒	男	1997	福建农林大学金山学院
林欣欣	女	1996	景德镇学院
张怡君	女	1997	闽江学院
连　芸	女	1997	吉林大学计算机科技学院
刘林杰	男	1997	杭州电子科技大学
阮志亮	男	1997	仰恩大学
张江俊	男	1997	闽江大学
张　研	女	1998	中南财经政法大学
张少锋	男	1998	漳州师范学院
林涵远	女	1998	集美大学
连　旺	男	1999	湖南科技大学
阮曦晖	男	1999	南京工业大学
郑金祥	男	1999	福建农林大学
林　璇	女	1999	泉州师范学院
张雅辉	男	2000	闽南师范大学
阮　茜	女	2000	福建师范大学
陈珍燕	女	2000	扬州大学
张柏琳	女	2001	江西农业大学南昌商学院

续表

姓名	性别	出生年	毕业院校
张豪森	男	2001	西北工业大学
张　涛	男	2001	厦门理工学院
阮志鸿	男	2001	闽南科技学院
张斯杰	男	2002	中南林业科技大学
张予洁	女	2002	福建商学院
张　鹏	男	2002	西安交通大学

以下大专（共159名，男83、女76）

林生容，刘向荣，张健荣，张贵平，张健平，阮松振，林耀华，林耀全，缪芳，陈亮冰，陈丽华，翁少平，张雪景，缪树梅，张铃发，刘廷华，王仙容，张丽，郑美琴，阮住锋，张凌，杨損，刘美平，刘莉莉，张亮，温丽华，张俊华，阮凯章，张惠平，张晶榜，张华，何丽，阮雨芳，黄翠梅，张梦霏，王成华，阮雨妃，阮文凯，张庭华，陈成光，张豫，杨晓峰，王海洪，薛光堂，阮雨平，张思园，段超俊，张陈陈，张楚楚，阮巧燕，阮文捷，张宇，张俐，庄婉厘，张惠，张国锋，刘萍萍，刘锐华，刘奶雪，阮铃，李碧兰，林碧瑾，张龙兴，张刚，张伟民，张思德，张俊杰，张聪颖，张巧凤，刘诗诗，王昌华，高丽仙，杨宝灿，郭凤琴，张铃平，张蕊，刘柳菁，刘美娟，杨杨，黄河浪，倪钧威，张文强，张亚芬，连莹，刘炳，孙巧瑶，王陈峰，王芳琴，阮晨，阮丹丹，林斌华，张亚方，张源，张清，张建韬，雷刘涵，阮乐强，阮小莹，阮海芳，张俊杰，张婷婷，张江伟，刘文秀，刘怡宽，刘慧，刘林海，刘建滔，阮海宾，张志文，刘昕芝，刘芳，王丽琴，王景强，阮超，张艺苹，张晓婵，连静，刘松金，刘松旺，王文杰，丁婷婷，阮雅丽，阮林强，阮耀锋，张雅玲，张琳敏，张凯建，张思飞，张嘉丽，刘章华，王婷，肖林镔，孙梦丽，阮文杰，林文晖，张敏铭，王乾衍，阮坛坤，阮程辉，林昌榕，刘丁华，阮熙杰，张晓隆，林如黛，刘浩轩，张雨微，阮妍昕，阮洁明，张炫敏，阮雅辉，张林强，刘智辉，刘晨，黄小芳，刘冬娟，刘绍龙，刘友瑞，张少星，张江。

（高等学历人员名单由大留村两委提供）

附录

族谱文献

附录：族谱文献

大留族谱

族姓与族谱

大留是一个多族姓的古村落，2019 年全村共有 746 个家庭（户），分属 31 个族姓。各族姓对本族的先人都十分崇敬，对本宗族的历史都十分珍惜。其中张、阮、林三族姓都在大留修谱建祠，其他族姓则合在迁出祠修谱；其中刘姓人数较多，并于 2018 年 12 月新建了东山刘氏宗祠，但他们的宗谱目前仍合在甘棠刘氏族谱中。众多尚未在大留单独修谱的族姓，均保有一份“小谱”。这些小谱虽不像“总谱”那样正式、规范、完备，但对本支系的情况都有详细、清楚的记载。

大留张、阮、林三族姓历史上都多次修谱，最近一次重修的时间如下：大留井头房张氏宗谱重修于光绪三十年（1904 年），大留园里房张氏族谱重修于 1985 年，大留阮氏于 2003 年从樟港分出修谱，大留林氏谱重修于 1995 年。

林姓于清康熙年间（1662—1722 年）肇基大留，迄今三百多年。《大留林氏族谱》记载，其先祖自光州固始入闽，派衍长溪，“后至万二公在七梆林分派各处，俱系一家之子也。今吾祖威四公生佑公，佑生讷三公，讷三生六公，六公生叔潭公兄弟，分于别地，惟叔潭公迁东山大留而居。良四公生英一公，英一公生五子，长丕显公分寿邑辖下长源而居，乃丕承、丕玉、丕麟俱物放，惟丕麒公从长汀（今属坂中乡）迁居大留村，子孙蕃衍”。林氏谱内容比较单一，对大留的认知也仅局限在清康熙以后，历史的纵深度不够。

大留阮氏始祖阮能（字仲仁）于唐末入闽，五代时抵长溪（当时福安是长溪县的一部分），生七子，其三子希畋迁大留。其后裔于南宋末年迁出大留，清朝早期部分族人再由樟港回迁。由于这一段经历，使大留阮氏长期与樟港宗亲合修宗谱。从樟港阮氏谱看，可知自崇祯十年（1637 年）至 1985 年共修过 12 次谱。现《大留阮氏宗谱》所据内容出自《漳江（樟港）阮氏族谱》2003 年第十三次重修本。

大留张姓属张珪派系，唐末原居福州乌石山、南台，后迁今福安溪尾的下邳，再迁大留，时间为公元 10 世纪的五代梁时，是最早迁入福安的一支张姓。大留张姓分属后坡（园里）、井头、下店、墙垣四房，现有两套宗谱（族谱）、两处宗祠。除井头房独立修谱建祠外，其余下店、墙垣二房合并在园里房修谱建祠。井头、园里两处祠堂通称为“上张”“下张”。大留张氏宗谱保存了许多记录家族历史、宗族建设和乡土文化的文献资料，是珍贵的文化遗产。历史上大留张族修过很多次谱，由于时间久远，加上 1966—1967 年的“破四旧”，得以幸存的只有四本（未计 1985 年和 2007 年的新修本）：园里房同治七年（1868 年）、民国 2 年（1913 年）、民国 33 年（1944 年）重修本，井头房光绪三十年（1904 年）重修本。四谱各具特点，可互为补充。

族谱特点

大留各姓族谱（宗谱）均标榜按“欧苏之成法”即以欧苏谱例进行编纂。严格意义上的欧苏谱例形成于宋代，由谱序、谱例、世系图世系录、先世考辨等内容构成，只书男与嫡妻，不书生女、继娶和妾。现存的大留诸谱均系清代以后编修，事实上都已经打破这一体制，充实了宗谱内容；一般包括谱序、姓氏源流、凡例、修谱职名、行列字节、祖产分布、文书契约、历朝封赠、历代名人、家范族规、文献（包括著述诗文、族产契据合约等）、世系图（世系表）等。

大留族谱的谱序有编修人自序也有他序，他序多请名人撰写。谱序主要叙述本次修谱的缘起、意旨、过程，历次修谱情况；有的还涉及家族渊源与迁徙过程，以及对谱学理论的认识等。旨在宣扬本谱在敬祖收族方面的作为，教育后世子孙尊祖敬宗。续修或重修谱，除新序之外还将历次修谱的旧序一并收录。

族谱中最主要、最重要的是世系图。以图表形式反映家族成员的血缘关系，以世序构成世系表的主要架构，五世一提；记录以男性为中心的家族基本情况，包括世次排行、名、字、号、生卒时间（年、月、日、时辰）、享年、官职、功名、葬地、葬向，配偶的生卒时间、子息、女嫁之人等。

在宗法社会的背景下，修谱（家谱、宗谱、族谱）是一件大事。当代通行的编修方法源自宋朝。北宋欧阳修和苏洵以“小宗之法”（即以五世祖为家族始祖）编修自己的家谱，后来家谱编修扩散到平民族群。到了明清时期，修谱更为普遍，于是民间有“无谱不成宗”之说。

大留村现存的族谱一般为八开、六开本，版式竖排，多为手写，也有木刻活字排版（如1985年的园里房张氏谱），近年还出现电子计算机排版的打印本（如2003年的阮氏谱）。

族谱是乡土历史重要的民间文献，为我们保存了大量的官修史志未记、误记的历史资料。由于历史和人性的局限，各族谱难免瑜瑕互见，尽管如此，其历史价值还是值得认真对待的。

重修宗谱的基本原则是录旧补新，许多记载宗族重要信息的文字在新修的谱序中不免反复出现。下文选录比较有代表性的文本资料，并标明作者、撰写时间和出处，以保存历史文献，选录时尽量避免重复。

历史构造

氏族源流

张氏源流

关于张氏的源流选录两篇，均出自园里房《大留张氏宗谱》民国33年本（下文称“民国33年张谱”）。第一篇主要内容是张氏的受姓和郡望的来历。据谱载，该篇撰于宋太平兴国二年（977年），是目前可见的年代最为久远的张姓谱牒文书之一。第二篇主要记述张珪长子张演父子入闽，迁下邳；其长子定生再迁大留，传十世（约南宋中期）后成为“韩阳一巨族”，进而建祠立庙的历程。

清河郡受姓源流

尝思天地生人，莫不有形性；而人之托处于天地者，亦莫不有姓郡。姓郡既定，然后始识其人为何姓，其人为何郡。然则古人之受姓立郡，必非漫无取尔也。

吾族张氏，不居他乡，独托清河为郡者，夫岂无所自来哉。洪荒之时，黄帝第四子与第五子青阳生挥为弓正，观弧星，祀弧星，教人持弓挟矢，长猎郊原；又示人以张网罗，取捕禽鱼，因以张字为姓。第四子居扬州金陵，即今南京淮安府清河县是也；第五子居幽蓟，即今北京广平府清河县是也。兄弟不谋而合，俱以清河为郡。厥后宗派或居省府，或居州县，或居山陬海隅，地虽各异，其姓同，其郡同也。

吾族自受姓居郡以后，世掌官职，执笏登朝，忠君爱国，山川奠丽，河海澄清。由是清河张氏枝叶繁兴，择里分创。始为筑室营庐，拮据其有家；继则螽斯衍发，共庆其成族；终则从流溯源，纪载其有谱。然则谱也者，清河一大史也。清河之源流载焉，清河之盛衰著焉。清河之子孙或垂于史鉴，或昭于通志者，亦莫不灿而陈焉。至于立姓之初，天清地宁，河清海晏；立郡之初，百废俱兴，五政毕举者，莫不备而具焉。是以古今称善族者，莫过于张氏，古今之崇巨族者，莫过于清河。此吾祖所以居千百世，以上选择而立之焉。是为序。

宋太平兴国二年（977 年）丁丑岁十二月　日

六世孙廪膳生宗茂居祖庙撰

大留张氏源流

昔黄帝第五子青阳生挥，为弓正，观弧星造弦弧，教人张弓挟矢，并习结绳张网。后因氏张，世居清河县。我太祖太子少傅珪公生于唐永贞元年（805 年），居建康，子三：长演，字怀谅，东南道节度使兼监察御史、上柱国端国公；次岩，福建都团练兼检校尚书、左仆射；三顒，泰宁郡兵马使兼国子祭酒。

演公于中和二年（882 年）同李克用平黄巢，岩公长子睦封梁国公，季子显银青光禄大夫兼御史中丞、上柱国。有唐之世，我张氏效职立勋者固难悉数也。演公父子兄弟后从忠懿王入闽，居福州乌石山、南台两处。至天佑元年（904 年）隐于白鹤盐场葛家山，前后留题有诗，备载谱中。继迁西壁龙巢，舍田四十五石，于南峰庵命萧、杨二僧建祝寿道场，颜其寺曰“资福”。复建珪公祠堂于寺旁，因移居溪南者众，适游长溪下邳。悦其山明水秀，至后梁开平二年（908 年）遂迁焉。演公卒葬青云后，其橘墘、桃墘等胜，皆公游玩别墅，遗址犹存。[①] 公男五：长定生，次承业，三释生，四邦本，五伟生。

定生公迁居大留金山后坡之下。传十世至权公。公于宋徽宗朝举进士，判福州。自是以还，登甲科、列仕版，游庠序者指不胜屈，居然韩阳一巨族矣。嗣是，建演公祠堂于后坡榕树前。澍诸公卿赠匾、造学士石桥，修六角大井暨酒井、茶井，立“申明”“戒谕”两亭，又建祖上留侯庙，勒碑垂记。百废俱兴，兹合族议修宗谱，爰取各房家乘编次成帙，以示来许后之览者，亦将有感于斯文。是为序。

元皇庆二年（1313 年）岁次癸丑冬十月　日

珪公二十世孙灿士谨撰

① 参见《福安下邳张氏族谱》：“唐昭宗间，（张演）随忠懿王公讳审知开拓闽省，兄弟三人居福州乌石山下，时人名为友悌乡惠化里。后避朱梁之难，与季弟梁国公同迁长溪灵藿乡温麻里后岐地方，后移居里许，改名其乡曰下邳，示不忘本也。时公陈请山河，置立事业，舍建资福、青云、下宝林三寺为功德寺，捐置田亩为常住香灯年奉。”（光绪三十二年重修本）

下一篇雍正二年（1724年）的重修谱序主要记述张演父子移居下邳后，其派下的继续分迁繁衍；张定生及其子孙在大留开基创业，架桥，砌路，构厦，分房；族人在元明清三朝经历了种种苦难，终于“离而聚、散而集”，重建家园。原载园里房《大留张氏宗谱》清同治七年本（以下称“同治七年张谱”）。

清河张氏重修家谱序

思夫家之有谱，犹国之有史也。史不修，则一代气运之盛衰、人物之高下、政治之得失无由以彰；谱不修，则祖宗流传前后之相承、亲疏之宗派亦无由以考，甚至始之为高曾之一脉者，久之竟若路陌焉。念及此而谱之修。其可以或缓乎！

愚考，外太祖珪公始自光州固始县魏陵乡祥符里三井村，公生于唐时，长子讳演、次讳岩、三子讳顒，于唐大顺年间（890—891年）剿黄巢，过福建省会居乌石山、南台二处。公之父子咸叨敕封，授职国公。因避朱梁，居于长溪下邳。及后，公之拆居不一其地，或迁于长溪赤岸、穆溪之仓下、穆阳之溪头、横溪之张坂；或徙于福州侯官，散于浙温之平阳，寓于建宁之松浦、寿地；或于宁德、连江之古田。

惟大理寺校尉起宗公乃系端国公讳演之长孙也，自小穆溪转迁于后坡金山之下。公之英姿俊伟，德性温良，爰始爰谋爰卜大留之上二十九都而肇基焉。斯时公之兄弟仕宦，显名赫赫，昭人耳目；公之子孙，蕃衍绳绳，瓜瓞绵绵，图聚于大留者，分属后坡、井头、下店、墙垣四房。

继而建宗公十六代孙天爵公妣王氏所生之子不受祖业，独手积累以成其家。从后坡而分创为东西两房之，即今东西两宅开基祖也。生公二子：长其文，三六公；次其章，三七公。开桥，砌路，构厦，复分为东、西两宅……

及乎元世明季，则有举人辕公、之（王）府伴读观公继美，衣冠彬彬，丕振家声。前则邻村傅寇受踞，后则倭乱盘虐扰攘，公遭其难，经画区处，迎刃而解。斯时家道危虚，倾丧始由于此。兼乎明末海氛未靖，室庐废弃，人去其井，坟冢倾塌，典籍无存；更加耿乱两迁，村地荒丘，谱册文契藏诸岩穴者，间多湿烂，十无存一。尤幸得其残篇一二，寻其根，究其源，而颇知外太始祖之清河流裔，原自建康府来闽而肇基于大留也。

兹皇上莅宇，封疆底定。凡从前之托处于异乡者，离而聚、散而集，百废俱兴。公之子孙回归于大留梓里者，则有罗布星列。根出一源，宁非公之积功累仁，有以致此乎！兹不因叶以寻根，乘流而溯源，不惟失木本水源之思，而属在宗亲世代莫辨，情意不孚，既难免陌路之视，甚至谱载仕宦阃行，湮没不传。是谱之残缺者不可不补，失次者不可不序也。愚惭才疏学浅，敢以补辑是任，但舅氏之命应尊，不敢违却漫赝。修订务使大网必明、小目必张，贻后之观者知五服之恩，严九族之谊，从流溯源，不敢薄待。一宗者不敢薄待，一本因以起敬祖宗者，即起敬宗族，则谱之为谱何。莫非敬祖睦族，亲亲长长之义欤。愚犹有厚望焉。盖以斯谱之辑，子孙宝藏，务必一脉相承，情谊相恤，维持世守，勿替勿坠。纵世变事繁，亲疏情分，亦宜矢公矢慎，毋挟诈怀私，以伤枝叶。更如四时之中，交勤厥事；四民之中，各务本业。苟能卓然自异，大耀门闾，匪特为一族光宠，即外太祖在天之灵，亦自有以默佑。长发其祥，以彰国史，何啻载之家谱已乎！此愚甥孙之愿也。遂著以为序云。

雍正二年（1724 年）甲辰岁八月　日

苏江刘万概拜撰

阮氏源流

下面这篇《旧序》作于明崇祯十年的谱序是目前能看到的关于大留（樟港）阮氏最早的民间文献资料。文中对阮氏的得姓和源流，唐末阮能支系的入闽和播迁，大留阮族的开基立业和移迁繁衍等重要事件都有比较清楚的叙述。

该谱序和下文所引录的有关大留阮氏的文献，均出自 2003 年《大留阮氏宗谱》，以下一般称“阮氏宗谱”或“阮谱”。

旧　序

明崇祯十年/廿八世九棘

窃见夫木之有本，发而为千枝；水之有源，流而为万派。若夫人之生由祖宗一脉分为本支，百世何莫不犹之乎木与水也。按陈留阮氏出于殷有阮国之后，始在汾渭之间，子孙以国为氏。历周、秦、汉间，世远无征其详，靡得而镜矣。至晋时，则桃源仙骨、竹林高风，炳耀史册，尤其较著也。器迈青云，轻一麾而出守者，则有咸；傲惟白眼，快百斛以入官者，则有籍；于才无假，允称骐骥之良者，则为瑀；与世寡谐，自有冥鸿之志者，则为裕。其间潜德不耀，抱琬琰而名湮没者，更难［更］仆数矣。迄乎唐末多显宦。佐公知南昌都督，佐公之子四俱官于唐，厥后分居九州，散处四方，何莫非一脉绳绳乎！

我祖自能公肇迁为唐节度使，字仲仁，生七子：长希颜，次希郡，三希畋，四希皤，五希袠，六希实，七希邵。广明间（880 年），因巢寇之难，由光州迁光寿；乾宁初（894 年），随王潮入闽，方谋厥居。适梦神人告以逢漳则止，由是诸子择居各处。适于兴化黄石者，则希颜公（字子贤、行二十一）是也；迁于罗源鳌峰岭、漳溪者，则希郡公（字子畿、行二十二）是也；居于长溪温麻邳溪者，则希皤公（字子敏、行二十六）是也；若希邵公生少盛监宁德盐场，赘林家，遂居于漳湾；希袠、希实二公出游，存没莫考。惟希畋公（字子游、行二十五）筱从王，时授千总户职，总五百余人，驻扎泉南，御寇有功。时四方骚动，草寇蜂起，公仰视天文，见时不利于兴戎，亦迁居避乱，与仆从数人沿山越海，卜迁大留。开基立业者，以诗书垂训，代有衣冠。若季野公授邵武巡检，大用公授同安簿，敬子公授建宁令，若躬列黉序者不可胜数。至文子公登进士第，为宋太博，尤其拔出者。

厥后，宋祚将终，元兵四发。吾祖以大留地居孔道，为往来必经之冲，有兵旅蹂躏之患，复谋迁于漳江，遵"逢漳则止"之意。传一二世，五郎分居于棠江，六郎分居于东山，十八郎分居于坑里，十九郎分居于柳斜，惟八郎在族开拓鸿基。世裔相传至三十五公、三十六公、三十八公，子孙济济。克凛先公诗书之训，架书斋于东，延师就学，俱入宫墙。永乐年间（1403—1424 年），琚公、容公已登仕宦。邑侯张公驾临吾族，称为"人文之乡"，额于词曰"史阀名家"。猗欤休哉。此何莫非文子公之流泽所致乎！今支分派衍，亦已繁盛矣。不有谱以志之，奚以考祖宗之源流！于是族中父老谋修谱乘，余不揣冒昧，为之汇辑成书。但我祖能公至文子公，世远莫考，间有阙焉而不敢补，亦史阙文之遗意也。是岁仲秋谱竣。尤愿贤子孙谋矣。因叙之以为后劝。

依原谱缮录。

宗族名人

族谱的编纂者为了凝聚族群，光宗耀族，激励族人，垂训后世，在追溯祖先业绩的过程中，重视凸显本族历史名人的官职封赐、功名荣耀，并设立专卷，与宗族源流、徙居繁衍等内容共同完成对地方历史的构造。由于多方面的原因，谱书对名人功名官职的描述有的无法从官修史志得到印证，但是作为一种文化现象，在宗族内部和族谱中得以流传。

张族名人

大留张氏园里、井头二房族谱关于宗族名人的描述都很丰富，内容也相似。由于园里谱的条理较好，以下就以同治七年张谱为蓝本。

仕宦人物

始祖　演公，字怀谅，敕东南道节度使、银青光禄大夫检校太子宾客兼观监察御使、上柱端国公。

祖　岩公，字可永，敕领福建都团练观察招讨处置等使、银青光禄大夫检校尚书、左仆射监察御史、颍川县开国男、食邑三百户、上柱端国公。

祖　顋公，字可大，敕领泰宁军节度兵马使、银青光禄大夫检校国子监祭酒、吉王府司马同正兼御马史、中丞上柱国公。

定生公，为宣义大夫升秘书院丞相。

承业公，为宣义大夫。

邦本公，光禄大夫检校东宫侍讲节义使。

释生公，为国子监御史、赠银青光禄大夫吉王府司马（井头张谱：释公，十六司马，中和三年在朝交笏，为国子监银青光禄大夫）……

师孟公，为讲宫节义检校廉察使，进士，判福州……

过公，为太学循理斋内舍，充省进士。

万公，为武举奏名，兴化县尉……

权公，少颖悟，操笔成文，雄称典雅，自成一家。举进士，判福州，治尚宽厚，以敦风俗，本民咸化。

希绍公，游学京师。建炎间，倡义集河南兵，败金虏于平阳军，授郎官，和议成，调姊归县尉。

希绰公，为庠生，食廪，建祖祠、立神庙。

观公，为太学生。绍兴中，金虏渝盟，侵扰淮甸，率舍生七十二人上书，请斩汤思退、王望之、尹穑，窜其党洪适、晁公武而用陈康伯、胡铨等，以济大（计）。言甚切直。直举士，新城县尉。

泳公，字潜夫，号墨庄，又省号省斋。早志濂洛之学。家居授徒，门弟子多有显者。庆元中禁伪学。大比，试天下之言论，有司奇其文，以为压场。策问伪学，诋诽异端，力主朱子正学之传，有司贤之。有文集传世。今祀于福州养正书院。

翊公，为进士，武学录宗传士，大（太）常寺丞。

滨子公，为国子监助教。

全公，为宝佑四年进士，文天祥榜。

伯明公，乡贡宣教。

炀公，为承议通判，管福州军事。

徽之公，乡贡。

梦中公，进士。

壁公，指挥使。

翔公，卫同。

观公，为王府伴读。

辕公，为举人。

阮族名人

大留阮谱对本族历史名人的记述比较简明，以下照录，并对同类事项做合叙处理。

仕宦人物

能公，唐节度使。

希畋公，千户职。

瑀公，巡检司。

大用公，省元。

尤谿公，迪功郎。

宾公，嘉定四年辛未赵建大榜进士。

文子公，太博士嘉泰二年壬戌傅行简榜进士。

国宾公，宋宝庆二年丙戌王会龙榜进士，授吴江尉。

国威公，进士，出知封州。

彻公，明泉州永宁卫中左厅。

琚公、容公，典史。

孔显公、孔举公、孔赞公、孔备公、孔贯公、孔淑公、孔宾公、端苞公、九平公、云从公、天明公、正镛公、国佐公、德藩公、廷芳公、瞻云公，邑庠生。

九棘公，国学生。

鹏程公，郡庠生。

光恩公、廷梠公，佾生。

国麟公，太学生。

太灿公、太瑨公，登仕郎。

廷滈公，典史代摄白石巡检。

鹏飞公，军功六品。

地方灾异

这一篇《灾异》出自阮氏宗谱。谱书未明作者和撰写时间，据文中内容分析，当在乾隆初期（18 世纪三四十年代）。文中涉及清初刘中藻和郑成功的反清复明斗争，清政府为对付郑成功采取的迁界措施，康熙十七年（1678 年）靖南王耿精忠于福建举兵叛清和清政府下令第二次迁界等。这些内容与赛江两岸其他族谱的记述相合[①]，谱书以宗族集体记忆的方式为我们保留了这一时段黎民百姓的苦难经历，弥补史书和地方志的不足，是十分珍贵的民间文献。此外，该篇还记述了康熙时期赛江下游的水旱火等灾害。

① 参见李健民《闽海赛江》第二章第二节之《明清时期的社会动荡》，海峡书局 2015 年版，第 63—72 页。

灾 异

夫治乱者循环之势，灾异者气化之变。事载于谱，所以备后来知从前之休咎盛衰也。若前代不必考矣。

迨皇清定鼎以来，剃发留辫、制度仪等倏忽更新矣。邑进士浙江巡抚苏江刘公讳中藻慨然有志复明。据一州数郡，借饷于富户。阮族九棘公家资饶裕，素有义肝，助饷千余金。厥后刘公力竭势穷，一死重于泰山。当是时，山常伏莽，海日扬波。至顺治十三年（1656 年）郑寇扰据，沿海骚动，攻陷甘棠城，虔刘我封疆，焚毁我宫室，流离失所之状至今父老尚有言者。十八年（1661 年）移徙界内，辛苦就食者十余年。幸康熙神圣继作，教养有方，民安无事。奈本省静（靖）南王耿恃贵戚之亲，负一方之雄，觊觎神器。遂于十三年（1674 年）抗不奉历，只以甲寅为编年年号，凡民间契约但书甲寅、乙卯，并无本朝帝号。时制台范公讳承谟力不能制，以身殉国。两载中兵燹蹂躏，以民屋为兵舍，竭露积以输军赋，竭铸钱号曰裕民，荼毒生灵莫此为甚；盛族之受累者，亦不少也。及夫大兵拥临，耿逆囚京，民害为之一除。但郑寇之子金舍终为宄海滨，康熙十七年（1678 年）十二月复迁界内。嗟哉，穷黎扶老携幼尽作他乡之客！赖姚公制台多方诱顺，海氛始得宁处。

而大军之后，必有凶年。康熙五、六两年（1666—1667 年），商羊不舞①，旱魃为灾，念七八两年（1688—1689 年），更有甚焉。本地通洋赤地，苗经火焚，哀鸣嗷嗷，遍于四野，断烟停爨，其未有甚于此时者也。盛族勤俭有数，积贮之家以羡补不足。遂得支持，讵意天灾方息，而人害复加；上乱方平，而下虐又至。邑令季梅羹秉性酷烈，以界外两迁两复，田多荒弃，概行丈量。由是溢一倍、两倍者有之。界外之赋自此重矣。盛族田多界外，其遭害不可殚述，时为康熙三十年（1691 年）也。

噫！人事不善，昊天不宁。三十六年二月淫雨霏霏、栗冽寒冱，雪深数尺，凝结终日不解。然而未为害也。惨于三十八年八月十六日之大水。是夜银河在天，秋月犹明，忽风狂雨疾，波涛四涌，荡折山脉，陵谷易常，附县之人民屋舍漂流满江，而本乡亦有被淹者，岂不痛哉！

无何，余殃未息，四十五年（1706 年）六月初六日，火起家饶，飞入本乡之外厝，一派堂构尽遭回禄，今皆创举，亦一幸也。若夫四十七年之米价腾贵，五十九年之波潮横溢，亦时有之，未可便以为灾也。噫，以我朝之圣天子在上，犹时有灾害之降，则其往古可知矣。要之，善者吉之兆也，恶者凶之萌。积德可以禳灾，循理可以却祸。惟祈乡之子弟崇俭尚朴，敦本安业，勿骄奢淫佚，勿刻薄浇漓，即有一朝之患，亦听

① 商羊是古代神话传说中的独脚神鸟，每当大雨到来之前便会起舞。“商羊不舞”，喻旱灾。

之而已矣。

依原谱缮录。

下篇《水患》也是出自阮谱。记述民国11年（1922年）发生在福安县的一场特大水灾，以及赛江西岸的受灾细节过程。原谱未载作者姓名和撰写时间。

水 患

民国壬子年（民国元年，1912年），冯夷为灾。村居墙围被其倾覆。乃苟完，未几，又有十一年八月初九之祸。先是天晴，初八夜雨达旦。初九日风雨交作，午后江水暴涨。平地之水亦如泉涌。霎时深数尺，渐至丈余。全村庐舍均被水，栋宇崩塌垣墉无一存者。幸祖祠下座仅没中阶四级，村之男女老幼群避水于本祠上座，得以无恙。至午夜，水始退。设非塘埁于庚申年（民国9年，1920年）加高，受害何堪设想！然此次之祸匪特本乡为然也。邑之城阳、富川及所属之东、西、朔、南各乡镇被患殊剧，人畜漂没，田园推流，指不胜屈。嗟乎，河伯之不仁未有甚于此时也！

宗族建设

族谱纂修

张族修谱

下面选录的三篇谱序均叙及族谱的纂修，各有特点。第一篇出自同治七年张谱，叙及明末清初的社会动荡造成族谱的残缺和混乱。第二篇出自井头房《大留张氏族谱》光绪三十年本（以下称“光绪井头张谱”），也涉及大留张族的分房情况，强调派异源同。第三篇原载园里房《大留张氏宗谱》民国2年本（以下称“民国2年张谱”），系民国名人张如翰所撰，作者借族谱告成之机向族人宣传共和思想。

旧 序

人必创垂尽善，乃可启后承先，谱牒亦创垂中一事也。大留张族延余重修宗谱，其外内舆图余作记言之甚详。至历代世次，考旧谱，自唐入闽，至宋即经编辑谱牒，序记犹存。迨元及明又重修几次，一切人物、事迹、聚散、兴衰，各序中略见梗概；而《世次录》仅戴行列，凡名字、生年、卒葬，百不书一。盖由明季倭乱，甲午

(1654年)、乙未(1655年)之交，三次播迁[1]，谱遂残缺。尔时秉笔者无可稽考，只宜之郭公夏五[2]之例而已。余翻阅至再见其阙略已甚，殊难措手。幸其族有运举公朝夕商榷，董事江澜公善文辞，搜求各家先代遗帙，及府县新旧志书、历朝史鉴，暨茂全、茂明、殿赠、进成诸公向各家觅其先世墓志碑碣，并从前丁口旧簿参互考订，条分缕析，校对无讹，祖德宗功，昭然若揭。近可以继邑乘，远可以符国史。凡五阅月而告竣。至旧谱序有推及神佛点化、梦幻泡影，许多不经之说而篇幅甚长，措词泛滥无归，只令阅者昏昏欲睡，余已置之不录，止载实迹，付昭兹来许，是亦可以承先，可以启后矣。于是乎序。

乾隆三十四年(1769年)岁在乙丑秋八月谷旦

穆水后学缪家枢拜撰

大留张氏(井头房)族谱重修序

距宸城五十余里，大留村者，吾邑之名乡也。其地背山面田，峰环水绕，同井二三百家。虽各姓杂处，然自唐宋以来，高贤达士不乏人，而张氏一族为尤盛。宋时墨庄先生为世大儒，张固其后裔也。岁甲辰，余以笔砚耕耘，往来棠堡之上下。闲月之孟夏，张族万舜、万蓁暨合族诸君，于余为旧知名，维时出其族谱相示，因嘱余重加编辑。余嘉其志，且喜名贤后裔，谬以菲材，膺诸君命。谨按：是族旧分井头、园里、下店三房，厥后仅析东宅、西宅，二支祠亦东西两建。今余所修之谱，即昔所谓“井头”房也。派虽各出，水实同源。总核谱系，无非墨庄先生一脉相承。“达人有后，孙子必昌”，斯语其信然矣。且夫恢弘绪业，启迪后人，祖宗之流泽孔长也。保世滋大，勿坠箕裘，子孙之名分宜守也。祚善降祥，修德获福，虽有时气数难凭，而斯理日昭天壤。倘自兹以往，族属子孙一一循分守职，勉为善良，方得家风无忝。况大留灵秀所钟，发祥较易，将来济美前贤，有可操券俟者。余庸碌陋劣，漫勷斯役，今幸告成，聊吐胸中垒块耳。若夫先祖聚族之由，与夫历代传流之远，前人序之详矣，余又奚庸赘耶！时值丹桂生香，中天轮满。谨弁数言，用志谱首。

光绪三十年(1904年)岁次甲辰仲秋吉旦

宸山城廪生岑孙氏余念祖谨撰

大留张氏重修族谱序

人非生于空桑，必有所本。溯人本乎祖之义，凡同宗同族之伦皆由一本而推衍之者也。吾族自有唐末造，始祖少傅公入闽驻乌石山，再传端国公迁邑之下邳，旋迁大

① 指当时郑成功部深入内港筹集军队给养，百姓躲避，以及后来官府施行的两次“迁界”。

② 《春秋》一书中，“郭公”下未记事，“夏五”后缺“月”字。比喻文字脱漏。

留肇基，长子孙者二百余年，至南宋乃发其光。自山公以忠节著，墨庄公以理学传，其彪炳史册，崇祀乡贤。至今都人士仰其遗徽，无不生景慕之忱。固不仅有准公、伯恭公之以科第文章志于文苑也。元明以降，风流销歇，聚族虽有百家，其间以科名见者仅宗舆公一人。正嘉时倭寇侵扰，族姓被其蹂躏，逃亡者不可胜数，因之散处各乡。其得还定安集故土，只有鏊图公一派三房子孙。长房元盛公派又迁田坂，今已式微，计所存不上十户，此次纂修宗谱招之不至。其居乡元兹、元固公两房子孙族姓，亦不满百家之数。卜宅千年，传世四十，寥落如此，亦可见生聚之难矣。

前谱修于同治丁卯，为吾师李兰谷所定，体例颇备。其时予任分纂，曾识其详。迄今已四十余年，议修屡矣。予以任务福宁中校，无暇兼及，乃延宋君延禧总其事，李君士鳌书谱，现将告竣。适予由中校年假旋里，查阅纂辑，颇称完善。兹值民国新建，政体共和，族谱告成，适在新岁三日。因进族人，而告以共和之道先由睦族始。睦族以敦本，则和气溢于门司，即达于邦国矣。《书》曰“九族既睦，平章百姓，协和万邦”，均肇端于是。所望族人，笃念亲谊，不忘乎本，庶几和气致祥，可卜吾族之昌盛也夫。是为序。

中华民国二年（1913 年）癸丑太岁元月三日

福宁中学校校长、福安自治联合会会长、福安教育会会长、三十八世孙张如翰谨撰

阮族修谱

根据大留宗谱资料，可知每次重修的谱序依例都会涉及宗族源流、移居创业和修谱的缘起。今选录其中较有代表性的一篇。

旧　序

乾隆十八年/邑进士、任枣强县吴瑞焉

漳江阮氏，系出殷时，有阮国者，居汾水之间，子孙以国为氏。迨汉元瑜瑀公为陈留郡尉，故杜筱（少）陵诗有“陈留阮瑀谁争长”句，其后遂以陈留为郡。自周、秦、汉、晋、南北朝，下迨唐末至宋、元、明，代有高人杰士，史不绝书。明崇祯十年（1637 年），阮公号周生者重修族谱。详哉，其言之矣。今读其考世，系以入闽肇基始自能公，至文子公共十三世：二世希畋公，三世一郎公，四世二郎公、四郎公，五世六郎公、八郎公；而六世、七世、八世，世代虽存，而名莫考；九世瑀公，十世大用公，十一世尤溪公，十二世宾公，十三世文子公。故周生公有阙疑之论。而由大留以迁漳江者文子公也，谱世系者因断自文子公始。本朝康熙六十年（1721 年）重加讨修，亦无以易其说焉。

今乾隆十八年（1753 年）年经一世有余，子孙蕃衍，不可以不加辑也。阮族声翁讳正镛、式翁讳尚钦、廷翁讳正陛、宗翁讳维城、文翁讳维焕、武翁讳鹏程者，同诣余，出旧谱相示。余阅其凡例有条，世系确凿，祖祠大厅巍然，并列官有书，行节、艺文有载；坟墓、园林、产业，条分缕析，了如指掌，无续貂矣。读《岩下地考》云："自宋末，元兵四发，以大留地居孔道，迁漳江。始居龙岗上，其下崎兜等地尽是江水泥坪，未有地基也。祖因想围筑，水乃不至，遂以成地，筑室移居，而岩下称焉。今环顾里澳、大厅一带，以及园池周遭皆是也。"

余曰：此天与福地畀右族，而地效其灵，以钟人杰。以故，乡中庞颜台背之人悉有长者风，而锄经猎史树炽黉宫者皆英英国器，其明征也。行将万斯年而昌炽，后之子子孙孙睹斯谱者抗志，周、秦、汉、晋、唐、宋、元、明以来，名贤芳躅，百世相感，慨然树立，后先济美，可不著察而知也。

直书以报诸君，当无以余言为河汉也。

依原谱缮录。

祠堂修建

据前面元皇庆二年的谱序载，张姓迁居大留传十世后（北宋后期），"登甲科、列仕版，游庠序者指不胜屈"，于是建起演公祠堂和留侯庙，并"勒碑垂记"。但这些建筑现在皆已无存。下面这两篇谱序，第一篇原载同治七年张谱，第二篇原载光绪井头张谱，分别记述大留现存两座祠堂的重建重修；井头房篇还对张演"五子分居"的家族移居史，提供了与园里房不同的版本，现标题为本文作者所加。

园里房祠堂之重建

祠堂一座，坐落本村。原地基深十四丈、阔十四丈，已被族内侵僭。后至道光元年（1821 年），各房捐出喜银、丁钱，置买地基，移开旧屋。至道光十六年（1836 年）起建，各房捐出饭食助工；又建前座，各房捐钱壹拾千文。

前有门毬、石鼓、滚桥、吕字池。四至：内大沟，沟外有余地；南边深十四丈、阔四丈，内有酒井一口；北边余地深二十二丈、阔十丈，内有茶井一口。池边左鱼亭，右书阁；祠前下马坪深叁丈六尺，阔七尺；又有六角张公井，后有土龙，长二十丈、阔四丈，前有花石，后有马衕。

井头房祠宇之重修

崇祯六年（1633 年）/裔孙铨

张氏之源，其来远矣……至唐懿宗初年（859 年），十一公怀谅拜领南东道荆南太守，统兵剿黄巢于福州府，因是置家福城乌石山。至咸通五年（864 年）……封端国公，避隐于长溪县之下邳村，后居大留，为张家创居之祖。生五男：长定生公，居下邳；次承业公，居温州钱塘横溪；三释公，居大留；四邦本公，居连江中鹄里；五伯公，讳良，独觉禅师，号浮蓝……溯自十一公历传约有二十余世，今叙其本支世系，并明世业，使知祖泽焉。自师淇公重修祠宇，坐落大留井头房，坐子向午，深九丈四尺，阔前十一丈八尺、后五丈。熙宁九年（1076 年）丙辰岁坐张公井，坐酉向卯，劝首庠公、该公；政和乙未五年（1115 年）修井，劝首九世之公。张公井前之旷地，直六丈，横四丈三尺，此祖祠世业，以卫后裔。后之世裔当知木根水源、绵绵不替耳。

依原谱录

族产传继

族产是宗族的公有财产，是维持家族制度的经济支柱。族产主要用于建祠纂谱、祭祖修墓、延师办学（旧时有“学田”）、迎神演戏、兴办公益事业，还用于处理与外族的民事纠纷，赈济贫困族人（旧时有“义田”）等。

旧时大留各宗祠都拥有一定数额的族产（田园、场地、建筑等），并在族谱中载明位置、数额、四至。20 世纪 50 年代后均归为集体所有。本文从略。

水利建设

为了防御水患的侵袭，确保村落田园的安全，对地处赛江沿岸的漳（樟）港、大留来说水利建设实在是太重要了。受历史条件的制约，水利工程必须调动整个宗族的力量，甚至还必须联合几个相邻的宗族，同心协力，才有可能达到预期的功效。阮谱中这篇 20 世纪 20 年代的《重筑本山尾后塘志》，是当时水利建设的记录。

重筑本山尾后塘志

本处地低而面江，筑塘所以防水患也。畴昔培植以蔽风雨，兼以固塘垒距。清道光六年（1826 年）族人惑于术士风水之说，昧将竹木砍伐，毁坏塘塍。历咸、同迄光绪以来，未之修理。每遇潮涨之时，村居之较卑者被水。祠董等虑水患之迭经也，于民国庚申年（1920 年）鸠工重行建筑，较旧址高三尺有奇，縻费祠款并各户捐输约金钱六百千文。自斯塘成而潮涨不入，村居得以安堵。则此举对于盛族裨益良多，所愿后之人勿坠前功，时加修理云。子封谨识。

社会秩序

家训族规

家　训

家训在中国形成已久，是传统文化的一部分，用以约束家庭成员的教养和处世原则，对维护社会秩序起很大的作用。家训的别名有家诫、家约、家规、家教等，为确保它的权威性，许多族姓都将其附载于宗谱中，大留阮氏谱便是一例。

家　训

慎读书　谱书之作，所以纪世系、详字讳、辨昭穆，即祖宗之所在也。乌容忽视之。今谱书宜付长次房为柜以藏，余房各誊一本，勿为风雨所损，勿为虫鼠所伤。其书告诸祖衷诸众而定，后之子孙毋得擅为更易涂补，致滋纷纭。

敦孝弟（悌）　父母生我，恩难报也；兄长长我，分则尊也。为子弟者，宜随分竭力而申乌鸟之情，宜逊顺恪恭而随雁行之序。若私妻子而重货财，因而悖逆时闻，角弓致刺，是以不孝不弟令也。何以上承宗祧，而下垂教化乎。蹈此者，则以家法治之。

崇诗书　四民之中，士居首焉。古者庠、序、学、校之设所以培育人才者，典甚隆也。今族中户口已日增矣，子弟已辈出矣。苟尽负耒而不横经，则衣冠何出？甚非一乡之巨观也。子孙有志者，父兄宜令其从事诗书，从师就学，则有以继先世之簪缨而足为闾里增荣矣。是在贤父兄与贤子弟之两相成焉耳。

勤本业　士农商贾，各有其职。勤则立，怠则废，理势然也。吾族之中大抵耕读居多，秀者雪案萤窗，当闻鸡而起舞；朴者胼手胝足，宜及时而耕耘。庶几士成其为士，农成其为农。慎勿游游荡荡，致贻后悔也。

睦宗族　祖宗一身也，一身分而为千万身，则同宗共族者，孰非诸父昆弟乎。其秦越之也，务须吉凶同情，有无相济，患难相救，勿以睚眦而结仇怨，勿以贫富而相妒忌，则亲逊成风，而登于仁里矣。范文正公有义田宅之置，晏大夫尝曰：待吾举火者数十余家，皆所以敦本睦族也。愿尔曹效之。

兴礼教　礼者，持身之道也，亦善世之方也。人惟有礼则嚣凌无自而生，争竞无自而起。吾族诗礼传家，祖训炳炳，岂可顿忘！今后或以少而凌长，以小而加大，以卑而拟尊，以众而欺寡，以强而吞弱，是倨傲骄横大无礼也。忘礼之人胡可与处！则以家法从事。

禁赌博 家法与国法并严，故赌博一端，国有律，家亦有禁。每见风俗之败坏，子弟之为非，原皆由于赌博习焉。而不戒则祖宗之产业因之而荡，父母妻子之养育因之而失，其为害曷可胜道！凡我族人须择与正人居，而于赌博一途，当如淫声美色以远之。庶有以杜其端。

戒兴讼 官司之设，所以平人之不平也，然不外情理而已。谕之以理，和之以情，又安用兴讼。吾族自开创以来，从来无萧墙干戈，只字公门。今族中或有不得其平，宜投诉于族长，平心调劝，则祸可解而怨可消。若逞臆见而兴讼公门，而伤情好，是比闾之内，有仇敌之相寻，而失一本九族之谊矣。我祖有知，能无恫乎。陈之以为后劝。

积蒸尝 蒸尝之设何为乎？上以继祖宗之血食，明有孝也；下以联同姓之纪纲，明有亲也；中以备众事之兴建，明有义也。一举而数善备焉，顾不重哉！吾族祖业微薄，所积蒸尝出自各家各年之喜如婚媾男女等项例，于二月初七日福首催科交祠，由来久矣。但其中贤愚不等，故意抗欠蒸尝者亦有之。将来势必坠废，其何以对祖宗！嗣后务要历年清楚，若不肖者藉端抗延，以败祖废祭示罚。子子孙孙宜恪守之。

申条训 家训备载，无非礼祖宗贻谋尽善之道，以示子孙可大可久之业，其词甚质，其义甚晓也。但未经岁时申饬，则亦等诸陈迹已耳。兹定于每岁秋祭日，子姓弟兄咸在祭毕退列两行，请礼生将家训逐条宣讲，叮咛告诫，庶使贤者益勉，愚者知儆。

族规

修谱凡例是专为修谱而设，对族人族事的收录标准进行严格的规定和限制。在传统宗法社会的背景下，人物和事迹能载入谱书是一种荣耀和褒扬，客观上对本族本乡本土的社会秩序起规范作用，因此也可视作“族规”的另一种形式。

以下原载阮谱。原文16则，删去第一则关于修谱体例的内容。原题为“凡例”。

阮祠修谱凡例

一、男女之生嗣续为重男，则承我宗祧，虽少必先重之也；女则执人箕帚，虽长必后轻之也。此男女之辨也。

一、妻妾之分于诸公名下，书继娶者是先者没而再娶也。若正室尚在，则有偏室之辨，即妻妾也。盖妻所以齐我，妾所以接我。虽均以事我，而分不可不明也。

一、书名凡显者用朱，晦者用墨。使披卷者触目兴起用光祖烈，未必非激劝之一助也。

一、地图必载者见祖宗卜居不苟其形势，披图在目，安居乐业者无忘创始之地。

一、源流有记，不忘本也；风俗有记，道其实也。

一、祠堂有记，拮据之艰；栖神有地，示来者知尊祖敬宗之大也。

一、载诗文。赠文所以表作者之盛心，彰达者之不朽；亦风化攸关、文献足征之意也。

一、仕官无论举、贡、生员、异途必书之者，均为朝廷名官所以垂不朽，且可为世模也。

一、耆行贤行必书、节妇孝妇必书者，是人世之所矜，式行诣己，昭然耳目也。录之于后不没其实以示远也。

一、施义必书，存前进迹也。有功德在世，不可湮没不彰。

一、祖宗坟墓俱载，防侵渔也。且以子孙知修祭也。

一、祠内蒸尝俱载，恐废坠也。子孙务广积之。

一、祖业基址、山林备书，昭世守也。且恐世远有侵削之患，不至于无征以滋争执。

一、祭典必书。所以示子孙、报本追远之诚也。

一、记灾异者。记已往之变，示将来者知所以儆惧得以思患预防。

张祠的修谱凡例奉理学纲常为圭臬，以宗法伦理为标准，对族人族事的入谱资格及待遇进行严格的规定和限制，也可视作族规。以下原载民国33年园里张谱，原题为“凡例”。

张祠修谱凡例

一、谱有纲有目。世系图，纲也；世次录，目也。

一、凡乞养异姓及随出母而来者，佥议不许登谱，恐乱宗也。

一、凡有官职、有顶戴者，名用朱书，以别于众也。

一、凡孝友可嘉、才能出众者，必为立传，不没其善也。

一、妇女年三十以下，不拘妻妾、无论已婚未婚，能矢志守节者，于例均得旌表，其名下必载□颠末，以便后日登志乘，并为请旌也。

一、妇女年逾三十而夫故，家贫能全节以修□者，于例未得旌奖，必详其实，悲其遇，怜其志也。

一、妾别之为副室者，正名分也。

一、女子不载生年者，以夫家谱牒已载之也。

一、坟墓必书者，俾后人知祭扫也。

一、名字别号或欠雅驯亦不更改，以多系本人自取也。

一、该谱自一世至廿九世，纪载甚略者，依旧谱也。

一、旧谱有书行列、未书名者，亦仍其旧，无可考也。

一、旧序中有一篇将历代张姓名人铺叙满纸，特为删节，恐有遥遥华胄之讥也。

一、旧载诗文，字多脱误，有可考证者，已为改正；否则姑仍其旧，不敢臆断也。

文书契约

文书契约是规范乡村社会行为的准则。大留是一个杂姓村，为避免纠纷、促进诸姓和睦相处，张姓和外姓议立分洋看管约，将洋分两界，各归各管，此后村中公众事务之费用皆由双方共同负担。约字也演变为乡村社会共同遵循的习惯法。以下原载民国 33 年园里张谱。

约　字

立分洋看管约

张姓、杂姓首事张焕成、阮家坤人等。窃念吾洋之广，年来收益未见效用。兹经同人等集议，抽出尤厝门首、碑后、蕉门池、甲直闩东山路桥头，内有小桥仔、蕉门池、路上、路下、曲路，上波现小门兜、林塘、流碓、园里，直至红虎下永唐田、下致富，又有头岗、大红锦、城田，至直大溪止。内有炉田、塘后、门岗后、花园、金洋、下岭里、徐厝坪、池丘、溪后、下井塘，直至东山洋界止，为南界。北阄自红虎下永唐田起，有头岗、阿三、佬二田，直至大溪起，内有溪洞、砂垅、有头岗、前山、大圣洋，取直至三角潭、院池垅、坪岗、北山、两柄宫，直至漳港、家饶洋南，以大溪取直至有头洋止，为北界。两界议定，本拟拈阄。嗣念什姓是客族，当议让其先择。兹经什姓择阄，归什姓管业；其北阄并长地洋应归张姓管业。自民国三十三年六月议定阄约后，所有洋界麦早冬薯、四卉收成，各归各管，不得侵占、觊觎。各宜遵守秩序，公推张三红、连阿灿二人同为保管。此后村内如有请神演剧，修理宫庙、桥梁、道路，公众费用不分南北，经什姓与张姓公同付用，不得推辞。两姓议定，各无反悔。恐口无凭，立分洋看管约贰纸，各执一纸为照。

中华民国三十三年六月十一日分洋看管约

张姓保管人：张三红

什姓保管人：连阿灿

张姓：张焕成、莲峰、允章、乌妹

什姓：阮如坤、尤奶兴、林金如、刘荣宋

洋祖一宗系祖宗收益大宗。春秋祭祀、修理词宇，所关甚重。前贤一再整顿，均无成效。此次重修族谱，蔚枚君竭力整理，与杂姓分划界地，订约分看。此后主管各有一定，俾村族无纠纷之弊，祖宗得收入之实，皆蔚枚君力也。特叙数言以为记。

中华民国甲申三十三年十月吉日，族众仝启。

乡土艺文

理学名篇

张姓族谱中的省斋公即张泳。南宋理学大家，深得朱熹理学真谛，著述颇丰，《正学论》是其理学代表作之一。园里房同治七年和民国33年编修的《大留张氏宗谱》均载此篇。

省斋公《正学论》

学也者，自天子以至庶人皆所不废也。天子有天下也，天子不学则天下不治；诸侯有社稷也，诸侯不学则社稷不固；卿大夫有宗庙也，卿大夫不学则宗庙不保；士庶人有四体也，士庶不学则四体有亏。

然则学也者，内而修德，外而修身，近而齐家，远而治国平天下，莫不由学而至也。特是学有不同者矣。有曲学者，而曲学者自以为直也；有伪学者焉，而伪学者自以为真也；有异学者焉，而异学者自以为公也。仰知彼固以曲为直，安知吾学之直也；彼固以伪为真，安知吾学之真也；彼固以异为公，安知吾学之公也。况曲学、伪学、异学者，又不特自害己也。其人聪明皆足以冠一时，其人才力皆足以绝千古，寻墜绪于幽深渺茫之内，其学且易于惑人，任天下之贤者、智者莫不墜其学中。曰：其学新也，正学故也；其学奇也，正学庸也。于此非有大识大力之士，何能立之敌而树之帜，以严正学之防哉！

夫正学开于尧舜，传于禹汤，备于文武周公而集于孔子也。内之可以正心，外之可以正身，近之可以正家，远之可以正国正天下，而究莫先于正其学。学正而身、心、意正，知国家天下一，正无弗正矣。此古人所以尚正学之论也。今之学者惑于他学者固不足道，间有聪明才力足以明道立德而卒无成者，父师之教非子弟之趋失也。少年肄业父师，不曰尔能学，可以希圣贤；而曰尔能学，可以获功名。学之本根已为天下裂，而相率以功名之学为正学，岂不谬哉。

夫功名非学也，功名偶以行吾学而已。若以功名为学，宜功名之中无学矣；惟不以功名为学，从容餍饫于理境之中，自然彻上彻下，穷能无富贵利禄之心，达能任千里生民之寄，此功名中真功名。是以古有正学未优而恬然乐道，不敢以身许人者，学重而功名轻也。当兹理学昌明之会，不务正身修德，择之一日，守以终身，是恋浮云之富贵而忘不朽之事功也。纵功名炳耀一时，后之崇正学者，必且指而议之曰：此曲学而已矣，伪学而已矣，异学而已矣，与正学大相反矣。呜乎！可不慎哉！

族谱篇什

张祖诗章

端国公（张演，字怀谅）作

在后龙巢作

致君勋业效唐虞，岂谓群英势力驱。
明哲保身能有几，争如归去混樵渔。

在宁应寺作

一箭不中鹄，五湖归钓鱼。
时来鳞羽化，平沙上云衢。

避难言志作

闭门终日闲无事，开卷时时见古人。
已有儿孙俱白发，愧无心绪走红尘。

其二

干戈未定世多艰，亲属离居尚隔山。
留取一经时教子，虚浮名利不相关。

其三

鼎钟利禄心灰冷，富贵功名意绪休。
任尔干戈犹在眼，愿言归与赤松游。

其四

世变至危当避世，身荣恶辱贵全身。
寻得百亩清幽地，乐得松筠作主人。

继公（张希绍，字右继）作

未遇时作

远接信斋道脉开，亲迎古圣羹墙来。
屡向蟾宫探消息，何年化鲤遇春雷。

其二

芸窗疏爽纳春风，竹户柴门万景融。
扫尽凡尘仙是望，放开胸臆眼为空。

其三

尝傍春风二月开，争传紫气向东来。
他年破浪分诸子，始信书声万里雷。

其四

寄怀千载廉溪还，托足村间马帐红。
啸傲不拘聊自适，敢云吾道在山中。

其五

凌云书舍驾南东，景色青青映日红。
俯仰芹峰供九案，翩跹带草舞儿童。
禽声巧入文思里，花径香生夕照中。
得意溪山都逸趣，满怀诗赋付春风。

达之公（张观，字达之，号自山）作

无　题

当朝谁不羡批鳞，慷慨陈书能几人。
义胆忠肝如铁石，济时心事致君身。

其二

一山迎夕照，百水纳江流。
骚客登楼赋，渔翁泛棹游。
云霞横远岫，波浪起芳洲。
乍然风雨至，鱼龙闹北舟。

阮谱诗抄

巡游漳江隆下即景

张蔚然（知县）

夜半思民瘼，孤槎拍浪浮。
山边农事苦，野外物情幽。
弦诵通茅屋，渔歌起荻洲。
咨诹应未尽，临别几绸缪。

漳江隆下野望

阮上储

西山落日际，暮树噪栖鸦。
新挂半弯月，斜横几缕霞。
牧童驱犊返，猎马带禽过。
目极前村里，萧萧三五家。

匾联留存

张氏族谱

匾额是中华民族独特的民俗文化形式，是古建筑的组成部分。祠堂匾额多是赞誉、褒扬、庆贺、表达义理和情感之类的文字，多为名人题赠，言简意赅，是宗族名望的象征。下面这篇文字不是仅仅罗列匾额，而是简要介绍匾额的背景，有一定特色。原载同治七年张谱。

张祠额赞

余居韩阳，曾过大留，览其名山胜景，宜夫代毓英贤，迄今不衰。因敬阅张氏宗祠，读始祖演公匾曰“世辅流芳”，知其奠安沧海，功业烂如也。权公匾曰“学优治国”，知其政事修明、讴歌载道也。希绍公匾曰“乐只重光”，猗欤休哉，何保赤之勤恳也。观公匾曰“义照乾坤”，诚赫赫乎。忠肝义胆，光耀史策者矣。泳公匾曰“闽海正学”，公虽未亲受业于朱门，而朱夫子乐得以为徒，亦后人乐得以为师也。翊公匾曰“勇冠三军”，滨子公匾曰“阐道流传”，全公匾曰“才学兼优”。一堂之上，匾额辉煌，簪缨勿替，起于唐，盛于宋，非积功累仁，曷克臻此。祖宗择地而营之，子孙构堂以祀之，固以报宗功，亦以昭诚敬。余生也晚，登其堂如睹其人，犹以不获与诸公同雍容揖逊为恨云。

明弘治元年（1488 年）春正月 日

韩阳后学恩贡生林应芳拜赠

阮氏宗谱

匾

史阀名家——明万历丁巳年（1617 年），邑尊张蔚然赠。

善行可嘉——康熙五十七年（1792 年），邑学教谕吴有智赠阮长荆。

乡国善士——乾隆六年（1741 年），邑尊萧荃赠儒士阮正豪。

高贤世家——乾隆十一年（1746 年），邑尊张元芝赠。

建安世泽——乾隆十五年（1750 年），邑学教谕吴鹏赠。

名贤足式——乾隆十八年（1753 年），邑进士枣强县知县吴瑞焉赠。

联

晋代隐高贤仰瞻国族衣冠裔；
熙朝开甲第还美宗坊礼乐家。

（赐进士五经魁秦川卢澍题赠）

漳水腾波思祖德宗功奕奕文章昌盛业；
龙岗毓秀观兰馨桂馥绵绵瓜瓞裕弘图。

（赐进士任枣强知县吴瑞焉题赠）

甲第耀宗坊美鸟革翚飞百代孙谋绳祖武；
河间荣世胄欣竹苞松茂千年祖泽衍孙枝。

（福安县教谕吴有智题赠）

髻峰凌斗高仰视诸星皆拱北；
漳水发源远俯看万派尽朝宗。

（邑贡生郑昂题）

一支瓜瓞延漳海；
千古文章影竹林。

（祝德麟题赠）

参考文献

古　籍

宋·朱熹《四书集注》，岳麓书社 1988 年版。

宋·文天祥《文天祥全集》，北京中国书店 1985 年版。

清·张廷玉《明史》，二十五史影印本，上海古籍出版社 1986 年版。

清·顾祖禹《读史方舆纪要》，康熙三十一年编修，电子版。

清·顾炎武《天下郡国利病书》，清初编修，电子版。

民国·赵尔巽主编《清史稿》，二十五史影印本，上海古籍出版社 1986 年版。

方　志

宋·梁克家《淳熙三山志》，南宋淳熙九年（1182）编修。

明·黄仲昭《八闽通志》，弘治二年（1489 年）编修。

明·陆以载《福安县志》，万历二十五年（1597 年）编修。

明·殷之辂《万历福宁州志》，书目文献出版社 1990 年版。

清·金鋐《福建通志》，康熙二十三年（1684 年）编修。

清·李拔《福宁府志》，乾隆二十七年（1762 年）编修。

清·张景祁《福安县志》，光绪十年（1884 年）编修。

民国·陈一夔主纂《甘棠堡琐志》，罗承晋点校本，1993 年印。

福安市方志委《福安市志》，方志出版社，1999 年版。

甘棠镇志编委会《甘棠镇志》，厦门大学出版社 1992 年版。

专　著

卢美松主编《福建省历史地图集》，福建省地图出版社 2004 年版。

费孝通《乡土中国》（大家小书第四辑），北京出版社 2005 年版。

朱维幹《福建史稿》，福建教育出版社 2008 年版。

李健民《品读福安》，云南大学出版社 2011 年版。
李健民《闽海赛江》，海峡书局 2015 年版。

资　料

福安市档案馆藏档案资料。
福安市博物馆资料。
福安县地名办公室《福安县地名录》，1982 年编印。
福安县档案馆《福安县区域沿革汇编》1984 年编印。
福安市民政局《福安民政志》，1993 年编印。
福安市国土资源局《福安国土资源志》，2012 年编印。
福安市委党史室《中国共产党福安市历史大事记（上）》，2014 年编印。
福安市统计局《福安统计年鉴（2018 年）》，2019 年编印。

族　谱

园里房《大留张氏族谱》，清同治七年（1868 年）本。
苏堤《藻廛黄氏宗谱》，清光绪九年（1883 年）本。
井头房《大留张氏宗谱》，清光绪三十年（1904 年）本。
福安下邳《张氏族谱》，光绪三十二年（1906 年）本。
园里房《大留张氏族谱》民国 33 年（1944 年）本。
大留《阮氏宗谱》，2003 年本。

编后记

村志是地方志的重要组成部分，是省、市（地）、县（市）、乡（镇、街道）四级志书的延伸和补充。虽然只是记述一个小区域的地理、历史、经济、风俗、文化、教育、人物等方面的状况，但是其精细度和实态性是上级志书所无法企及的，因而具有其他书籍不可替代的特殊的历史价值、文化价值和学术价值，历来受到有识之士的青睐。清代，村志甚至还入编《四库全书》。①

每一个村落都是一部历史，都有自己的独特文化和品格；村落的变迁从“微观”印证一个时代的社会历史发展轨迹。在这个乡村快速变化的时代，编修村志，全方位记录乡村状况及其变化，是挽救村落文化的一个可行的重要方式。

大留地处闽东第一大河长溪的西岸，依山近海，沃野连畴，有着千年的文化积淀。为了更好地贯彻中共十九大提出的“深入挖掘中华优秀传统文化蕴含的思想观念、人文精神、道德规范，结合时代要求继承创新，让中华文化展现出永久魅力和时代风采”的精神，实施乡村振兴战略，2019 年 9 月，罗江街道党工委和办事处决定启动《大留村志》编纂工程，并委托笔者承担主编任务。9 月 18 日，编委会召开第一次编纂工作会议，讨论《村志编写工作方案》，明确编写原则，分解任务，落实责任；要求写出历史的纵深，力戒虚言，详异略同，凸显特色，尽量准确、科学、生动地写出大留的本真。

会后，编撰组成员表现出高度的工作热情。他们多方搜寻资料，细心调查研究，认真撰写书稿，并按工作时间表，于 2020 年 2 月 8 日（正月十五日）前后提交初稿。在统稿、编辑阶段，笔者与作者诸君多次勾通，反复修改，多方征询，不断充实、提升，终于积帙成册，完成《大留村志》的编修任务。

编纂村志是一项严肃而细致的文化工程。上下千余年，笔下众生事，是一项并不轻松的文字活。好在作者诸君都是本乡本土的文史骨干，对大留和福安的历史文化情有独钟，而且都有一定的写作基础；尽管很多人并无修志经验，但是他们充分发挥

① 清朝安徽贵池人郎遂所撰《杏花村志》是中国唯一被选入钦定《四库全书》的村志。

“地近则易核，时近则迹真”（清·章学诚《修志十议》）的优势，态度认真，唯实唯是，以社会最底层的视角，返观历史上的政治经济、风土人情和社会面貌，为我们保留了许多珍贵的历史细节，让我们看到许多上级志书中无法看到的乡村万象、红尘烟火，这些都是非常难能可贵的。

同时也应该认识到，编修村志的最大难处是缺乏比较系统的档案资料可资利用。仅就近现代而言，由于上级部门的档案资料一般只到达乡镇街道（区、公社）这个层级，鲜有村级内容；而且曾经频繁的政治运动和区划建置变更，造成文书资料的大量灭失，因此除了有限而分散的一些民间文献外，能够保存至今、下沉到村级的具有统计和编年意义的文字就成为珍稀。这种状况给村志的编修增加了许多困难，致使一些条目难免疏漏或者粗放，甚至一些比较重大的事件也只好选择放弃。

但是，这部志书还是基本做到比较客观地反映大留村的历史变迁和地方特点，实现存史、资政、育人之初衷，其间浸透编撰组同仁多少智慧的心血和辛勤的汗水！

《大留村志》各部分编写分工如下：

凡例、目录、总述（《千年古村 风雅大留》）、大事记：由李健民编写；

卷一“基本村情”：由李健民、张坛灼、张雪景编写；

卷二“村域经济”：由张坛灼编写；

卷三“社会事业”：由王瑞凌、张坛灼编写；

卷四“风土民情”：宗教信仰、民间崇祀由陈国栋编写，宗族文化由阮坛福、薛为河编写，礼仪习俗由薛为河编写；

卷五“古村风貌”：民居老厝由阮坛福编写，祠堂建设由张坛灼、阮坛福、刘石尧编写，寺庙宫祠由陈国栋编写，遗迹碑刻由李健民编写；

卷六“艺文著述”：诗词楹联由薛为河、刘建荣、刘昌荣编选，文章选录、传说故事由刘建荣、李健民编选（具体篇章作者见作品署名）；

卷七“乡村人物”：人物传略由刘昌荣等编写，人物简介由张坛灼、张雪景、阮坛福、刘建荣等编写，人物名录由张雪景等编写；

附录“族谱文献”：由李健民编写；

本书图片由王瑞凌、刘石尧、阮坛福、刘昌荣、李健民、张玉堂、张坛灼、张雪景、魏文（按姓氏笔画顺序）等提供；

全书由李健民统稿、编辑。

大留修志存史，千年等一回，意义深远，责任重大。志书的编修工作自始至终得到罗江街道党工委和办事处的关心和指导，林霁书记先后三次主持、参加编纂工作会议，密切关注编纂工作的进展情况；村两委对此项工作高度重视，在各方面予以大力支持，还多次召开座谈会，邀请老村干部、亲历者和知情者畅谈往事，抢救历史资料。

志书的编修工作得到父老乡亲和历任村干部的关心和支持，许多人为村志的编写提供了珍贵的资料，他们主要是张石富、尤细三、张奶希、张成赠、张振春、张礼仁、张志扬、林耀平、尤廷宝、孙瑞佺、高椿明、吴明富、陈振生、倪文胜、郑灼生、王细顺、李瑞铃、杨树生、王生发、陈玉章、刘成基、钟生明、刘章寿、杨祥发、刘细章、刘田如、丁奶明、张绍斌、张奶奇、连松寿等（排名不分先后，现任村两委成员和编撰组成员不列此名单中）。

2020年5月中旬志稿初成，在广泛征求意见的基础上，由林霁书记主持召开两场审稿会议。第一场于6月5日在罗江街道办事处会议室，与会者有罗江街道的分管领导、大留村两委成员和村民代表，主要针对村志的内容提出意见。第二场于7月2日在福安市文体和旅游局会议室，邀请中共福安市委党史和地方志研究室、市文旅局、市档案局、市统计局的领导和专家对志稿进行评审和指导。会上，市党史和地方志研究室主任陈小鲸肯定了志稿质量，同时提出指导性的修改意见；与会专家和有关单位代表占茂贵（市统计局）、张玉文（市文旅局）、陈瑞锦（市档案局）也从各自专业的角度发表了很好的意见；大留村党支部书记、村志编委会主任张雪景表示，一定认真听取领导、专家的意见，把志稿改好，扫除出版障碍，确保志书的质量。

参加《大留村志》审稿会议的还有：林光亮、万里翔、卢达、蔡丹娜、刘建荣、陈国栋、阮坛福、连松贵、冯永生、张玉兰、连凤玉、张坛灼、刘昌荣、刘石尧、钟诺男、张建韬、张绍华、张玉堂、李健民等（排名不分先后）。

在此谨向所有为《大留村志》做出贡献的领导、专家和朋友表达诚挚的敬意和谢忱。

中国社会科学院名誉学部委员、中国社会科学院文学研究所原所长、中国作家协会原副主席张炯先生，福建师范大学文学院原院长、博士生导师、福建省文学学会原会长陈庆元先生，中共福安市罗江街道委员会书记林霁先生为《大留村志》拨冗赐序，感谢他们对乡村文化的倾情关注和对大留的美好祝愿。

尽管我们已经尽了努力，但由于主客观因素的制约，缺点与不足在所难免，敬请各位读者提出宝贵的意见。

李健民

2020年7月7日，是日小暑

【作者简介】李健民，宁德市民族中学教师。退休至今著有《品读福安》《闽海赛江》《赛岐纪事》《福建畲族文化读本》《坦洋工夫》等，主编（编撰）志书多部，发表专文若干篇。

村志编纂工作会议

《大留村志》审稿会

村志编委会、编撰组部分成员合影

从左到右：

前排：张雪景　张奶希　张石富　孙乐声　林　霁
李健民　张成增　张坛灼　连松贵

中排：刘建荣　刘耀华　刘昌荣　陈国栋　张瑞平
连凤玉　张玉兰

后排：张玉堂　张利锋　王瑞凌　张绍华　薛为河
阮坛福

资助出版芳名录

30000 元：福安市文体与旅游局　福安市人民政府罗江街道办事处

（以下按姓氏笔画顺序）

10000 元：王茂华　孙瑞全　张乃庆　张学水　张挺奇　张雪景

5000 元：刘细章　阮培发　阮春光　阮耀祥　连松贵　张　亮　张石兴　张成发　张坛灼　张寿清　张松益　张昌奇　张建韬　张富如　张锦祥　陈锦基

2100 元：阮坛福

2000 元：刘昌荣

1260 元：刘石尧